国际图书馆协会与机构联合会（IFLA）

# UNIMARC 手册：规范格式
## （第三版）

## UNIMARC Manual:Authorities Format 3rd Edition

（克罗）米尔娜 · 维勒（Mirna Willer） 编

《中国机读规范格式》工作组 译

國家圖書館出版社
National Library of China Publishing House

**图书在版编目（CIP）数据**

UNIMARC 手册 : 规范格式 : 第 3 版 / （克罗）维勒（Willer,M.）编 ;
《中国机读规范格式》工作组译 . -- 北京：国家图书馆出版社，2013.12
ISBN 978-7-5013-5210-4

Ⅰ . ① U… Ⅱ . ①维… ②中… Ⅲ . ①图书编目—机器可读目录—编目规则—
技术手册 Ⅳ . ① G254.364-62

中国版本图书馆 CIP 数据核字（2013）第 264015 号

著作权合同登记号：01-2013-6429



本书最初由
国际图书馆协会与机构联合会 ( 国际图联 )
以及德国慕尼黑 K.G. 绍尔出版社用英语出版于 2009 年，原题名为：
UNIMARC Manual: Authorities Format
3rd Edition

This book was originally published in 2009 as
UNIMARC Manual: Authorities Format
3rd Edition
in English by
The International Federation of Library Associations and Institutions（IFLA）
and De Gruyter Saur,Berlin,Germany

**书　　名**　UNIMARC 手册：规范格式（第三版）
**著　　者**　（克罗）米尔娜 · 维勒（Mirna Willer）编；《中国机读规范格式》工作组 译
**责任编辑**　高 爽

---

**出　　版**　国家图书馆出版社（100034　北京市西城区文津街 7 号）
（原书目文献出版社　北京图书馆出版社）
**发　　行**　010-66114536　66126153　66151313　66175620
66121706（传真），66126156（门市部）
**E-Mail**　btsfxb@nlc.gov.cn（邮购）
**Website**　www.nlcpress.com——→ 投稿中心
**经　　销**　新华书店
**印　　装**　北京科信印刷有限公司
**版　　次**　2013 年 12 月第 1 版　2013 年 12 月第 1 次印刷

---

**开　　本**　889×1194（毫米）　1/16
**印　　张**　25.25
**字　　数**　800 千字

---

**书　　号**　ISBN 978-7-5013-5210-4
**定　　价**　120.00 元

# 《中国机读规范格式》工作组成员

**协调人：**顾　犇

**秘　书：**王　璐

**成　员（按姓名拼音排序）：**

顾　犇　毛雅君　王　璐　王　洋

喻　菲　喻爽爽　张期民

# 国际图联 UNIMARC 永久委员会委员

Liubovė Buckienė
Lietuvos nacionalinė Martyno Mažvydo biblioteka, Vilnius, Lietuva

Joanna Demopoulos
Εθνική Βιβλιοθήκη της Ελλάδας, Αθήνα, Ελλάδα

Rosa Maria Galvão
Biblioteca Nacional de Portugal, Lisboa, Portugal

Alan Hopkinson, Chair
Middlesex University, London, UK

Cristina Magliano
ICCU: Istituto centrale per il catalogo unico delle biblioteche italiane e per le informazioni bibliografiche, Roma, Italia

Agnès Manneheut
Agence bibliographique de l'enseignement supérieur, Montpellier, France

Vladimir Skvortsov (until March 2009)
Российская национальная библиотека, Санкт-Петрбург, Россия

Jay Weitz, Vice Chair
OCLC, Dublin, OH, USA

Olga Zhlobinskaya (from March 2009)
Российская национальная библиотека, Санкт-Петрбург, Россия

**UNIMARC 核心活动**

Maria Inês Cordeiro, Director
Biblioteca Nacional de Portugal, Lisboa, Portugal

**顾问**

Mirna Willer, Honorary Member and Special Consultant
Sveučilište u Zadru, Zadar, Hrvatska

# 目　录

# 译者前言

国际图联于2009年出版《UNIMARC手册：规范格式》。国家图书馆随即通过全国图书馆标准化委员会向国家标准化管理委员会提出起草《中国机读规范格式》国家标准的申请，并于2010年得到批准。

《中国机读规范格式》工作组，由中国国家图书馆和中国高等教育文献保障系统(CALIS)的专家组成，以《UNIMARC手册：规范格式》为基础，前期工作就是将《UNIMARC手册：规范格式》译成中文。

2012年初，翻译工作完成，在工作组内部征求意见，形成初稿。

在翻译过程中，工作组的分工如下：

顾犇：前言、引言、定义、格式设计指南、使用指南、附录L

毛雅君：说明性注释、0-- 标识块、附录O

王洋：1-- 编码信息块

张期民：2-- 规范检索点块

王璐：3-- 附注块、4-- 变异检索点块

喻菲：5-- 相关检索点块、6-- 分类和实体历史块

喻爽爽：7-- 其他语言和(或)文字的规范检索点块、8-- 信息来源块、9-- 本国使用块

其中王璐做了大量协调工作，整理若干次修订的版本，并在统稿过程中统一了译名。

顾犇根据国际UNIMARC永久委员会于2012年8月提供的最新修订和更正稿，对文字进行修订，以反映最新的变化。工作组于2012年12月24日召开会议，讨论确定了翻译终稿。

本译文不仅是制定中国国家标准的基础，也可以供业内专业人士研究参考。

顾犇

2012年12月31日

# 第三版前言

UNIMARC 规范格式第三版是近十年来世界书目控制领域内（特别是规范控制领域内）的紧张工作和概念变化的见证。导致这些变化的原因是：在万维网环境下高效和经济地共享规范数据，以在数量上和权威程度上满足用户需求的必要性。

2001 年《UNIMARC 手册：规范格式》(*UNIMARC Manual: Authorities Format*) 第二修订扩大版出版以后的变化列表，充分说明了这个事实。

2001 年《UNIMARC 手册》(*UNIMARC Manual*) 出版后随即出版的《规范和参照记录指南》(*Guidelines for Authority and Reference Records*) (GARR) 第二版，导致了可以被称为在世界书目控制中的范式转变，它后来被证明对这个领域内的进一步发展产生了根本的影响。要求全球使用同样标目（即统一标目）的世界书目控制概念被认为"不切实际并且……不再必要"，因为"随着计算机技术的日益发展，我们可以把一个国家根据一套编目规则创建的规范记录与另一个国家的规范记录连接起来，便于规范记录的共享，并可能通过计算机来切换规范形式的显示"①。从而该指南改变了术语，不用"统一标目"，提倡使用"规范标目"，不过"统一题名"还保留作为搭配变异题名的规范形式的专业术语。还应当指出的是，该指南还保留了"7 国际标准规范数据号"项，但是却指引读者去参考关于 ISADN(国际标准规范数据号)之目的和用途的讨论；这些讨论开始于国际图联世界书目控制和国际 MARC 项目 (UBCIM) 的最小级别规范记录和 ISADN 工作组 (MLAR)②，后来继续出现在国际图联规范记录的功能需求和编号工作组 (FRANAR) 中。

2009 年 2 月出版的国际图联国际编目规则专家会议的《国际编目原则声明》(*Statement of International Cataloguing Principles*)③在规范控制领域内确认了"规范检索点"（或者更精确的"受控检索点"）这个新的概念和术语。Barbara B. Tillett 为国际图联 FRANAR 工作组处理了 ISADN 的问题，该问题的结果出版于《国际标准规范数据号的可行性评估》(*A Review of the Feasibility of an International Standard Authority Data Number*)。该报告被国际图联编目组通过，它建议"国际图联不应推行已定义了的国际标准规范数据号 (ISADN) 的思想"，并且"国际图联应该继续关注国际标准 ISNI(国际标准名称标识符）工作组和 VIAF(虚拟国际规范文档）项目④的进展和努力以及由此可能产生的其他编号"⑤。

---

① Guidelines for Authority Records and References. – 2nd ed. / revised by the Working Group on GARE Revision. – München : K. G. Saur, 2001, p. ix.

② Mandatory Data Elements for Internationally Shared Resource Authority Records : Report of the IFLA UBCIM Working Group on Minimal Level Authority Records and ISADN. – [Frankfurt/Main] : IFLA Universal Bibliographic Control and International MARC Programme, 1998 (accessed: 2009–06–14). Available from: http://archive. ifla.org/VI/3/p1996-2/mlar.htm.

③ Statement of International Cataloguing Principles (February 2009) (accessed: 2009–06–14). Available from: http://www.ifla.org/en/publications/statement-of-international-cataloguing-principles.

④ VIAF: The Virtual International Authority File. A joint project with the Library of Congress, the Deutsche National bibliothek, the Bibliothèque nationale de France and OCLC (accessed 2009–06–14). Available from: http://www.oclc.org/research/projects/viaf/ [reference added by M.W.].

⑤ Tillett, Barbara B. A Review of the Feasibility of an International Standard Authority Data Number (ISADN) / prepared for the IFLA Working Group on Functional Requirements and Numbering of Authority Records, edited by Glenn E. Patton, 1 July 2008 ; approved by the Standing Committee of the IFLA Cataloguing Section, 15 September 2008 (accessed: 2009–06–14). Available from: http://archive.ifla.org/VII/d4/franar-numbering-paper.pdf, p. 1.

FRANAR 工作组的主要任务是设计规范数据的概念模型，基于 1998 年《书目记录的功能需求》(*Functional Requirements for Bibliographic Records*) (FRBR)[⑥] 引入书目控制领域的实体—关系分析技巧。该工作组完成并于 2009 年 6 月出版的《规范记录的功能需求：概念模型》(*Functional Requirements for Authority Data: A Conceptual Model*)(FRAD)[⑦] 继续了 FRBR 所开创的工作，并将模型扩展至规范数据。对于规范数据的用户而言最感兴趣的对象是实体，而定义形成 FRAD 概念模型根本基础的实体是书目实体(FRBR 中定义的实体加上家族实体)、名称和(或)标识符，以及受控检索点。这些实体之间的关系按如下定义：**书目实体**(例如，一个个人)可以通过一个或多个**名称**(称谓关系)被人所知，或者可以被赋予一个或多个**标识**(赋予关系)；名称和标识作为**受控检索点**的基础，它们最终被记录在书目系统或其他类型的系统中[⑧]。除了这些一级实体类型之间的关系以外，FRAD 明确了这些实体的特定事例之间的关系，例如书目实体之间的关系(例如，个人与个人：笔名或兄弟姐妹关系)、实体的各种名称之间的关系(例如，早期名称与后期名称之间的关系)，以及受控检索点之间的关系(例如，并列语种或不同规则之间的关系)。受控检索点通过**规则**来管理，而规则又被(书目)**机构**所应用，它们都是这个模型所定义的两个附加实体。

FRAD 的概念清晰，对实体及其关系的命名精确，这些都影响了《UNIMARC 手册：规范格式》(*UNIMARC Manual: Authorities Format*) 中术语的变化、字段和控制子字段 $5(关系控制)的定义。功能块被更名为：2-- 规范检索点，4-- 变异检索点，5-- 相关检索点，7-- 其他语言和(或)文字的规范检索点；字段标识符表示控制检索点所代表的实体的名称，例如个人名称、团体名称、题名等。本新版还与《国际编目原则声明》(*Statement of International Cataloguing Principles*) (ICP) 中发表的实体的定义相一致。GARR 的引言中所表示的"计算机技术的日益发展"的远景和 IFLA 不应追求"已定义了的" ISADN 思想的建议已经被纳入了这个新版中。字段 015(国际标准规范数据号)已经被废弃，不过我们却引入了 003 字段(永久记录标识号)，"提供了 UNIMARC 规范记录在万维网环境中和被其他语义网工具利用的可能性"[⑨]。

本新版还根据 2008 年出版的《UNIMARC 手册：书目格式》(*UNIMARC Manual: Bibliographic Format*) 第 3 版[⑩]，两种对应的格式进行了更新；此外，还参考了 UNIMARC 用户和 UNIMARC 永久委员会成员的意见和建议。格式的扩充包括一些新的字段，例如音乐导句、ISTC、ISWC、ISAN 和 ISRC 等标识符、出版者 / 印刷者标志、法律和宗教文本惯用名称 / 题名，以及与印刷者 / 出版者有关的活动附注。还包括字段名称和功能的变化，例如传记和活动附注以及出版、演出、出处等的地点和日期。大家希望，UNIMARC 规范格式中诸如此类的变化和增补会弘扬国际图联所提倡的价值，并且促进规范数据的国际共享。

Mirna Willer
2009 年 6 月

---

⑥ Functional Requirements for Bibliographic Records : Final Report / IFLA Study Group on the Functional Requiments for Bibliographic Records. – München : K. G. Saur, 1998. Electronic version (accessed 2009–06–14) available from: http://archive.ifla.org/VII/s13/frbr/frbr.pdf.

⑦ Functional Requirements for Authority Data : A Conceptual Model / edited by Glenn Patton ; IFLA Working Group on Functional Requirements and Numbering of Authority Records (FRANAR). – Final Report, December 2008 / approved by the Standing Committees of the IFLA Cataloguing Section and IFLA Classification and Indexing Section, March 2009. – München : K. G. Saur, 2009.

⑧ 注意，FRAD 是一个概念模型，并不表示任何特定的实施，"该模型关注数据，而不考虑数据是如何封装（例如在规范记录中）的"（第 1 页）。

⑨ 见 003 字段的定义和字段内容注释。

⑩ UNIMARC Manual : Bibliographic Format. –3rd edition edited by Alan Hopkinson. – München : K. G. Saur, 2008.

# 第二版前言

UNIMARC 规范格式的新版是该格式于 1991 年出版以后的第一次修订。如此长的时间没有修订，表明了国际图联 UNIMARC 规范格式管理组的先见之明和专业水平。

维护格式的责任现在落到了 UNIMARC 永久委员会的身上。在 1997 年的萨格勒布会议上，UNIMARC 永久委员会决定起草《UNIMARC 规范格式》(*UNIMARC Authorities Format*) 的新版本。2000 年 2 月，里斯本会议通过了该修订提议。

修订反映了通讯和信息技术的发展以及由此产生的世界书目控制的新可能性的发展。FTP 和 Z39.50 (ISO 23950) 等通讯协议的发展以及最近因特网和万维网的大发展，创建了一个基础结构，从而书目记录可以自由地和容易地得到交换。

尽管欧洲的 AUTHOR①等项目展示了共享规范数据的各种方法，规范数据的交换还是比较落后。国际图联成立了最小级别规范记录和国际标准规范数据号工作组②，以调研规范数据交换的障碍。MLAR 工作组的建议包括应该定义所有规范记录中必备的数据元素，以便于规范数据的交换和再利用。本新版采纳了这些建议。

在第一版出版的时候，因特网实际上不为人们所知，万维网根本不存在。它们现在却无所不在，我们需要有一些变化以支持万维网资源的链接并方便网络编目。共享环境的发展意味着我们越来越互相依赖。UNIMARC 永久委员会已经认识到这一点，跟踪其他规范格式的发展，并将它们采纳到 UNIMARC 规范格式中。实际经验是不可替代的；UNIMARC 永久委员会要发展这个格式，如果没有 UNIMARC 用户的改进建议是不可能做到的。最后，为了使得本格式便于编目使用，我们的内容和排版格式都与《UNIMARC 书目格式》(*UNIMARC Bibliographic Format*) 保持一致。

变化的步伐越来越快，我们的格式不可能在未来的 10 年内保持不变。如上所述，UNIMARC 的进化在很大程度上取决于用户的需求。本格式维护的细节将在如下的引言里介绍。

Mirna Willer
UNIMARC 永久委员会主席

① *AUTHOR: transnational application of national name authority Files; final report, June 1998*. http://www.bl.uk/information/author.pdf.

② *Mandatory data elements for internationally shared resource authority records: report of the IFLA UBCIM Working Group on Minimal Level Authority Records and ISADN. IFLA UCBIM, 1998*. http://www.ifla.org/VI/3/p1996-2/mlar.htm.

# 第一版前言

UNIMARC 确立作为书目记录国际交换的格式，使得人们马上有需求要发展一套配套格式，用于规范标目形式的记录的传输。国际图联对这一需求作出响应，发展一个用于规范信息的内容和显示的标准：《规范和参照款目指南》(*Guidelines for Authority and Reference Entries*) (GARE)。GARE 阐明了以肉眼可读的形式出现的规范和参照款目中的数据元素。从而，它可以作为构造《UNIMARC 规范格式》这个用于交换指定数据的机器可读格式的基础。

因为《UNIMARC 规范格式》是一组独立的 UNIMARC 格式的部分，它必须遵循若干标准。它们涉及机器可读记录格式的三个基本部分：

1) 记录的结构，它是信息的物理表示和布局。

2) 记录的内容标识，标识和提供关于数据元素的信息。

3) 记录的数据内容，就是所要交换的数据。

首先，规范格式必须在结构上与 UNIMARC 兼容，因为这两种类型的记录要在系统中一起使用。因此应该与 UNIMARC 一样，使用国际标准化组织的书目信息交换标准格式 (ISO 2709)。其次，当同样的数据元素出现在两种格式中，标目的内容标识应该与 UNIMARC 一致。不应该因为内容标识的不同给书目记录和规范记录的标目之间的关系带来困扰，兼容的程度会对格式的理解和使用产生直接的影响。一般来说，类似数据元素的子字段应该对应，不管字段标识符因为书目记录和规范记录中数据元素的不同功能是否有所不同。此外，如果在本格式中有对应概念，应使用同样的指导方针，最好地为 UNIMARC 格式的用户服务。本格式应该遵守的另一个标准是新的 GARE。某些类型的规范记录的基本数据元素已经在 GARE 中说明，它标识了构成规范款目和参照款目的标目、关系和信息。

著录在规范记录中的数据形式取决于创建记录的机构所使用的条例和规则。然而，国际图联也出版了一些关于标目形式的建议，例如《团体标目的形式和结构》(*Form and Structure of Corporate Headings*)，应该尽可能地遵守。国际图联的建议被许多编目规则所采纳，或者影响了许多编目规则。

对于何时创建新记录、何种参照要包括在记录中、并列标目形式如何著录在记录中等问题，使用 UNIMARC 规范格式的各个机构将有自己的规则和惯例。例如，机构可能不做个人名称的规范记录，或者限定相关参照的数量。本格式仍然可以被这样的机构使用，不过接受这些记录的机构应该知晓记录发布机构的惯例。

如果国际图联设计出一套国际规范系统的模型，应该为数据元素需求设定目标，使得用于国际交换的记录更具一致性。这样的模型还可能表明需要在 UNIMARC 规范记录中增加数据元素，以适应和便于世界环境下的交换。

负责 GARE 的是国际图联国际规范系统工作组，它于 1979 年由国际图联信息组和编目组联合组建，以完成与规范数据的国际交换相关的一系列任务。1983 年，该工作大多数已经完成，GARE 被提交给国际图联的几个委员会批准。该工作组提出一个任务，希望马上进行格式的起草工作。于是，UNIMARC 规范格式管理组形成，有如下成员：

Marie-Louise Bachmann, Kungliga Biblioteket, Stockholm

Christine Boßmeyer, Chairperson, Deutsche Bibliothek, Frankfurt

Diana B. Dack, National Library of Australia, Canberra

Tom Delsey, National Library of Canada, Ottawa

J. M. Feyen, Pica Samenwerkingsverband, Koninklijke Bibliotheek, Den Haag

Françoise Finelli-Lemelle, Bibliothèque Nationale, Paris

Günter Franzmeier, Staatsbibliothek Preußischer Kulturbesitz, Berlin

Paula Goossens, Koninklijke Bibliotheek Albert I., Brussels
Anthony Long, The British Library, London

UNIMARC 规范格式的项目编辑是 Sally McCallum。管理组负责草案文本的一般建议和意见。本工作主要通过通讯方式完成。前后有三个草案送交所有管理委员会委员征求意见：第一稿，1984 年 5 月 26 日；第二稿，1985 年 10 月 21 日；第三稿，1987 年 3 月 13 日。基于这些意见，第四稿征求了更广泛的意见。1988 年 2 月，第四稿在国际图联编目组和信息技术组的委员中传阅。

最后，我要感谢 Sally McCallum，她担负了起草格式和制作文件的主要工作；还要感谢所有管理组的委员，他们为 UNIMARC 规范格式的发展贡献了自己的时间和精力。

Christine Boßmeyer
1989 年 5 月

# 引　言

## 目的和范围

《UNIMARC 手册：规范格式》（*UNIMARC Manual: Authorities Format*）的主要目的是便于在国家书目机构之间进行机器可读形式的规范记录的国际交换。

《UNIMARC 手册：规范格式》规定了应赋予规范、参照和一般说明机读形式记录的字段标识符、指示符和子字段标识。这些记录的创建是为了在名称（个人、家族、团体、会议、地理、商标和印刷者 / 出版者标志）、未指定著者的题名、个人著者的著作的题名，以及论题主题目录的使用中作为指引。这些名称、题名和论题主题在书目记录中被用作主要、次要和交替责任检索点，作为丛编检索点，以及作为主题检索点。

记录格式考虑了《规范和参照记录》（*Guidelines for Authority and Reference Records*）（GARR）中关于涉及名称和无名氏经典著作题名的需求，也考虑了《主题规范和参照款目》（*Guidelines for Subject Authority and Reference Entries*）（GSARE）中关于主题的需求。它还考虑了《规范数据的功能需求：概念模型》（*Functional Requirements for Authority Data: Conceptual Model*）（FRAD）中实体和实体关系的属性，以及《国际编目原则声明》（*Statement of International Cataloguing Principles*）（ICP）中适当的实体的定义。

从编款目的规范记录限于本格式的检索点信息。在某些机构的规范记录中所包括的丛编处理数据没有被纳入。

## 使用

每一个国家书目机构负责将规范记录转换成 UNIMARC 规范格式，以传递给其他国家书目机构；并且可以从其他国家书目机构接受 UNIMARC 规范格式的机器可读记录。《UNIMARC 手册：规范格式》旨在提供一系列书目活动所要求的信息。所以它包括这些活动中某个（但不是所有）所必须的内容标识。

## 格式的维护

UNIMARC 由国际图联的 UNIMARC 永久委员会（PUC）维护，其秘书处是国际图联 UNIMARC 核心活动。今后的格式变化主要是在需要的时候定义新的字段、子字段和编码值。变化的建议通常来自创建 UNIMARC 记录或使用 UNIMARC 记录的用户。格式变化只能通过 UNIMARC 永久委员会进行。UNIMARC 不会为了容纳非 GARR 和 GSARE 的编目实践、FRAD 概念模型或其他有悖于它所依据的国际标准的实践而进行修订。如果字段或子字段被描述为临时性的，也可以作格式变化。

## 标准

《UNIMARC 手册：规范格式》设想采用如下标准：

- ISO 962—1974：信息处理 — 在 9 轨 12.7 毫米（1/2 英寸）磁带上实施 7 位编码字符集及其 7 位和 8 位扩展
- ISO 1001—1986：信息处理 — 信息交换用磁带标号和文卷结构
- ISO/IEC 2022—1994：信息技术 — 字符代码结构与扩充技术以及 ISO/IEC 2022/Cor.1 1999
- ISO 2375—1985：数据处理 — 转义序列的登记规程
- ISO 2709—1996：信息和文献 — 信息交换格式
- ISO 3166-1—1997：国家及其进一步划分的名称表示代码 — 第一部分：国家代码．不定期发布修订稿；该列表发表于《UNIMARC 手册：书目格式》（*UNIMARC Manual: Bibliographic*

*Format*）第三版，截止到 2008 年 2 月 1 日。

ISO 3166–2—1998: 国家及其进一步划分的名称表示代码—第二部分：国家进一步划分代码

ISO 3166–3—1999: 国家及其进一步划分的名称表示代码—第三部分：曾经使用过的国家名称代码

ISO 3901—2001: 信息和文献—国际标准录音作品编码（ISRC）

ISO 6630—1986: 文献工作—书目控制字符

ISO 8601—2004: 数据元素和交换格式—信息交换—日期和时间的表示

ISO 15511—2005: 图书馆与相关组织用国际标准标识符（ISIL）

ISO 15706–1—2002: 信息和文献—国际标准视听号（ISAN）—第一部分：视听作品标识

ISO 15706–2—2007: 信息和文献—国际标准视听号（ISAN）—第二部分：版本标识号

ISO 15707—2001: 信息和文献—国际标准音乐作品代码（ISWC）

ISO 21047—2009: 信息和文献—国际标准文本代码（ISTC）

**其他相关文献**

国际图书馆协会与机构联合会：规范数据的功能需求：概念模型（International Federation of Library Associations and Institutions. *Functional Requirements for Authority Data : A Conceptual Model.* – München : K. G. Saur, 2009）

国际图书馆协会与机构联合会：书目记录的功能需求：最终报告（International Federation of Library Associations and Institutions. *Functional Requirements for Bibliographic Records : Final Report.* – München : K. G. Saur, 1998）

国际图书馆协会与机构联合会：规范记录和参照指南（第二版）（International Federation of Library Associations and Institutions. *Guidelines for Authority Records and References.* – 2nd ed. – München : K. G. Saur, 2001）

国际图书馆协会与机构联合会：主题规范和参照款目指南（International Federation of Library Associations and Institutions. *Guidelines for Subject Authority and Reference Entries.* – München : K. G. Saur, 1993）

国际图书馆协会与机构联合会：国际编目原则声明（2009）（International Federation of Library Associations and Institutions. *Statement of International Cataloguing Principles.* – 2009）

见： http://www.ifla.org/en/publications/statement-of-international-cataloguing-principles

UNIMARC 手册：书目格式（第三版）（*UNIMARC Manual: Bibliographic Format.* – 3rd ed. – München : K. G. Saur, 2008）

# 定　义

如下定义的术语是在《UNIMARC 手册：规范格式》（*UNIMARC Manual: Authorities Format*）里使用具有特殊意义的术语；我们不定义通常书目意义的术语。有关规范记录的更完整的定义的列表包含在：《规范和参照记录指南》（*Guidelines for Authority and Reference Records*）（GARR）、《主题规范和参照款目指南》（*Guidelines for Subject Authority and Reference Entries*）（GSARE）、《规范数据的功能需求》（*Functional Requirements for Authority Data*）（FRAD）和《国际编目原则声明》（*Statement of International Cataloguing Principles*）（ICP）中。

**记录类型：**

**规范记录**——机器可读的记录，其中起始单元是编目机构所确立的个人、团体、作品、商标、印刷者 / 出版者标志、论题主题、地点访问或形式体裁或物理特征的规范检索点。除了规范检索点以外，如果适用，记录包含：信息附注；根据其建立参照的所有变异检索点和相关检索点；其他语言和（或）文字的规范检索点；分类和实体历史信息；记录信息来源等的附注；负责该款目的编目机构的标识；记录中著录的实体的永久记录标识号和国际标准标识。

**一般说明记录**——机器可读记录，其中起始单元通常由截词形式或者其他格式化或范例形式组成，使用者由此被指引向一个一般的类别或者被定义了的检索点类。其作用是告知列表、目录、书目等的使用者有关一般适用或者用于某类指定检索点的约定，并指引确定此类检索点。

**参照记录**——机器可读记录，其中起始单元或者是变异检索点，或者是规范检索点，其设计是为了指引列表、目录、书目等的使用者，或者从变异检索点指向合适的规范检索点（即“见”参照，或称单纯参照），或者从规范检索点指向相关检索点（即“参见”参照，或称相关参照）。参照记录仅仅为变异检索点而定义。

**检索点类型：**

**检索点**——

（1）如果款目按字母顺序排列，款目的起始单元被用作主要的归档单元。参见**规范检索点**、**参照检索点**和**一般说明检索点**。

（2）检索点这个词可以被用于诸如“规范检索点”、“变异检索点”等术语，指一个单元与其他类似单元相关的时候其所处的状态，而且在这些情况下它的用法独立于其在规范记录或参照记录内的功能。参见**规范检索点**、**其他语言和（或）文字的规范检索点**、**相关检索点**、**变异检索点**和**交替文字检索点**。

（3）“团体名称检索点”、“个人名称检索点”和“题名检索点”可以用来表示检索点的类型，相对于其所基于的名称或者题名类型而言，不涉及它与其他检索点的功能或关系。

**基本检索点**——基本检索点是标识实体名称的检索点部分，不包括任何修饰数据。例如，在检索点 200#1$aNicolini da Sabbio$bDomenico$f15-- to 160-?$cimprimeur-libraire 中，基本检索点是“$aNicolini da Sabbio$bDomenico”（姓和名），而且该基本检索点的语种是意大利语。编目语种是法语，修饰词用法语表达，即“$cimprimeur-libraire”。

**受控检索点**——记录在规范记录中的检索点。受控检索点包括名称的规范形式，也包括被指定为变异形式的形式。

**检索点按记录中的功能分类：**

**规范检索点**——规范记录的检索点。

**参照检索点**——参照记录的检索点。

**一般说明检索点**——一般说明记录的检索点。

**检索点按与其他检索点的关系分类：**

**规范检索点**——使用首选名称构造的检索点，作为应无变化而遵循形式的基础。

**其他语言和（或）文字的规范检索点**——基于名称、题名或主题的其他语言和（或）文字形式的规范检索点的交替形式。

**相关检索点**——同一个实体或相关实体名称的两个或多个规范检索点之一，它们中的每一个都在书目上与另一个关联。

**变异检索点**——同一个实体的名称除了被确立为规范检索点的形式以外的检索点。一般来说，这样的检索点或者基于个人、团体或家族自己有时使用的变异名称，或者基于其他人为了识别该个人、团体、商标、家族、印刷者 / 出版者标志或作品有时使用的变异名称；或者是根据不同于用来确立规范检索点的模式构造的名称形式。它可以为不是款目要素部分的规范的主题检索点。

**交替文字检索点**——用另一种文字表示的规范检索点。

**记录组件：**

**根查**——规范记录内除了规范检索点以外的所有检索点的标识，由此建立参照，将列表、目录、书目等的使用者指引向作为规范记录的检索点的规范检索点，并且从规范检索点指引向其他检索点。根查被设计用于生成参照，并协助编目员确定已经建立了什么参照。

**信息附注**——目录、书目等中一般都有的那种类型的附注，在规范检索点、参照检索点或者一般说明检索点下，用于说明检索点与从其参照指引的其他检索点之间的关系。

**主要实体**——记录为其创建、在 2-- 功能块中命名的实体。1-- 功能块中的数据一般为主要实体的特征。

**记录的技术元素：**

**内容标识**——识别数据元素和（或）提供关于数据元素附加信息的手段。内容标识包括字段标识符、指示符和子字段标识。

**数据元素**——明确标识的最小信息单位。在可变长字段中，数据元素通过子字段标识来识别，它形成一个子字段。在记录头标、目次项和定长字段中，数据元素通过它们的字符位来识别。

**数据元素标识**——见“子字段标识”。

**字段**——包含数据的有定义的字符串，通过字段标识符来识别。

**可变长字段**——字段出现的长度取决于该次出现中储存要包含的数据元素（包括指示符、子字段标识和字段分隔符）的长度（以字符数计算）。长度可以根据每次出现情况不同而不同。可变长字段可以包括一个或多个数据元素或子字段。

**字段标识符**—— 一个三字符序列，用于表示一个相关字段的名称或标签。

**指示符**——与一个字段关联的一个字符（数字或字母），提供关于该字段内容的附加信息，关于该字段与记录中其他字段之间的关系，或者关于某些数据操作过程所要求的操作。

**子字段**——字段内有定义的信息单位（参见数据元素）。

**子字段标识**——由 2 个字符组成的代码，识别字段内的各个子字段。第一个字符总是 ISO 646 中的控制功能 1/15；第二个字符或者是数字，或者是字母。子字段标识是数据元素标识的同义词。

**字段分隔符**——每个可变长字段末尾使用的、用于分隔该字段与下一个字段的控制字符（ISO 646 的控制功能 1/14）。

**记录结束符**—— 每个记录的最后一个字符（ISO 646 的控制功能 1/13）。

# 格式设计指南

UNIMARC 根据一套原则设计。《UNIMARC 手册：规范格式》也采用了这些原则。

（1）字段标识符应该在两个方面识别一个字段：① 字符串的类型（例如，个人名称）和②字符串在记录中所行使的功能（例如，根查）。这两个方面通过在字段标识符的字符位赋予特定的值来表示。字段标识符可以是数字形式的，也可以是字母形式的。最初分配的是数值，需要时扩充后可以是字母值（首选小写字母）。

（2）指示符依赖于字段标识符，但是应尽量在所有字段里一致使用。指示符可以是数值的，也可以是字母形式的。最初分配的指示符是数值，需要时扩充后可以是字母值（首选小写字母）。

（3）子字段标识依赖于字段标识符，共同的数据元素应尽量在各个字段里用同样的子字段来标识。子字段标识既可以是数字型，也可以是字母型。最初分配的是字母值（首选小写字母），需要时扩充后可以是数值。子字段标识所赋予的值用于识别，而不用于文件排序。对于子字段标识，没有特别的顺序，因为顺序是由数据决定的。

（4）规范记录的字段被主要与一些广泛的信息类别相关，例如“规范检索点”、“相关检索点”等。在一个机器可读的记录中，字段的主要分组将根据这些基本类别进行。

（5）附注中的描述性信息不拟用作检索点。

# 功能块

规范或参照记录的字段被分为功能块；字段标识符的第一个（最左面的）数字表示字段的块。

0-- 标识性功能块：包含标识记录或为其创建记录的实体的号码。

1-- 编码信息功能块：包含定长数据元素（经常是编码），描述记录或数据的各个方面。

2-- 规范检索点块：包含记录因其创建的规范、参照或一般说明检索点。

3-- 附注功能块：包含用于公共显示的附注。① 说明记录检索点（2--）与其他检索点之间的关系；② 用于识别规范记录所描述的实体。

4-- 变异检索点功能块：包含为其建立参照以“见”记录检索点的变异检索点。

5-- 相关检索点功能块：包含为其建立参照以“参见”记录检索点的相关规范检索点。

6-- 分类和实体历史功能块：包含分类号和信息，以及与记录的检索点相关的特定实体历史信息。

7-- 其他语言和（或）文字的规范检索点功能块：包含记录检索点（2--）的另一种语言和（或）文字的形式，并且连接至另一条该形式是 2-- 规范检索点的记录。

8-- 信息源功能块：包含记录的来源以及不用于公共显示的编目员关于数据的附注。

9-- 本地使用功能块：包含记录创建者的本地数据。字段标识符不在用于系统间交换的《UNIMARC 手册：规范格式》里定义。

# 使用指南

### （1）必备字段

除了记录头标和目次项以外，如下字段必须出现在机器可读记录中：

001　记录标识号
100　通用处理数据（仅用于某些数据元素）
152　规则
2--　规范检索点
801　记录来源

其他字段是否出现，取决于被转换成机器可读形式的特定记录。记录的数据内容受负责创建记录的书目机构的编目规则和实践控制，也就是说，一个数据元素的出现或者不出现，不仅取决于格式规范，还取决于国家编目规则或实践。但是，一旦使某数据元素出现，它必须在内容上完全依照本文件定义的条款指定。以编码形式出现的信息单元一般不由编目规则规定。某些编码数据元素是必备的，将在本格式中被标识出来。

### （2）控制功能

《UNIMARC 手册：规范格式》中允许的控制功能限于用于子字段代码、字段分隔符和记录终止符的控制功能，按 ISO 2709 的规定；字符集转义字符串按 ISO 2022 的规定；那些用于表示排挡信息、上标、下标的控制功能，按 ISO 6630。控制功能不规定诸如斜体之类的排版功能。《UNIMARC 手册：规范格式》中的控制功能的用法于《UNIMARC 手册：书目格式》（*UNIMARC Manual: Bibliographic Format*）的附录 J 有详尽说明。

### （3）字段和子字段重复

如果某字段有“可重复”这个词，那么该字段可以在记录中出现多次。如果某子字段标识标记有 R（= 可重复），那么该子字段在此字段中可以出现多次。

### （4）子字段顺序

子字段标识的值并不意味着规定顺序。子字段标识所赋予的值为了识别所用，而不是为文件排序所用。如果在字段中使用控制子字段，它们在字段中的所有其他子字段前。

### （5）填充字符

一个所有内容都被标识的完整记录自然是国际数据交换的首选记录。在有些情况下，可能无法将本地的记录转换成《UNIMARC 手册：规范格式》，并按规定提供完全内容标识和编码信息。为了减少在各个国家书目机构面临上述情况时因缺少信息而可能产生的歧义，在要求信息的位置使用一个字符（以后出现的时候称为“填充字符”）。这个字符是“|”（垂直线，在 ISO 646 中的代码表位置是 7/12）。

编目机构如果不能确定内容标识或者编码信息，就可以使用填充字符。它可以出现在如下情况：①编目机构不使用该内容标识或者不对该信息编码；或者②编目机构使用该内容标识或代码，但是不知道这个特定记录的编码值；或者③编目机构使用类似的内容标识值或编码信息，但是不能精确翻译成《UNIMARC 手册：规范格式》的等同值。

如下规则用于填充字符的使用：填充字符仅用于非必备的指示符和编码数据值，所以填充字符**不**可以用于记录头标或目次项，也不可以被用作子字段标识符或者替代字段的数据部分中的标点符号或其他特定字符。

**（6）编码数据值**

如下约定用于记录头标和编码数据子字段中的编码值的分配：

u - 未知。要分配编码值，但是不能确定合适的特定值时使用。
v - 组合。当实体中出现若干代码特征的组合时使用。
x - 不适用。当某特征不适合所描述的实体的**类型**时使用。
y - 不出现。当所编码的特征对于所描述的实体不出现时使用。
z - 其他。当所分配的代码和实体的特征已知，但是没有合适的已定义代码时使用。
| - 填充字符。当不试图分配代码时使用。

**（7）标识符**

GARR 规定标识符不出现在子字段边界。标识符由如下符号组成：=（用于并列检索点）、< 、> 、<< 和 >>（用于根查）、；和，（用于来源项）。

检索点、附注等中的其他标点符号根据发行记录的书目机构的实践著录在记录中。本手册中的例子反映了在子字段边界标点符号的不同做法。

**（8）格式使用**

**记录的类型：**
**规范记录**

本格式设计主要是为了支持为规范检索点创建的**规范记录**的交换。记录还可能包括变异检索点或相关规范检索点（如 GARR, 0.3.1 所述）的**根查**，后者会生成供显示的参照记录。4-- 字段用于包含规范检索点变异形式的“见自”参照根查。5-- 字段用于包含相关规范检索点的“参见自”参照根查。若有显示需要，参照记录可以从根查生成。

**例：**

210 02$aPittsburgh Research Center [ 规范检索点 ]
410 01$aUnited States.$bBureau of Mines.$bPittsburgh Research Center [ 作为见参照根查的变异检索点 ]
510 02$5a$aPittsburgh Mining and Safety Research Center [ 作为参见参照根查的相关检索点 ]

在例外情况下，规范记录中的参照以附注形式出现：305 字段“相关参照文字附注”。如果参照太复杂，无法从一个或多个根查适当地构造出来，应使用参照附注。2-- 规范检索点一般也作为相关参照根查，在 305 附注中提到的检索点的每一个记录的 5-- 字段中。这样的根查通常在 $5 子字段中有参照禁止代码，以禁止简单参照的自动生成，因为 305 参照附注已经提供了参照。

**例：**

记录 1（规范记录）
200 #1$aJapp,$bAlexander H.
305 0#$a 关于该著者笔名下的作品，参见 $bGray, E. Condor$aand$bPage, H.A. [ 相关参照文字附注中的相关检索点 ]

记录 2（规范记录）
200 #1$aGray,$bE. Condor
500 #1$5z0$aJapp,$bAlexander H. [ 相关检索点作为相关参照根查，禁止显示 ]

记录 3（规范记录）
200 #1$aPage,$bH.A.
500 #1$5z0$aJapp,$bAlexander H. [ 相关检索点作为相关参照根查，禁止显示 ]

**参照记录**

当单纯参照太复杂，不能从规范记录的单纯参照根查里适当地生成，应制作变异检索点的参照记录。参照记录包含 2-- 字段中的变异检索点和 310 相关参照文字附注。2-- 检索点也一般作为每一个 310 附注中提到的规范检索点的规范记录的 4-- 字段中的单纯参照根查。这些根查一般在 $5 子字段里有参照禁止代码以禁止简单参照的自动生成，因为参照记录是提供参照的。

**例：**

记录 1（参照记录）
200 #1$aKacew$bRomain [ 变异检索点作为参照检索点 ]
310 0#$aÉcrit sous deux pseudonymes$bAjar, Émile$bGary, Romain [ 单纯参照文字附注 ]

记录 2（规范记录）
200 #1$aAjar$bÉmile
400 #1$5z0$aKacew$bRomain [ 变异检索点作为单纯参照根查，禁止显示 ]

记录 3（规范记录）
200 #1$aGary$bRomain
400 #1$5z0$aKacew$bRomain [ 变异检索点作为单纯参照根查，禁止显示 ]

**一般说明记录**

一般说明记录在要求说明检索点的单纯参照时制作。一般说明记录包含 2-- 字段中的说明检索点和 320 一般说明参照附注。2-- 说明检索点不在任何规范里做根查。

**例：**

210 12$aConference... [ 一般说明检索点 ]
320 ##$aConference proceedings are entered under the name of the conference, etc., or the title of the publication if the conference, etc., lacks a name. Thus, see also: Symposium..., Work-shop..., etc., [ 一般说明检索点附注 ]

**检索点之间的关系：**

**并列数据**

选择 1

用本格式创建记录的一般原则是，一个检索点的一种形式被著录，而且该检索点要适合用 100 字段所表示的语种的目录。参照根查构成该检索点在这个目录中的参照结构。

如果编目机构需要基于另一种语种构造一个并列目录，该机构可以考虑传递 2-- 检索点的等同形式或并列形式以及适合并列检索点的附注和根查。不推荐针对基于语种差别的并列检索点的附注和根查共存在同一条记录内。使用本格式时，并列检索点应有单独的规范记录，它们是规范检索点，而其参照结构记录在 4-- 和 5-- 参照根查和 3-- 附注字段。

注意，如果这些并列检索点用不同的文字，除了用不同的语种外，它们还应遵照并列数据的规则进行编码。如果在对应的字段里检索点用不同的文字，但是用**同样的**语种，则应遵循交替文字的规则。

对于为不同语种目录而设计的不同的检索点程式的记录，可以通过 7-- 其他语言和（或）文字的规范检索点字段来连接。在每条规范记录中，每一个并列检索点及其关联的**规范记录标识号**（子字段 $3）可以被记录在 7-- 字段。

**例：**

记录 1
001 12345
210 02$aNational Library of Canada
< 为英语目录所做的附注和根查 >
710 02$367890$8frefre$aBibliothèque nationale du Canada

记录 2
001 67890
210 02$aBibliothèque nationale du Canada
< 为法语目录所做的附注和根查 >
710 02$312345$8engeng$aNational Library of Canada

选择 2

换一种方式，编目机构也可以将 2-- 规范检索点的并列形式处理成简单变异或参照：4-- 或 5-- 参照根查，说明或不说明语种。并列形式的参照结构不需要也不包括在记录中。技术的选择取决于建立记录的机构的实践。

**例：**

100 ##$aYYYYMMDDaswey0103####ba0
215 ##$8sweswe$aSverige
415 ##$8sweeng$aSweden
415 ##$8swerus$aŠveciâ
415 ##$8swefre$aSuède

应当注意，应对给定的记录区分如下信息：

1）编目语种，用于检索点（2--）、变异检索点（4--）、相关检索点（5--）其他语言和（或）文字的规范检索点（7--）的限定，还用于附注（3--）和信息短语（$0）。

2）基本检索点（即检索点中标识实体而除去限定数据的部分）的语种。例如：在检索点 200#1$aNicolini da Sabbio$bDomenico $f15-- to 160-?$cimprimeur-libraire 中，基本检索点是 "$aNicolini da Sabbio$bDomenico"，基本检索点的语种是意大利语。编目语种是法语，限定词用法语表示，即 "$cimprimeur-libraire"。

**交替文字数据**

编目（检索点、附注、根查等）的文字在记录的 100 字段里标识。因为某种语言（例如，日语的假名和汉字、巴利语的天城体、高棉文和老挝文）的音译和交替文字拼写，有些机构需要用多种文字形式记录检索点、附注和根查。检索点、附注和根查的交替文字表示可以共存在一条规范记录中，也可以存在于独立的、互相连接的记录中。不过应注意，如果交替文字表示不同于其对应检索点的语种，则应遵循并列数据的规则。

如果交替字符表示并存，则 2-- 记录检索点的交替字符形式都记录在可重复的 2-- 检索点字段，并用 $7 编目文字和基本检索点的文字子字段，表示与 100 字段定义的字符之间的差别。附注和根查的交替文字形式在其各自的功能块里作为重复的字段标识符记载。同一个附注或根查的各种文字形式通过 $6 连接子字段连接，其文字通过编目的文字和基本检索点的文字子字段 $7 标识。

**例：**

001 82-6290
100 ##$aYYYYMMDDaengy0103####ba0
200 #1$7ba0yba0a$8engrus$aGlinka,$bMihail Ivanovič
200 #1$7ba0yca0y$8engrus$aГлинка,$bМихаил Иванович

如果交替字符表示存在于不同的记录中，则记录之间应通过 7-- 字段（包含 2-- 字段的交替字符形式的规范检索点字段）连接起来。7-- 字段包括编目的文字和基本检索点的文字子字段 $7。为检索点的交替文字形式而建立的规范记录的记录控制号可以著录在 7-- 字段中。

**例：**

例 1（“美国”的英文形式和俄文形式）

记录 1
100 ##$aYYYYMMDDaengy0102####ba0
215 ##$aUnited States
415 ##$aUSA
715 ##$7ca0yca0y$8rusrus$aСоединенные штаты

记录 2
100 ##$aYYYYMMDDarusy0102####ca0
215 ##$aСоединенные штаты
415 ##$aСША
715 ##$7ba0yba0y$8engeng$aUnited States

例 2（“格林卡”的英文形式和俄文形式）

记录 1
001 82-6290
100 ##$aYYYYMMDDaengy010302##ba0
200 #1$7ba0yba0a$8engrus$aGlinka,$bMihail Ivanovič
< 拉丁字符目录的附注和根查 >
700 #1$382-3498$7ca0yca0y$8rusrus$aГлинка,$bМихаил Иванович

记录 2
001 82-3498
100 ##$aYYYYMMDDarusy010203##ca0
200 #1$7ca0yca0y$8rusrus$a Глинка,$bМихаил Иванович
< 基里尔字符目录的附注和根查 >
700 #1$382-6290$7ba0yba0a$8engrus$aGlinka,$bMihail Ivanovič

**不同规则数据**

在规范记录中建立检索点的一个总体原则就是它们的形式受一套（著录或主题）编目规则的控制，这套编目规则应在 152 规则字段里标识。然而，一套目录可以因为各种原因包含根据不同规则建立的检索点或规范记录。如果这些检索点或规范记录指同一个实体，则应确立一种关系。

一些机构可能需要记录不同规则数据，作为在规范记录中共存的检索点；或者可能需要将它们记录在互相连接的、不同的、受完整规范记录结构（例如：首选、变异等检索点，附注，原始信息）支持的记录中。如果不同规则的数据共存于一条规范记录中，则 2-- 检索点的不同规则形式记录在重复的 4-- 变异检索点中，同时关系控制子字段 $5 用代码“n”表示指定的关系类型。如果不同规则的数据记录在不同的规范记录中，则 2-- 检索点的不同规则形式记录在相关检索点字段 5-- 中，同时关系控制子字段 $5 表示特定的关系类型。

**例：**

例 1

152 ##$aPPIAK
200 #1$aMirković$bMijo
400 #1$5e$aBalota$bMate
500 #1$2uni-PPIAK$5n$5f$aMirković$bMijo
500 #1$2uni-PPIAK$5n$5e$aBalota$bMate

根据 PPIAK（克罗地亚）编目规则的用法，在规范记录实施的 UNIMARC 格式联机目录中，真实名称 Mijo Mirković 和笔名 Mate Balota 被处理为相关检索点。笔名 Mate Balota 根据 PPIAK 被处理为变异检索点。

例 2

152 ##$apsbo
210 01$aГермания$bВерховное главнокомандование вооруженными силами$bУправление разведки и контрразведки
510 02$2nlr_sh$aАбвер

著录编目和主题系统使用不同的团体名称形式。5-- 功能块用来建立这些形式之间的关系。

**复合检索点**

在 UNIMARC 规范格式中，检索点或检索点**部分**是通过如下各种类型的字段标识符来表示的：个人名称、团体或会议名称、管辖区或地理名称、商标、印刷者 / 出版者标志、家族名称、作品的题名、名称题名、作品集题名、名称 / 作品集题名、论题主题、地理检索、形式、体裁或物理特征。

如果检索点由名称**和**题名组成，应定义一个特别的名称 / 题名字段。可以使用两种技术：嵌入子字段技术和标准子字段技术。这些技术在 240 字段“规范检索——称 / 题名字段著录”里有说明。关于这些技术的更完全的描述，见《UNIMARC 手册：书目格式》（*UNIMARC Manual: Bibliographic Format*），其基本技术与 UNIMARC 书目格式里的 4-- 变异检索点块中所使用的相同。

如果检索点由行政管辖区名称后一个团体或会议名称组成，检索点被认为是团体名称或会议名称。

如果检索点由名称、题名、商标等或者论题后有主题复分，则主题复分记录在其所跟随的名称、题名或论题主题的 $j、$x、$y 和 $z 子字段中。在名称 / 题名款目中，主题复分置于嵌入题名字段中。

**（9）记录内容概要**

| 记录内容 | GARR 所规定的项目 |
|---|---|
| 出现在所有类型的记录中： | |
| 0-- 标识块 | ISADN 项（如果适用） |
| 1-- 编码信息块 | |
| 8-- 信息来源块 | 编目员附注项、来源项 |
| 规范记录：<br>（记录类型 = x） | |
| 2-- 规范检索点块<br>（规范检索点） | 规范标目项 |
| 300 信息附注 | 信息附注项 |
| 305 相关参照文字附注 | 统一标目项 |
| 4-- 变异检索点块 | 单纯参照根查项 |
| 5-- 相关检索点块 | 相关参照根查项 |
| 7-- 其他语言和（或）文字规范检索点块 | 规范标目项 |
| 参照记录<br>（记录类型 = y） | |
| 2-- 规范检索点块<br>（变异检索点） | 参照标目项 |
| 300 信息附注 | 信息附注项 |
| 310 单纯参照文字附注 | 统一标目项 |
| 7-- 其他语言和（或）文字规范检索点块 | 参照标目项 |
| 一般说明记录：<br>（记录类型 = z） | |
| 2-- 规范检索点块<br>（说明性检索点） | 说明性标目项 |
| 320 一般说明参照附注 | 信息附注项 |
| 7-- 其他语言和（或）文字规范检索点块 | 说明性标目项 |

**（10）UNIMARC 规范格式和 UNIMARC 书目格式之间的对应**

| UNIMARC 规范检索点字段 | UNIMARC 书目字段中检索点的使用 |
|---|---|
| 200 个人名称 | 700, 701, 702, 703<br>4-- 以及嵌入的 700, 701, 702, 703<br>600<br>604 以及嵌入的 700, 701, 702, 703 |

| | |
|---|---|
| 210　团体或会议名称 | 710, 711, 712, 713<br>4-- 以及嵌入的 710, 711, 712, 713<br>601<br>604 以及嵌入的 710, 711, 712, 713 |
| 215　行政管辖区或地理名称 | 710, 711, 712, 713<br>4-- 以及嵌入的 710, 711, 712, 713<br>601, 607<br>604 以及嵌入的 710, 711, 712, 713 |
| 216　商标 | 716 |
| 217　印刷者 / 出版者标志 | 717 |
| 220　家族名称 | 720, 721, 722, 723<br>4-- 以及嵌入的 720, 721, 722, 723<br>602<br>604 以及嵌入的 720, 721, 722, 723 |
| 230　题名 | 500<br>4-- 以及嵌入的 500<br>605 |
| 231　题名（作品） | 506 |
| 232　题名（内容表达） | 507 |
| 240　名称 / 题名<br><br>（嵌入的 200, 210, 215 或 220 和 230） | 4-- 以及嵌入的 7-- 和 500<br>7--<br>604 以及嵌入的 7-- 和 500 604<br>500 |
| 241　名称 / 题名（作品） | 576 |
| 242　名称 / 题名（内容表达） | 577 |
| 243　法律和宗教文本惯用名称 / 题名 | 740, 741, 742<br>4-- 以及嵌入的 740 |
| 245　名称 / 作品集题名<br>（嵌入的 200, 210, 215 或<br>220 和 235） | 4-- 以及嵌入的 7-- 和 501<br>604 以及嵌入的 7-- 和 501<br>7--<br>501 |
| 250　论题主题 | 606，615 |

| 260 出版、表演、出处等的地点和日期 | 617, 620, 621 |
|---|---|
| 280 形式、体裁或物理特征 | 608 |
| 6-- 主题检索点 | 6-- 主题分析和书目沿革块 |
| 600 个人名称 | 600 |
| 601 团体名称 | 601 |
| 602 家族名称 | 602 |
| 606 论题名称 | 606 |
| 607 地理名称 | 607 |
| 610 非控主题词 | 610 |
| 616 商标 | 616 |
| 617 分级地理名称 | |
| 631 题名（作品） | |
| 632 题名（内容表达） | |
| 641 名称 / 题名（作品） | |
| 642 名称 / 题名（内容表达） | |

**（11）参照和规范记录的显示**

如下方法可以应用于编码数据，允许显示参照和规范记录的灵活性，以适应 GARR 中允许显示的各种情况。

（a）根查被分为用于变异检索点的 4-- 字段和用于相关检索点的 5-- 字段。这些字段标识符的第一个字符分别表示参照记录显示中需要用的 > 和 >> 符号。对于规范记录，4-- 和 5-- 表示应显示符号 < 和 << 或者适当的时候显示**见**和**参见**。

（b）关系控制了字段 $5 中的关系代码可以被用于字段中，以代码形式表示根查与 2-- 记录检索点可能存在的若干种标准关系之一。这些代码允许系统显示参照记录和规范记录中的特定关系信息。因为由代码生成的文字参照信息取决于各个系统，特定的关系或说明可以用数据接受者所选择的语种。这种关系或说明信息是在 >、>>、< 和 << 等符号之外附加的，不是仅仅按照这些符号。

（c）如果 2-- 记录检索点和根查之间的某个关系不是 $5 子字段的关系代码中所定义的一个代码值所表示的关系，但仍然是一个一对一的关系，则用子字段 $0 说明语来提供文字形式的说明。因为说明语用文字形式，不能使用给定语种信息的机构可以在规范和参照记录的显示中将其忽略，因为较不精确的 >、>>、< 和 << 符号也可以从字段标识符生成。如果除了子字段 $5 中的关系代码以外还有子字段 $0 出现，$0 中的说明应该在显示中首选，除非因语种或其他原因不需要。

（d）如果参照检索和参照指向的检索点之间的关系是多对一的关系或者有其他复杂情况，有必要将参照转录为（根查以外的）信息附注，则可以使用 3-- 信息附注。从信息附注指向的变异检索点和指向信息附注的首选检索点也应该作为根查出现在适当的规范记录。这将允许不能使用信息附注的机构仍然可以（较不精确地）显示来自基于 4-- 和 5-- 字段根查的参照信息。

# 说明性注释

本手册通篇采用下列约定。

（1）用美元符号（$）替换 ISO 字符 IS2（ISO 646 中使用）作为子字段标识符的起始字符。

（2）示例中字符 # 表示一个空格。

（3）示例中假定有字段分隔符，但不直接显示。

（4）指示符位置相关短语“未定义”表示该指示符位置未给定任何值。

（5）一些子字段需要使用外部维护的代码列表。这些代码列表包含在《UNIMARC 手册：书目格式》（*UNIMARC Manual: Bibliographic Format*）的下列附录中：

附录 A：语种代码（基于 ISO 639-2）
附录 B：国家代码（基于 ISO 3166-1）
附录 C：关系代码
附录 D：地区代码
附录 G：主题系统代码
附录 H：编目规则和格式代码
附录 J：字符集（基于 ISO 2022）

# 字段列表

本格式定义的所有字段列举如下：

**0-- 标识块**

001 记录标识号
003 永久记录标识号
005 版本标识号
015 国际标准规范数据号（已废）
033 其他系统永久记录标识号
035 其他系统控制号
036 音乐导句
050 国际标准文本代码（ISTC）
051 国际标准音乐作品代码（ISWC）
052 国际标准视听号（ISAN）
061 国际标准录音作品编码（ISRC）

**1-- 编码信息块**

100 通用处理数据
101 实体语种
102 实体国籍
106 编码数据字段：个人 / 团体 / 家族名称 / 商标 / 印刷者 / 出版者标志用作主题检索点
120 编码数据字段：个人名称
122 编码数据字段：作品内容的时期
123 编码数据字段：行政管辖区或地理名称
127 编码数据字段：录音制品、视觉投影、音乐作品和表演的播放时间
128 音乐作品的形式以及调或调式
150 编码数据字段：团体名称
152 编目规则
154 编码数据字段：题名
160 地理区域代码

**2-- 规范检索点块**

200 规范检索点——个人名称
210 规范检索点——团体名称
215 规范检索点——行政管辖区或地理名称
216 规范检索点——商标
217 规范检索点——印刷者 / 出版者标志
220 规范检索点——家族名称

230 规范检索点——题名
231 规范检索点——题名（作品）
232 规范检索点——题名（内容表达）
235 规范检索点——作品集题名
240 规范检索点——名称 / 题名
241 规范检索点——名称 / 题名（作品）
242 规范检索点——名称 / 题名（内容表达）
243 规范检索点——法律和宗教文本惯用名称 / 题名
245 规范检索点——名称 / 作品集题名
250 规范检索点——论题主题
260 规范检索点——出版、演出和出处等的地点和日期
280 规范检索点——形式、体裁或物理特征

**3-- 附注块**

300 信息附注
305 相关参照文字附注
310 单纯参照文字附注
320 一般说明参照附注
330 一般范围附注
333 用户 / 读者对象附注
340 传记和活动附注
341 与印刷者 / 出版者相关的活动附注
356 地理附注

**4-- 变异检索点块**

400 变异检索点——个人名称
410 变异检索点——团体名称
415 变异检索点——行政管辖区或地理名称
416 变异检索点——商标
417 变异检索点——印刷者 / 出版者标志
420 变异检索点——家族名称
430 变异检索点——题名
431 变异检索点——题名（作品）
432 变异检索点——题名（内容表达）
440 变异检索点——名称 / 题名
441 变异检索点——名称 / 题名（作品）
442 变异检索点——名称 / 题名（内容表达）
443 变异检索点——法律和宗教文本惯用名称 / 题名
445 变异检索点——名称 / 作品集题名
450 变异检索点——论题主题
460 变异检索点——出版、演出和出处等的地点和日期
480 变异检索点——形式、体裁或物理特征

## 5-- 相关检索点块

500 相关检索点——个人名称
501 相关检索点——对作品负有责任的个人名称
502 相关检索点——与内容表达相关的贡献者的个人名称
510 相关检索点——团体名称
511 相关检索点——对作品负有责任的团体名称
512 相关检索点——与内容表达相关的贡献者的团体名称
515 相关检索点——行政管辖区或地理名称
516 相关检索点——商标
517 相关检索点——印刷者 / 出版者标志
520 相关检索点——家族名称
521 相关检索点——对作品负有责任的家族名称
522 相关检索点——与内容表达相关的贡献者的家族名称
530 相关检索点——题名
531 相关检索点——题名（作品）
532 相关检索点——题名（内容表达）
540 相关检索点——名称 / 题名
541 相关检索点——名称 / 题名（作品）
542 相关检索点——名称 / 题名（内容表达）
543 相关检索点——法律和宗教文本惯用名称 / 题名
545 相关检索点——名称 / 作品集题名
550 相关检索点——论题主题
560 相关检索点——出版、演出和出处等的地点和日期
580 相关检索点——形式、体裁或物理特征

## 6-- 主题分析和实体历史块

600 主题检索点——个人名称
601 主题检索点——团体名称
602 主题检索点——家族名称
606 主题检索点——论题名称
607 主题检索点——地理名称
610 主题检索点——非控主题词
616 主题检索点——商标
617 主题检索点——分级地理名称
631 主题检索点——题名（作品）
632 主题检索点——题名（内容表达）
640 与实体有关的地点和日期
641 主题检索点——名称和题名（作品）
642 主题检索点——名称和题名（内容表达）
675 国际十进分类法（UDC）
676 杜威十进分类法（DDC）
680 美国国会图书馆分类法（LCC）
686 其他分类号

## 7-- 其他语言和（或）文字的规范检索点块

700 其他语言和（或）文字的规范检索点——个人名称
710 其他语言和（或）文字的规范检索点——团体名称
715 其他语言和（或）文字的规范检索点——行政管辖区或地理名称
716 其他语言和（或）文字的规范检索点——商标
717 其他语言和（或）文字的规范检索点——印刷者 / 出版者标志
720 其他语言和（或）文字的规范检索点——家族名称
730 其他语言和（或）文字的规范检索点——题名
731 其他语言和（或）文字的规范检索点——题名（作品）
732 其他语言和（或）文字的规范检索点——题名（内容表达）
740 其他语言和（或）文字的规范检索点——名称 / 题名
741 其他语言和（或）文字的规范检索点——名称 / 题名（作品）
742 其他语言和（或）文字的规范检索点——名称 / 题名（内容表达）
743 其他语言和（或）文字的规范检索点——法律和宗教文本惯用名称 / 题名
745 其他语言和（或）文字的规范检索点——名称 / 作品集题名
750 其他语言和（或）文字的规范检索点——论题主题
760 其他语言和（或）文字的规范检索点——出版、演出和出处等的地点和日期
780 其他语言和（或）文字的规范检索点——形式、体裁或物理特征

## 8-- 信息来源块

801 记录来源
810 参考数据源
815 未查到参考信息的数据源
820 用法与范围信息
825 示例附注
830 一般编目员附注
835 已删除检索点信息
836 被替换检索点信息
856 电子资源定位与检索
886 无法从原格式转换的数据

## 9-- 本地使用块

# 格　式

## 记录头标

### 字段定义

记录头标根据 ISO 2709 的规定建立。

### 出现方式

记录头标出现在每条记录的起始位置。必备。不可重复。

### 字段标识符、指示符和子字段

记录头标没有字段标识符、指示符或子字段标识符。

### 定长数据元素

这些数据元素是由头标内的字符位置标识。头标总长度固定为 24 个字符。通常字符位置编号为 0—23。

| 数据元素名称 | 字符数 | 字符位置 |
|---|---|---|
| 记录长度 | 5 | 0—4 |
| 记录状态 | 1 | 5 |
| 执行代码 | 4 | 6—9 |
| 指示符长度 | 1 | 10 |
| 子字段标识符长度 | 1 | 11 |
| 数据基地址 | 5 | 12—16 |
| 记录附加定义 | 3 | 17—19 |
| 目次项结构 | 4 | 20—23 |

### 字段内容注释

记录头标定位在每条 UNIMARC 记录的起始位置，包含处理记录所需的数据。字符位置 10, 11 和 20—23 包含的特定值可通过计算机程序生成。字符位置 0—4 和 12—16 所含的是数字型数据，它表示记录中相应部分的字符数量；当记录被格式化时，这些均可通过计算机生成。字符位置 5，6—9 和 17—19 的值可以从源记录数据中通过转换程序（当 UNIMARC 作为源格式时）生成或者手工分配。

0—4　记录长度
5 位十进制数字，右对齐，需要时左边用 0 补齐，表示整条记录中的字符数，包括头标、目次项和可变长字段。当为了交换而组装成整条记录时，该项数据元素通常自动计算。

5　记录状态
用一位字符代码表示记录处理状态。

c = 已更正的或已修改的记录

由于改错而变更成为一个新记录，修改更新记录或者记录中有字段被删除。

d = 已删除记录

交换记录时表示带有此记录标识号的记录不再有效。该记录可能仅包含头标、目次项和 001（记录标识号）字段，或者也可能包含记录发行时的所有字段；无论哪种情况，均可使用 835（已删除检索点信息）字段来说明该记录被删除的原因。

n = 新记录

一条新记录。

6—9 执行代码

6 记录类型

x = 规范记录

代码 x 表示该记录的内容构成一条规范记录，其中 2-- 规范检索点是被确立和规范的，可用作构建一条书目记录的某些检索点的引导单元。

y = 参照记录

代码 y 表示该记录的内容构成一条参照记录，其中 2-- 规范检索点未被确立，是非规范的，不能用作书目记录中检索点的引导单元。2-- 在规范记录的 4-- 中做根查。

z = 一般说明记录

代码 z 表示该记录的内容构成一条一般说明记录，其中 2-- 规范检索点未被确立，也不在任何规范记录的 4-- 中做根查。

7—8 未定义

包括两个空。

9 实体类型

该代码表示 2-- 中标识的实体的类型。

a = 个人名称
b = 团体名称
c = 行政管辖区或地理名称
d = 商标
e = 家族名称
f = 题名
g = 作品集题名
h = 名称 / 题名
i = 名称 / 作品集题名
j = 论题主题
k = 地点检索
l = 形式、体裁或物理特征

10 指示符长度

一位数字表示指示符长度。在 UNIMARC 中固定是 2。

11 子字段标识符长度

一位数字表示子字段标识符（例如，“$a”）长度。在 UNIMARC 中固定是 2。

12—16 数据基地址

5 位数字，右对齐；不足 5 位时，左边用 0 补齐，它表示第一个数据字段相对记录首位的起始字符位置。因为记录的第一个字符被计数为 0（零），所以作为数据基地址的数字等于头标和目次项（包括结束目次项的字段分隔符）中字符数量的总和。在目次项中，每个字段的起始字符位置相对第一个数据字段（001 字段）的第一个字符给定，而不是相对记录首位给定。每个字段的位置可根据基址算出。当最终组装成 UNIMARC 记录时，通常由计算机自动提供该数字。

17—19 记录附加定义

17 编目等级

用一位字符代码表示机读记录的完整程度。已定义下列代码，以后可能再增加其他代码。

# = 完全级

记录包含可用根查在内的必要数据。

3 = 部分级

由于还没有完成适当的参照工作，该记录不包括完整数据。

18—19 未定义

两个空。

20—23 目次项结构

提供每个 UNIMARC 字段的目次项长度和结构的详细信息。四个位置如下：

20 “字段长度”的长度

一位十进制数字表示每个目次项内“字段长度”部分的字符数。UNIMARC 中值为 4。最大字段长度是 9999 个字符。

21 “起始字符位置”的长度

一位十进制数字表示每个目次项内“起始字符位置”部分的字符数。UNIMARC 中值为 5。最大记录长度约 100 000 个字符。

22—23 未定义

两个空。

**相关字段**

记录头标中的数据元素在 UNIMARC 其他部分是没有的。虽然执行代码的一些值，如“记录类型”和“实体类型”的值与其他代码数据重复，但事实上，记录头标中的代码表示的是记录的属性，而不是直接表示实体本身的属性。

## 目次项

记录头标后面是目次项。目次项的每个目次项由三部分组成：一个三位数的数字型字段标识符、一个四位数字表示的该数据字段的长度和一个五位数字表示的起始字符位置。目次项不允许出现其他字符。目次项结构如下：

目次项 1　　　　　　　　　　　　　　　　　　目次项 2、其他目次项

| 字段标识符 | 字段长度 | 起始字符位置 | | ………………………… | F/T |
|---|---|---|---|---|---|

F/T = 字段结束符

目次项的第二部分给出字段中的字符数。包括所有字符：指示符、子字段标识符、文本或代码数据和字段结束符。字段长度后面是该字段起始字符位置，即该字段第一个字符相对该记录可变字段区中的位置。第一个可变字段中第一个字符的字符位置为 0。整条记录内字符位置 0 的位置在记录头标字符位置 12—16 中给出。

字段标识符是 3 位字符长，“数据长度”填写 4 位字符，“起始字符位置”填写 5 位字符。所有 12 位字符的目次项后面对应每个数据字段，目次项用 ISO 646 中 IS2 字段结束符（7 位代码表上的 1/14）结束。说明位置与数据字段关系的目次项的示例，详见附录 L 中的完整示例。目次项应该按字段标识符的首位数字排序，推荐按完整字段标识符排序。数据字段本身不需要顺序，它们的位置完全通过目次项指定。

# 0--　标识块

**字段的定义和范围**

本功能块包含标识记录和记录版本的数字，以及为其建立记录的实体。

已定义下列字段：

001　记录标识号
003　永久记录标识号
005　版本标识号
015　国际标准规范数据号（已废）
033　其他系统永久记录标识号
035　其他系统控制号
036　音乐导句
050　国际标准文本代码（ISTC）
051　国际标准音乐作品代码（ISWC）
052　国际标准视听号（ISAN）
061　国际标准录音作品编码（ISRC）

**出现方式**

每条记录中 001 字段必备。其他字段在具有有效数据时出现。

# 001 记录标识号

**字段定义**

本字段包含创建、使用或发行记录的机构分配的记录控制号。

**出现方式**

必备。不可重复。

**指示符**

根据 ISO 2709，本字段没有指示符。

**子字段**

根据 ISO 2709，本字段没有子字段。

**字段内容注释**

记录标识号的形式没有任何限制。

当记录标识号由一个国际标准号、其他标识号（如国家号），或其他数据（如出版国）组成或包含它们的任何形式时，本信息不仅作为记录标识号记录在本字段，还应把它们记入到指定字段。

**相关字段**

编目机构可使用其他独立的标识号（如 ISBN 或国家书目号）作为记录标识号。处理这些情况可参见上述字段内容注释。

**例：**

例 1

001 78-34279

例 2

001 n##82-003762#

# 003　永久记录标识号

**字段定义**

本字段包括创建、使用或发行记录的机构所分配的永久记录标识号。这是规范记录的永久标识，不是实体本身的永久标识。

**出现方式**

可选用。不可重复。

**指示符**

根据 ISO 2709，本字段没有指示符。

**子字段**

根据 ISO 2709，本字段没有子字段。

**字段内容注释**

永久标识是特定的因特网地址，在确认链接不变更的情况下，允许一个地址通过超文本链接参照一个电子资源。若干系统允许创建永久标识。

通过永久标识也可以参照一条规范记录。借助此工具，可以将该规范记录加入到某人自己的书签或在 Web 网站、E-mail、博客或论坛中加以引用。只是在联网情况下，使用浏览器中显示的地址即可。

**相关字段**

001　记录标识号
　　创建、使用或发行记录的机构分配的控制号。可以成为永久标识的组成部分，但不是必须如此。相对于数据库中记录的系统控制号（记录标识号），永久标识在 Web 上具备相同功能。

856　电子资源定位与检索
　　电子资源的定位与检索提供已建立规范记录的实体的有关补充信息。

**例：**

例 1

001 FRBNF11911553

003 http://catalogue.bnf.fr/ark:/12148/cb119115538/

法国国家图书馆（BnF）目录中 Jean-Marie Gustave Le Clézio 的规范记录的永久标识。

例 2

001 oca05594636

003 http://errol.oclc.org/laf/nb2001-72552.html

来自于 OCLC LAF: 连接的规范档的 Gordon Dunsire 的规范记录的永久标识。

# 005　版本标识号

**字段定义**

本字段由 16 位字符组成，指出记录最后处理的日期和时间。

**出现方式**

可选用。不可重复。

**指示符**

根据 ISO 2709 格式，本字段没有指示符。

**子字段**

根据 ISO 2709 格式，本字段没有子字段。

**字段内容注释**

根据 ISO 8601 记录日期和时间。日期形式为 YYYYMMDD，其中 YYYY 代表年、MM 代表月、DD 代表日。时间形式为 HHMMSS.T，HH 代表小时，MM 代表分钟，SS 代表秒，T 代表 1/10 秒。任何情况下，如需要可在前方加 0（零）。

**相关字段**

100　通用处理数据（字符位置 0—7）
　　这是记录原始创建日期，不会因为记录被更改或交换而变更。
801　记录来源字段的子字段 $c
　　该子字段给出修改、转录和（或）发行的年、月和日。

**例：**

005 19850901141236.0
最后处理时间是 1985 年 9 月 1 日的 14 点 12 分 36 秒（即下午 2 点 12 分 36 秒）。1 日输入 01 而不是 1，9 月输入 09 而不是 9，以维持格式。

# 015　国际标准规范数据号（已废）

**历史**

UNIMARC 规范字段 015（被保留为国际标准规范数据号），根据 IFLA 不再继续 ISADN 定义的决定，已被作废。已使用 015 字段存放本地分配的 ISADN 的机构，可以将本字段转入合适的 05- 或 061 字段。

# 033　其他系统永久记录标识号

**字段定义**

本字段包括从其他来源获得的记录的永久标识。该永久标识由创建、使用或发行记录的机构分配。这是规范记录的永久标识，不是实体本身的永久标识。

**出现方式**

可选用。可重复。

**指示符**

指示符 1　空（未定义）
指示符 2　空（未定义）

**子字段**

$a　永久记录标识号

$z　被删除的或无效的永久记录标识号
　　可重复。

**字段内容注释**

永久标识是特定的因特网地址，它允许一个地址通过超文本链接参照一个电子资源。同时要确认该链接不会变更。有若干系统允许创建永久标识。

通过永久标识也可以参照到一条出现在 OAI 库中的规范记录。借助于此种工具，可以将本规范记录加入到自己的网络书签或在 Web 网站、E-mail、博客或论坛中引用。只要在联网情况下，简单地利用显示在浏览器中的地址即可。

**相关字段**

035　其他系统控制号
　　033 字段中的永久记录标识号在万维网上等同于另一个数据库中记录的 035 字段中的系统控制号。
856　电子资源定位与检索
　　记录所描述的实体的永久标识录在 856 字段中。

**例：**

001 099573598
033 ##$ahttp://catalogue.bnf.fr/ark:/12148/cb40133622z/PUBLIC
035 ##$a(FrPBN)FRBNF401336220000001
该记录创建在法国国家图书馆的目录中，然后下载到 Sudoc（法国全国大学联合目录）。原始记录标识号录在 035 字段，而原始永久记录标识号录在 033 字段。

# 035　其他系统控制号

**字段定义**

本字段包括其他来源记录的控制号。

**出现方式**

可选用。可重复。

**指示符**

指示符 1　空（未定义）
指示符 2　空（未定义）

**子字段**

$a　系统控制号
机构代码放在括号中，后面是机构数据库中该记录的系统控制号。代码应依据 ISO 15511—2009: *Information and documentation -- International standard identifier for libraries and related organizations*（*ISIL*）（信息和文献—国际标准图书馆和相关机构标识）。（现有的记录可以包含取自《MARC 机构代码表》的代码）不可重复。

$z　取消的或无效的控制号
可重复。

**字段内容注释**

控制号以提供的形式储存。

**相关字段**

001　记录标识号
制作记录的机构用作唯一标识的控制号。

**例**

例 1

035 ##$a(CaBVaU)2835210335
控制号由不列颠哥伦比亚大学分配。

例 2

035 ##$a(OCoLC)1553114$z(OCoLC)153114
控制号由 OCLC 分配。分配的原始号码是无效的，已经被取代。

例 3

001 RU\NLR\AUTH\8810088678
035 ##$a(Владимирская ОУНБ)NILC/AF/0000000197
俄罗斯国家规范文档中记录的控制号来自于弗拉基米尔国际研究图书馆创建的记录。

# 036　音乐导句

### 字段定义

本字段包括用部分代码形式描述的音乐的导句的数据。

### 出现方式

可选用。可重复。

### 指示符

指示符 1　空（未定义）
指示符 2　空（未定义）

### 子字段

$a　作品号
如果在一条单独的记录中完整地描述了一组作品（例如，6 首奏鸣曲），用一个两位数字代码表示导句指哪首作品。如果该记录只描述一首作品，就用“01”。必备。不可重复。
例如，描述一组 6 首中第 2 首奏鸣曲的导句：036 $a = 02。

$b　乐章号
用一个两位数字代码指出导句指作品的哪个乐章。如果该作品只有一个乐章，就用“01”。必备。不可重复。例如，描述一部交响乐中第 3 乐章的导句：036 $b = 03。

$c　导句号
用一个两位数字代码区分指向同一乐章的不同导句。如果该乐章只有一个导句，就用“01”。必备。不可重复。
例如，在咏叹调中，需要一个演奏器乐引子的导句和一个人声声部的导句，两个导句分别有各自的 036 $c = 01 和 036 $c = 02。

$d　人声 / 乐器
036$p 中的人声或乐器代码。如果存在 036 $p 则必备。不可重复。

$e　角色
唱出 036 $p 中编码导句的人物的名称。可选用。不可重复。

$f　乐章字幕 / 标题
出现在资源上的乐章的文首或标题。可选用。可重复。

$g　调或调式
如果适用，表示乐章的调或调式。用大写字母 A–G 表示大调，小写字母 a–g 表示小调，“x”表示升调，“b”表示降调，数字 1—12 表示格里高利调式。可选用。不可重复。

$m　谱号

三位字符代码。用大写字母“F”或“C”或“G”表示谱号形状，用“-”作为分隔符，数字1—5表示谱表上谱号的位置，从底线开始。用“+”作为分隔符表示有量记谱法。如果036 $p存在则必备，否则空置。不可重复。

例如，要表示低音谱号 036 $m = F-4

$n　调号

用“x”表示升调，“b”表示降调，后面是大写字母 F, C, G, D, A, E, B 或 B, E, A, D, G, C, F 各自表示升调或降调音符。可选用。不可重复。例如带三个升号的 A 大调导句：036 $n = xFCG。

$o　拍子记号

谱表上报告的时间量或度量记号用一个符号（c, c/, c, o 等）和（或）一个数字（3, 2, c3 等）或一个分数（4/4, 12/8 等）转录。可选用。不可重复。

$p　乐谱

用 Plaine & Easie 代码或 DARMS 代码的音符转录所选谱表的起始音符。可选用。不可重复。

$q　注释（自由行文）

自由行文附注。可选用。可重复。

$r　代码附注

一位字符代码表示一个说明附注。用 “?” 表示导句中有错误，未更正；“+” 表示导句中有错误，已更正；“t” 表示导句已转录（例如来自有量记谱法）。可选用。不可重复。

$t　文本导句

资源上出现的文学文本（如果存在）。如果资源有多个文本，则重复本子字段分别著录每一文本。可选用。可重复。

$u　统一资源标识

统一资源标识（URI）（如一个 URL 或 URN）提供数字格式 [ 如图像（jpeg，gif，tiff 等）或记号（enigma, niff 等）] 中导句的电子访问数据。利用一种因特网协议，使用本数据自动访问一个电子对象。子字段 $u 只在一个数字对象的一个地址有多个标识（URIs）时可重复。如果数字对象有多个地址时，重复本字段。可选用。可重复。

$z　文本语种

导句的语种代码标识。如果文本不同或 101 实体语种被误解时使用。当子字段被重复时，语种代码的顺序应该反映作品内语种的范围和重要性。如果不可能，就按字母顺序输入语种代码。当使用大量语种时，子字段中应该输入代码“mul”。见附录 A 代码列表。可选用。可重复。

$2　系统代码

子字段标识一个代码，指定编码乐谱的系统。两位字符代码表示 036 $p 中转录使用的代码。如果 036 $p 存在则必备。可选用。不可重复。

代码：

pe = plaine & easie 代码

http://www.iaml.info/en/cataloguing/plain_and easy_code 联机获取

da = DARMS 代码

Beyond MIDI : The Handbook of Musical Codes / edited by Eleanor Selfridge-Field. – Cambridge, Mass. [etc.], MIT Press, 1997. – xviii, 630 p. : mus. ; 24 cm. ISBN 0-262-19394-9. 还可以通过 http://www.ccarh.org/publications/books/beyondmidi/online/darms/ 联机获取

注：不可获得图像。

**例**

例 1

036 ##$2pe$a01$b01$c01$dS$fAria$ge$mC-1$oc$p'2B4B8BB/4G8GxF4FF/4xA8AA4.At8B/4B$tRei d'impuniti eccessi

036 子字段 $p 中乐谱的系统代码是 plaine & easie。下列导句的代码：

1.1: Aria,S. Rei d’impuniti eccessi

例 2

036 ##$2pe$a01$b01$c01$dvl1$fScena. Largo$mG-2$nbBEA$oc
$p8{'C+8(3{CDEFG};5)}8{GC}{,nB'G}4(-)/''2G+6{GnB'''C''E}6{DCAG}

036 ##$2pe$a01$b01$c02$dS$eSara$fScena. Largo$mC-1$nbBEA$oc
$p=5/4-''6C3CC6DEgF6CC8-6ED/q8D4C8C'nB''4D-/2-/$tChi per pietà mi dice il figlio mio che fà

036 ##$2pe$a01$b02$c01$dvl1$fAria. Allegro$mG-2$nbBEA$oc
$p6{'EDEF}{GABG}{EDEF}{GABG}/{''C'BAG}{FEDC},4B-/

036 ##$2pe$a01$b02$c02$dS$eSara$fAria. Allegro$mC-1$nbBEA$oc
$p2-/2-''4.F8D/gC'8BB4-2(-)/=2/''2E'G/''4.C'8A4F-/-Fq8B4A8GF/
$tDeh parlate che forse tacendo

D. Cimarosa 所作 *Deh parlate che forse tacendo* 的场景和咏叹调的编码。

例 3

036 ##$2pe$a01$b01$c01$d1st violin$fAndante$mG-2$nxFC$o4/4
$p4-8'A/{6''DA}gG{6F3ED}{6EB}gA{6G3FE}8F4D8C/{6DA}

036 ##$a01$b02$c01$fAllegro$gD$o4/4

036 ##$a01$b03$c01$fAllegretto$gD$o3/4

C. A. Campion 的 D 大调小提琴和低音提琴三乐章三重奏的编码。

例 4

036 ##$2da$a01$b01$c01$dOb. 1$mG-2$nbB$oc
$p RE 9S((8)) 9((8 9 8)) 9E( 6) 7( 6S( 5)) / 4S(( 3 2 3)) /
$uhttp://www.classicalarchives.com/cgi-bin/n.cgi/prep/6/jsbbrc11.mid

J.S. 巴赫《第一勃兰登堡协奏曲》（Brandenburg Concerto）（BWV 1046）的 MIDI 资源的 DARMS 编码和 URL，第 1 双簧管声部：

K Oboe 1 $

!I1 !G !K1- !MC,12@Ob. 1$ RE 9S(( 8)) 9(( 8 9 8)) 9E( 6) 7( 6S( 5)) / 4S(( 3 2 3)) /

# 050 国际标准文本代码（ISTC）

## 字段定义

本字段包括一个国际标准文本代码。ISTC 标识文字作品，不是物理产品。

## 出现方式

可选用。不可重复。

## 指示符

指示符 1 空（未定义）
指示符 2 空（未定义）

## 子字段

$a 数字（ISTC）
ISTC 的正确应用形式，包括连字符。ISTC 号由 ISTC 登记局指定的登记机构负责分配。不可重复。除非存在 $z，否则必备。

$z 错误的 ISTC
表示已错误分配给一种文字作品的 ISTC，或者因其他原因不适用。本号码可能被分配给两种不同的文字作品，于是在此情况下被取消，或本号码印刷时有误。可重复。

## 字段内容注释

ISTC 结构：

根据 ISO 21047 的规定，ISTC 用于标识一种文字作品或文字作品的任何衍生产品。一个 ISTC 由 16 位组成。无论印刷或书写，数字前均缀以 ISTC。不用拉丁字符的国家，除拉丁字符 ISTC 外，可用本地文字的缩写。

ISTC 被分成四个单元，每个单元之间以连字符或空格分隔：

登记机构：表示给定 ISTC 的登记机构的三位十六进制数字。
登记机构单元由 ISTC 登记局分配。
年：ISTC 分配给文字作品的年代的四位数字。
（文字）作品：由八位十六进制数字组成，由登记机构分配。
校验位：ISTC 的第四单元是校验位。根据 ISO 7064，通过模 16-3 算法计算。

数据格式：

字母 ISTC 在书写或印刷时必备，不应写入 050 字段。任何 ISTC，无论印刷在文献上或其他地方，均可以输入 $z 子字段“错误的 ISTC”，以便用错误号码检索记录。$a 和 $z 子字段中插入连字符或空格，分隔数字的四个部分。不允许使用其他标点符号。使用连字符或空格是为了分隔不同部分。当 ISTC 显示在一条目录款目中时，连字符或空格必备。

## 例

050 ##$a0A9-2002-12B4A105-7

# 051　国际标准音乐作品代码（ISWC）

**字段定义**

本字段包括一个国际标准音乐作品代码。ISWC 标识音乐作品，不是物理产品。

**出现方式**

可选用。不可重复。

**指示符**

指示符 1　空（未定义）
指示符 2　空（未定义）

**子字段**

$a　数字（ISWC）
ISWC 正确应用形式包括连字符。ISWC 号由 ISWC 的国际机构负责分配。不可重复。除非存在 $z，否则必备。

$z　错误的 ISWC
表示已错误分配给一种音乐作品的一个 ISWC，或者因其他原因不适用。本号码可能被分配给两种不同的音乐作品，从而被取消，或本号码印刷时有误。可重复。

**字段内容注释**

ISWC 结构：

根据 ISO 15707 的规定，ISWC 用于标识一种音乐作品或音乐作品的任何衍生产品。一个 ISWC 由 11 位组成。无论印刷或书写，数字前均缀以 ISWC。在不用拉丁字母的国家，除拉丁字母 ISWC 外，可用本地文字的缩写。

ISWC 被分成三个单元，每个单元之间以连字符分隔。

前缀：字母“T”。

（音乐）作品标识：由 9 位数字型数字组成。

校验位：ISWC 的第三单元是校验位。通过模 10 算法计算。

数据格式：

字母 ISWC 通常印刷在文献上，不应写入 051 字段。当 ISWC 被书写或印刷时（包括 ISWC 显示在一条规范记录中时）必备。无论任何文献上或在其他地方的 ISWC 号出现错误，均可输入 $z 子字段“错误的 ISWC”，可以提供用错误号码检索记录。$a 和 $z 子字段中插入连字符，分隔数字的三个部分。ISTC 中使用连字符的目的是为了分隔区分各部分。当 ISWC 显示在一条规范记录中时，连字符必备。为了方便读取，可以在标识符中使用点。不允许使用其他标点符号。

**相关字段**

061　国际标准录音作品编码（ISRC）

**例**

051 ##$aT-345346800-1
代码 ISWC T-345346800-1。

# 052　国际标准视听号（ISAN）

**字段定义**

本字段包括一个国际标准视听号。ISAN 标识视听作品，不是物理产品。

**出现方式**

可选用。不可重复。

**指示符**

指示符 1　空（未定义）
指示符 2　空（未定义）

**子字段**

$a　数字（ISAN）
一个正确的 ISAN，包括连字符或空格。ISAN 号由 ISAN 国际机构负责分配。不可重复。除非存在 $z，否则必备。

$z　错误的 ISAN
表示已分配给一个视听作品一个错误的 ISAN，或者因其他原因不可使用。本号码可能被分配给两种不同的视听作品（或一种视听作品的部分）并在此情况下被取消，或者本号码印刷时有误。可重复。

**字段内容注释**

ISAN 结构：
根据 ISO 15706 的规定，ISAN 用于标识视听作品。一个 ISAN 由 16 位十六进制数字组成。无论印刷或书写，数字前均缀以 ISAN，最后是一位校验位。不用拉丁字符的国家，除拉丁字符 ISAN 外，可用本地文字的缩写。
ISAN 被分成三个单元，每个单元之间以连字符或空分隔。
核心元素：由 12 位十六进制数字组成。
部分标识：由 4 位十六进制数字组成。
校验位：ISAN 的第三个单元是校验位。当 ISAN 手写或印刷时必备。通过 ISO 7064 定义的模 37，39 算法计算。

数据格式：
字母 ISAN 通常印刷在文献上，不应写入 052 字段。当 ISAN 被书写或印刷时（包括 ISAN 显示在一条规范记录中时）必备。无论任何文献上或其他地方的 ISAN 号出现错误，均可输入 $z 子字段“错误的 ISWC”，提供用错误号码检索记录。$a 和 $z 中插入连字符或空，转录 ISAN 的四组四位十六进制数字。也用连字符或空分隔校验位和前两单元。使用连字符或空是为了方便数字的读取。当 ISAN 显示在一条规范记录中时，连字符或空必备。不允许使用其他标点符号。

**例**

052 ##$a0000-3BAB-9352-0000-G-0000-0000-Q
一个虚构的 ISAN。

# 061　国际标准录音作品编码（ISRC）

### 字段定义

本字段包括一个国际标准录音作品编码。ISRC 标识录音制品和音乐视频录制品，不是物理产品。

### 出现方式

可选用。不可重复。

### 指示符

指示符 1　空（未定义）
指示符 2　空（未定义）

### 子字段

$a　数字（ISRC）
ISRC 正确应用形式包括连字符。ISRC 号由每个国家的指定机构负责分配。不可重复。除非存在 $z，否则必备。

$z　错误的 ISRC
被识别为错误分配给一种录制品或者因其他原因不适用的 ISRC。本号码可能被分配给两种不同的录制品并因此被取消，或本号码印刷时有误。可重复。

### 字段内容注释

ISRC 结构：
根据 ISO 3901 的规定，ISRC 用于标识一种音频、视频或音视频制品。
一个 ISRC 由 12 位组成。无论印刷或书写，数字前均缀以 ISRC。不用拉丁字符的国家，除拉丁字符 ISRC 外，可用本地文字的缩写。
现在，ISRC 被分成四个单元，每个单元之间以连字符分隔。以前的第四和第五单元现在是一个单元，没有连字符。
国家代码：根据 ISO 3166—1 分配的两位字母国家代码。
登记码：一种 3 位字母数字型代码，由指定代理机构分配。
参考年：ISRC 号分配给录制品的年代的后两位数字。
分配代码：5 位组成，由登记机构分配。

数据格式：
字母 ISRC 通常印刷在文献上，不应写入 061 字段。当 ISRC 被书写或印刷时（包括 ISRC 显示在一条规范记录中时）必备。文献上或其他地方的 ISRC 号出现错误，均可输入 $z 子字段“错误的 ISRC”，提供错误号码检索记录。用连字符分隔 $a 和 $z 中数字的四个部分。不允许使用其他标点符号。使用连字符是为了分隔不同的部分。当 ISRC 显示在一条规范记录中时，连字符必备。很多国家机构中不保存机读记录中的连字符，因为它们可以通过算法生成。

**例**

061 ##$aFR-Z03-98-00212

Mercury France 登记的一种 1998 年制作的录制品，ISRC FR-Z03-98-00212。

# 1-- 编码信息块

## 字段定义和范围

本功能块包含若干定长编码数据字段。字段定义如下：

100 通用处理数据
101 实体语种
102 实体国籍
106 编码数据字段：个人 / 团体 / 家族名称 / 商标 / 印刷者 / 出版者标志用作主题检索点
120 编码数据字段：个人名称
122 编码数据字段：作品内容的时期
123 编码数据字段：行政管辖区或地理名称
127 编码数据字段：录音制品、视觉投影、音乐作品和表演的播放时间
128 音乐作品的形式以及调或调式
150 编码数据字段：团体名称
152 编目规则
154 编码数据字段：题名
160 地理区域代码

## 出现方式

100 字段每条记录为必备。其他字段根据 2-- 字段中的检索点类型的要求输入。

## 字段内容注释

这些字段里的数据一般按子字段里的字符位置定义，紧靠子字段指示符的起始字符从 0 计。如果在某字段中编目机构没有提供任何编码信息，除非必备，否则应省略。如果某字段仅提供了部分数据，省略的数据元素位置应包含填充字符。

控制子字段在 1-- 功能块最后定义，但是可能不与 1-- 字段关联使用。

# 100　通用处理数据

## 字段定义

本字段包含所有规范记录类型适用的基本编码数据。

## 出现方式

必备。不可重复。某些标记“必备”的数据元素不可用填充字符填充。

## 指示符

指示符 1　空（未定义）
指示符 2　空（未定义）

## 子字段

$a　通用数据处理
必备。不可重复。
定长数据元素列表：

| 数据元素名称 | 字符数 | 字符位置 |
| --- | --- | --- |
| 入档日期（必备） | 8 | 0—7 |
| 规范检索点状态代码 | 1 | 8 |
| 编目语种（必备） | 3 | 9—11 |
| 音译代码 | 1 | 12 |
| 字符集（必备） | 4 | 13—16 |
| 附加字符集 | 4 | 17—20 |
| 编目文字 | 2 | 21—22 |
| 编目文字方向 | 1 | 23 |

## 字段内容注释

0—7　入档日期（必备）
用 8 位 ISO 标准形式（ISO 8601）的数字型字符表示日期： YYYYMMDD，其中 YYYY 代表年，MM 代表月，必要时前置 0，DD 代表日，必要时前置 0。
这个日期通常是机读记录创建的日期。由于录入或者编辑错误而修改记录时，这个日期不做更改。交换记录时，记录应保持原始日期。

**例：**
1967 年 10 月 5 日 :19671005

8　规范检索点状态代码
一个字符的字母型代码，表示规范记录里检索点的确定级别。
注意：这个数据元素不要和头标区字符位置 17（编码等级）混淆，后者表示整个记录的完整程度。
a = 已确立

检索点已经确立。

c = 暂定

由于信息不充分，检索点不能完全确立。当下次使用检索点时，应根据有关的补充信息重新考虑。

x = 不适用

记录是参照记录或一般说明记录，因而 2-- 记录检索点字段包含的是变异检索点。

9—11　编目语种（必备）

3 个字符的代码表示编目所用的语种。在目录中 2-- 规范检索点将根据此处指定的语种出现。任何修饰语、附注和其他说明信息也将使用这种编目语种。语种代码使用 ISO 639–2 中所列代码，见《UNIMARC 手册：书目格式》（*UNIMARC Manual: Bibliographic Format*）附录 A：

检索点本身可以和编目语种不同。例如，有些编目规则规定，不管编目语种是什么，对于一个法语无名氏著作的首选题名将以法语形式确立。

12　音译代码

一个字符的代码表示记录中作为基本检索点的第一个 2-- 使用的音译体系。

a =ISO 音译体系

b = 其他

c = 多种音译法：ISO 或者其他音译体系。当检索点字段的 $7 记录多种文字时，通常将使用代码“c”

d = 国家书目机构确定的音译表

e = 无认定的音译表音译

f = 其他认定的音译体系

y = 未用音译体系

13—16　字符集（必备）

这 4 个字符位置表示记录使用的主要图形字符集。位置 13—14 标识 G0 集，位置 15—16 标识 G1 集。如果 G1 集不需要，则位置 15—16 为空。

01 = ISO 646, IRV Version（基本拉丁集）

02 = ISO Registration #37（基本基里尔集）（已废止）

03 = ISO 5426（扩充拉丁集）

04 = ISO 5427（扩充基里尔集）

05 = ISO 5428（希腊集）

06 = ISO 6438（非洲编码字符集）

07 = ISO 10586（格鲁吉亚字符集）

08 = ISO 8957（希伯来字符集）表 1

09 = ISO 8957（希伯来字符集）表 2

10 = [ 预留 ]

11 = ISO 5426—2（欧洲小语种和旧印刷体的拉丁字符）

50 = ISO 10646 Level 3

注：ISO 10646 是 16 位的字符集，包括所有必要的字符。当位置 13—14 包含“50”时将用 C0，C1 和 G0 集。位置 15—20 为空。

**例：**

用 ISO 646 的 G0 集、ISO 扩充拉丁字符的 G1 集的 8 位码传输：0103

用基本基里尔集构成的 8 位码传输：0102

只用 ISO 646 的 7 位码传输：01##

17—20 附加字符集

两个双字符代码表示记录在交换中使用的最多两个附加图形字符集。与字符位置 13—16 所用代码一样。字符位置 17—18 标识 G2 集，字符位置 19—20 标识 G3 集。如果不需要附加字符集，则该字节为空。《UNIMARC 手册：书目格式》附录 J 中描述了必须使用 4 个以上字符集时采用的方法。如果不涉及附加字符集，则此 4 个字符位置为空。

**例：**

用基本基里尔集和扩充基里尔集构成的 8 位码传输：010204##

21—22 编目文字

2 个字符的代码，表示编目使用的文字。在规范记录中，2-- 限定词、附注和其他说明信息均以该种文字出现。

ba = 拉丁字符

ca = 基里尔字符

da = 日文 – 未指定文字

db = 日文 – 日本汉字

dc = 日文 – 假名

ea = 中文

fa = 阿拉伯文

ga = 希腊文

ha = 希伯来文

ia = 泰文

ja = 梵文

ka = 朝鲜文

la = 泰米尔文

ma = 格鲁吉亚文

mb = 亚美尼亚文

zz = 其他

23 编目文字方向

一个单字符的代码，表示与 100/21—22 字符位置代码一致的编目文字的方向：

0 = 从左至右

1 = 从右至左

**例**

例 1

100 ##$aYYYYMMDDafrey0103####ba0

语言为法语。未用音译。字符集是 ISO 646，基本拉丁集（字符位 13—14）和 ISO 5426，扩充拉丁集（字符位 15—16）。文字为拉丁字符，文字方向是从左至右。

例 2

100 ##$aYYYYMMDDapery50######fa1

语言是波斯语。未用音译。字符集是 ISO 10646 Level 3。文字是阿拉伯文。文字方向是从右至左。

# 101 实体语种

### 字段定义

本字段包含与 2-- 标识的实体使用的语种有关的编码信息。实体可以是个人、家族、团体、作品或者作品的内容表达。

### 出现方式

可选用。不可重复。

### 指示符

指示符 1

- \# 不适用（实体不是内容表达）
- 0 用作品原始内容表达之语言的内容表达
- 1 从作品原始内容表达之语言翻译过来的内容表达
- 2 包含从作品原始内容表达之语言翻译之译文的内容表达

指示符 2 空（未定义）

### 子字段

$a 实体的语种或者实体使用的语种
这个子字段包含个人、家族或团体表达自己所用的语种或作品的内容表达的语种。必备。可重复。

$b 中间内容表达的语种
如果内容表达不是译自原始内容表达，此即作品的中间内容表达的语种。可选用。可重复。

$c 原始内容表达的语种
这个子字段包含作品的原始内容表达的语种。可选用。可重复（例 7）。

$d 提要语种
作品的内容表达的提要或摘要的语种。可选用。可重复。

$j 字幕的语种
电影字幕的语种。可选用。可重复（例 11）。

$l 实体从其翻译过来的语言。
所描述的实体已知进行或完成了作为译者的活动，此即为该实体从其翻译过来的语种。可重复（例 2）。

### 字段内容注释

每个子字段包含一个 3 个字符的语种代码。语种代码是 ISO 639-2 标准，见《UNIMARC 手册：书目格式》附录 A。

**相关字段**

**UNIMARC 规范格式**

340　传记和活动附注

**UNIMARC 书目格式**

101　文献语种

**例**

例 1

100 ##$aYYYYMMDDafrey0103####ba0

101 ##$aeng

152 ##$aAFNOR

200 #1$8freeng$aMaclean$bIan$f19..-....$cexpert auprès de l'UNESCO

例 2

100 ##$aYYYYMMDDafrey0103####ba0

101 ##$afre$leng$lger

152 ##$aAFNOR

200 #1$aMasson$bAndré$f1930-....

André Masson 将著作从英文或者德文翻译成法文。

例 3

100 ##$aYYYYMMDDafrey0103####ba0

101 ##$amul

152 ##$aAFNOR

210 12$aCongrès européen de systémique$d1$f1989$eLausanne, Suisse

例 4

100 ##$aYYYYMMDDafrey0103####ba0

101 ##$aund

152 ##$aAFNOR

210 02$aStamperia Camerale$cRome, Italie

Stamperia Camerale 是创立于 1589 年的印刷公司。

例 5

100 ##$aYYYYMMDDafrey0103####ba0

101 ##$afre

152 ##$aAFNOR

220 ##$aHugo(famille)

例 6

100 ##$aYYYYMMDDafrey0103####ba0

101 ##$amyn
152 ##$aAFNOR
230 ##$8fremyn$aChilam Balam
Chilam Balam 是命名一组用拉丁字符书写的 14 个玛雅语文件的统称。本例不符合 FRBR，其语种是内容表达（不是作品）的属性。规范检索点仍然记录在 230 字段，而不是 231 字段。

例 7A　嵌入字段技术
100 ##$aYYYYMMDDahrvy0103####ba0
101 1#$ahrv$ceng
152 ##$aPPIAK
242 ##$1001< 作品的规范记录标识号 >$1200#1$aJoyce,$bJames $1232##$aUlysses$mhrv. Prijevod

例 7B　标准子字段技术
100 ##$aYYYYMMDDahrvy0103####ba0
101 1#$ahrv$ceng
152 ##$aPPIAK
242 #1$3< 作品的规范记录标识号 >$aJoyce, James$tUlysses$mhrv. prijevod

以上是 James Joyce 的 Ulysses 的克罗地亚语内容表达。

例 8A　嵌入字段技术
100 ##$aYYYYMMDDafrey01######ba0
101 2#$afre$aeng$cfre
152 ##$aAFNOR
242 ##$1001< 作品的规范记录标识号 >$1200#1$aMolière$f1622-1673$1232##$a≠NSB≠Le≠NSE≠malade imaginaire$mfrançais-anglais

例 8B　标准子字段技术
100 ##$aYYYYMMDDafrey01######ba0
101 2#$afre$aeng$cfre
152 ##$aAFNOR
242 #1$3< 作品的规范记录标识号 >$aMolière(1622-1673) $t≠NSB≠Le ≠NSE≠malade imaginaire$mfrançais-anglais

以上是 Molière 的戏剧 Le malade imaginaire 的双语（作为原始语种的法语，还有英语）内容表达。法语的编码表示实体语种（$a）和作品的原始内容表达的语种（$c）。英语编码表示实体的语种（$a）。

例 9
100 ##$aYYYYMMDDarusy0102####ca0
101 ##$arus$alez
152 ##$aRCR
200 #0$aЕтим Эмин$f1838-1884
Etim Emin 是一个用俄语和本族语写作的列兹金诗人。

例 10A　嵌入字段技术

100 ##$aYYYYMMDDarusy0102####ca0

101 ##$arus

152 ##$aRCR

230 ##$aБорис Годунов

242 ##$1001< 作品的规范记录标识号 >$1200#1$aПушкин$bАлександр Сергеевич$f1799-1837$1231##$aБорис Годунов

例 10B　标准子字段技术

100 ##$aYYYYMMDDarusy0102####ca0

101 0#$arus

152 ##$aRCR

242 #1$3< 作品的规范记录标识号 >$aПушкин, Александр Сергеевич(1799-1837)$tБорис Годунов

"Boris Godunov"—— 普希金（Alexander Pushkin）创作的悲剧。这是原始语种（俄语）的内容表达。

例 11A　嵌入字段技术

100 ##$aYYYYMMDDarusy0102####ca0

101 0#$aeng$jfre$jdan

152 ##$aRCR

242 ##$1001< 作品的规范记录标识号 >$1200#1$aGreenaway$gPeter$4300$1231##$aA zed and two noughts

例 11B　标准子字段技术

100 ##$aYYYYMMDDarusy0102####ca0

101 0#$aeng$jfre$jdan

152 ##$aRCR

242 #1$3< 作品的规范记录标识号 >$aGreenaway, Peter$tA zed and two noughts

"A Zed & Two Noughts" 是 Peter Greenaway 导演的电影。内容表达用原始语种（英语），带有法语和丹麦语字母。

# 102 实体国籍

**字段定义**

本字段包含有关个人、团体、家族、商标、出版者 / 印刷者标志、或者作品的国籍的编码信息。

**出现方式**

适用时为必备。不可重复。

**指示符**

指示符 1　空（未定义）
指示符 2　空（未定义）

**子字段**

$a　国籍
本子字段包含一个国家代码，表示该个人或家族是该国的国民或公民，该团体或商标的总部所在地在该国，出版者 / 印刷者标志注册国，或者是作品的创作地。2 个字符的代码取自 ISO 3166–1（见《UNIMARC 手册：书目格式》附录 B）。如果编目机构不分配具体代码，则用“XX”（不详）。必备。可重复。

$b　地区
需要更具体代码的地方可用一个地区代码，代码取自 ISO 3166-2。可选用。若有多个国家代码时，可重复这个子字段。

**字段内容注释**

地区代码应紧接在它所属的国家代码之后。当需要记录同一国内的多个地区时，为了处理方便，建议每个都重复国家代码，即每个 $b 子字段之前应置一子字段 $a。

附加代码：

XX　国籍不详（UNIMARC 用户给定代码单元）

ZZ　国际性或多个国籍（即 3 个以上）

当国籍不详或不适用（如，一艺术作品或一古国）时使用代码 XX。

**相关字段**

340　传记和活动附注

**例**

例 1

100 ##$aYYYYMMDDafrey0103####ba0
101 ##$aeng
102 ##$aXX

152 ##$aAFNOR

200 #1$8freeng$aMaclean$bIan$f19..-....$cexpert auprès de l'UNESCO

建规范记录人员不能确定该专家的国籍。

例 2

100 ##$aYYYYMMDDafrey0103####ba0

101 ##$afre

102 ##$aFR$aCH

152 ##$aAFNOR

200 #1$aScheider$bEdgar$f1929-1996

这个人有双重国籍：法国籍和瑞士籍。

例 3

100 ##$aYYYYMMDDaengy0103####ba0

101 ##$ager$aeng

102 ##$aUS$aDE

152 ##$aAACR2

200 #1$aArendt$bHannah$f1906-1975

340 ##$aGerman by birth. Naturalized American in 1951

例 4

100 ##$aYYYYMMDDafrey0103####ba0

101 ##$aund

102 ##$aXX

152 ##$aAFNOR

200 #1$aFoppens$bFrançois$f16..-17..$cimprimeur libraire prétendu

不能确定这个伪造印刷出版者的国籍。

例 5

100 ##$aYYYYMMDDafrey0103####ba0

101 ##$ager

102 ##$aDE

152 ##$aAFNOR

210 02$8freger$aGoethe Institut$cBarcelone, Espagne

例 6

100 ##$aYYYYMMDDafrey0103####ba0

101 ##$amul

102 ##$aZZ

152 ##$aAFNOR

210 12$8frefre$aCongrès européen de systémique$d01$f1989$eLausanne, Suisse

例 7

100 ##$aYYYYMMDDafrey0103####ba0

101 ##$afre

102 ##$aFR
152 ##$aAFNOR
220 ##$aHugo(famille)

例 8
100 ##$aYYYYMMDDafrey0103####ba0
101 ##$ahun
102 ##$aHU
152 ##$aAFNOR
200 #1$8frehun$aKodály,$bZoltán,$f1882-1967
作者是匈牙利人。

例 9
100 ##$aYYYYMMDDaengy01######ba0
101 ##$aeng
102 ##$aGB$bSCT
200 #1$aMcGonagall,$bWilliam,$f1825-1902
作者是苏格兰人。

例 10
100 ##$aYYYYMMDDaengy01######ba0
101 ##$arus$aeng
102 ##$aRU$aUS
200 #1$8engrus$aNabokov,$bVladimir,$f1899-1977
作者被看作既是美国人也是俄国人。

例 11
100 ##$aYYYYMMDDarusy0102####ca0
102 ##$aRU$bCU
152 ##$aRCR
200 #1$aКибеч,$bА. И.,$f1937-    $gАнатолий Ильич
楚瓦什国立师范大学（切博克萨雷，俄罗斯）。

例 12
100 ##$aYYYYMMDDarusy0102####ca0
102 ##$aGB
152 ##$aRCR
210 02$a≠NSB≠"≠NSE≠Фонд вольной русской прессы≠NSB≠"≠NSE≠, издательство$cЛондон

例 13
100 ##$aYYYYMMDDarusy0102####ca0
102 ##$aRU$bALT
152 ##$aRCR
210 02$aАлтайская краевая универсальная научная библиотека им. В. Я. Шишкова$cБарнаул

# 106　编码数据字段：个人 / 团体 / 家族名称 / 商标 / 印刷者 / 出版者标志用作主题检索点

**字段定义**

本字段包含有关检索点用作主题检索点的定长编码数据。它适用于个人、团体、家族、商标或印刷者 / 出版者标志。

**出现方式**

可选用。不可重复。

**指示符**

指示符 1　空（未定义）
指示符 2　空（未定义）

**子字段**

$a　编码数据——用于主题检索点
一个字符的代码。必备。不可重复。
0 = 可以用作主题检索点
1 = 不可用作主题检索点
2 = 只可用作主题检索点

$b　编码数据——作为基本检索点或者复分用于主题检索点
一个字符的代码。可选用。不可重复。
# = 不适用（例如 $a 取值 1）
0 = 可作为基本检索点或者复分
1 = 仅可作为基本检索点
2 = 仅可作为复分

$c　编码数据——结合地理复分用于论题性主题检索点
一个字符的代码。可选用。不可重复。
# = 不适用
0 = 不能结合地理复分使用
1 = 无论是用作基本检索点或者复分，该检索点都允许进行地理复分
2 = 只有用作基本检索点时，该检索点可以结合地理复分作为检索点
3 = 只有用作复分时可以结合地理复分作为检索点

**字段内容注释**

本字段适用于个人名称、团体名称，以及家族名称、商标或者印刷者 / 出版者标志（200，210，216，217 或 220 字段）

**相关字段**

200 规范检索点——个人名称
210 规范检索点——团体名称
216 规范检索点——商标
217 规范检索点——印刷者 / 出版者标志
220 规范检索点——家族名称

**例**

例 1

100 ##$aYYYYMMDDafrey0103####ba0
101 ##$afre
106 ##$a0$b1$c0
120 ##$aba
200 #1$aHugo$bVictor$f1802-1885
该个人名称既可做作者也可做主题检索点。

例 2

100 ##$aYYYYMMDDafrey0103####ba0
101 ##$afre
106 ##$a0$b1$c0
150 ##$ay
210 02$aCentre national d'art et de culture Georges Pompidou$cParis
该团体名称既可做作者也可做主题检索点。

例 3

100 ##$aYYYYMMDDafrey0103####ba0
101 ##$afre
106 ##$a0$b1$c0
220 ##$aGaillard$cfamille
该家族名称既可做作者也可做主题检索点。

例 4

100 ##$aYYYYMMDDafrey0103####ba0
101 ##$afre
106 ##$a1$b#$c#
120 ##$aba
200 #0$8frefre$aSan Antonio
该个人名称不能用作主题检索点；作为主题使用时，用检索点：Dard, Frédéric (1921-2000)。

例 5

100 ##$aYYYYMMDDafrey0103####ba0
106 ##$a2$b1$c0
120 ##$axa
200 #0$8freita$aPinocchio$cpersonnage fictif

该个人名称仅可用做主题检索点。

例 6

100 ##$aYYYYMMDDafrey0103####ba0

106 ##$a0$b1$c0

216 ##$aLa voix de son maître

例 7

106 ##$a0$b0$c2

210 02$aChurch of England

330 0#$aS'emploie également en subdivision aux sujets religieux et aux guerres

该团体名称既可做著者检索点，也可做主题检索点。作为主题检索点，既可以用作基本检索点也可用于复分（作为基本检索点用于处理宗教事务或战争），但是只有作为基本检索点时才允许地理复分。

例 8

106 ##$a2$b2$c0

250 ##$aCongrès

该论题性主题，是一个复分形式，只能用于主题检索点的一个复分，不允许进行地理复分。

例 9

106 ##$a2$b1$c1

250 ##$aOiseaux

该论题性主题只能用于基本检索点。它允许地理复分。

例 10

106 ##$a2$b0$c3

106 ##$a2$b0$c3

215 ##$aFrance

该地理名称只能用于主题检索点，既可作为基本检索点也可以复分。但只有作为复分使用时才能进行地理复分。

例 11

106 ##$a2$b0$c0

215 ##$aNew York (N.Y.)

该地理名称只能用于主题检索点，既可作为基本检索点也可以复分。但不允许地理复分。

例 12

100 ##$aYYYYMMDDarusy0102####ca0

106 ##$a1

152 ##$aRCR

210 02$aГосударственный Эрмитаж$cСанкт-Петербург

该团体名称不能用做主题检索点。

例 13

记录 1

100 ##$aYYYYMMDDarusy0102####ca0

106 ##$a1

152 ##$apsbo

210 01$aГермания$bВерховное главнокомандование вооруженными силами$bУправление разведки и контрразведки

记录 2

100 ##$aYYYYMMDDarusy0102####ca0

106 ##$a2$b1

152 ##$anlr_sh

210 02$aАбвер

该团体名称根据描述性编目规则和主题体系要求采用不同形式。它作为主题检索点只能用于基本检索点。

# 120　编码数据字段：个人名称

## 字段定义

本字段包含适用于有 200 字段的规范记录的定长编码数据。

## 出现方式

可选用。不可重复。

## 指示符

指示符 1　空（未定义）
指示符 2　空（未定义）

## 子字段

$a　编码数据：个人名称
2 个字符的代码。可选用。不可重复。
定长数据元素列表：

| 数据元素名称 | 字符数 | 字符位置 |
|---|---|---|
| 实体性别 | 1 | 0 |
| 已区分或未区分的个人名称 | 1 | 1 |

0　实体性别
一个字符的字母代码，用来描述 200 规范检索点确定的实体性别
a = 女性（200 字段中的实体是女性）
b = 男性（200 字段中的实体是男性）
c = 变性（200 字段中的实体已经改变性别）
u = 不详（即该实体的性别不能确定）
x = 不适用（200 字段中的实体没有性别）

1　已区分或未区分的个人名称
一个字符的字母代码，用来区分已区分或未区分的个人名称。
a = 已区分的个人名称
该规范记录确认一个唯一身份，因为 200 字段中的实体通过附加修饰数据（如，生卒年、贵族头衔、尊称、称呼、描述性别称和编目机构所使用的编目规则定义的其他附加成分）使其区分所有与之同名的其他实体。
b = 未区分的个人名称
该规范记录可以标识几个身份，因为 200 字段中的实体不能和与之同名的其他实体区分

## 例

例 1

100 ##$aYYYYMMDDaengy0103####ba0
101 ##$aeng

120 ##$aaa
200 #1$aChristie,$bAgatha,$f1890-1976
注：该实体是女性，该名称通过补充生卒年已经区分。

例 2
记录 1
100 ##$aYYYYMMDDaengy0103####ba0
101 ##$aeng
120 ##$aba
200 #1$aMorris,$bJames,$f1926-
500 #1$aMorris,$bJan,$f1926-
810 ##$aHis Coast to coast, 1956.

记录 2
100 ##$aYYYYMMDDaengy0103####ba0
101 ##$aeng
120 ##$aca
200 #1$aMorris,$bJan,$f1926-
340 ##$a James Humphry Morris, 10-2-26; had a sex change operation, took new name "Jan Morris"; intends to complete a trilogy using James Morris, will publish other future books as Jan Morris
500 #1$aMorris,$bJames,$f1926-
810 ##$aA Machynlleth triad, 1995$bt.p. (Jan Morris)

例 3
100 ##$aYYYYMMDDaengy0103####ba0
120 ##$aub
200 #1$aSmith,$bJ.
340 ##$aAuthor of The art of poster making
810 ##$aThe art of poster making, 1989:$bt.p.(J. Smith)
340 ##$aAuthor of Peter's pip
810 ##$aPeter's pip, 1986.$bt.p. (J. Smith) [Another author?]
注：性别不详，因为不能通过 200 字段的名称确定；由于没有有效的区分数据使得 200 字段的检索点未能区分。

例 4
记录 1
100 ##$aYYYYMMDDaengy0103####ba0
101 ##$alat
102 ##$a
120 ##$aba
200 #1$8englat$aAntonius,$bMarcus,$cOrator,$f143-87 b.C.

记录 2
100 ##$aYYYYMMDDaengy0103####ba0
101 ##$alat

102 ##$aXX

120 ##$aba

200 #1$8englat$aAntonius,$bMarcus,$cTriumvir,$f82-30 b.C.

例 4 中，两个同名作者通过描述性别称和生卒年进行区分。

例 5

100 ##$aYYYYMMDDarusy0102####ca0

120 ##$aub

152 ##$aRCR

200 #1$aВыдревич$bГ. С.

从 200 字段的名称不能确定性别。由于没有有效的附加信息使得名称无法限定。

例 6

100 ##$aYYYYMMDDarusy0102####ca0

120 ##$aba

152 ##$aRCR

200 #1$aКары-Ниязов$bТ. Н.$f1897-1970$gТашмухамед Ниязович

# 122　编码数据字段：作品内容的时期

**字段定义**

本字段包含资源所覆盖的时期的格式化表示。

**出现方式**

可选用。仅当要区分多个单日期和一个日期范围时可重复（例 1）。

**指示符**

指示符 1　日期数量指示符
　　0　单日期文献
　　1　多个单日期
　　2　日期范围
指示符 2　空（未定义）

**子字段**

$a　时期，公元前 9999 年至今（例 2 至例 4）。可重复（例 1）

**字段内容注释**

$a 子字段由最少 5 个字符、最多 11 个字符组成。有如下组成部分：
$a/0 纪元标识
一个字母型字符（必备）
c = 公历 1 年前（即公元前）的日期。
d = 公历 1 年后（即公元）的日期。
$a/1—4 年
四个数字型字符，右对齐；未使用的位包含零。必备。
$a/5—6 月
两个数字型字符，右对齐；未使用的位包含零。可选用。
$a/7—8 日
两个数字型字符，右对齐；未使用的位包含零。可选用。
$a/9—10 时间
两个数字型字符，右对齐；未使用的位包含零。基于 24 小时制，本地时间，四舍五入到最近的整点。可选用。
如果使用了可选用的代码，则所有先前的可选用代码都必须使用。

**相关字段**

**UNIMARC 规范格式**
所有 6-- 字段
**UNIMARC 书目格式**
122　编码数据字段：资源内容的时期

本字段包含资源所覆盖的时期的格式化表示。

661　时期代码

本字段包含时期代码，仅表示资源所覆盖的年代（十年）。

**例**

例 1

122 2#$ad1971$ad1979

122 0#$ad1986 代码表示一种地图，在 1971 年和 1979 年之间测绘，而后于 1986 年修订增补信息。

例 2

122 0#$ad16051105 代码表示 Guy Fawkes 的 Gunpowder Plot，1605 年 11 月 5 日。

例 3

122 0#$ad1976080214 遥感图的状态日期（1976 年 8 月 2 日 14:08）。

例 4

122 2#$ad1992$ad1997　克罗地亚共和国国家知识产权办公室 1998 年出版覆盖 1992 年至 1997 年的年度报告（*Godišnje izvješće*）。覆盖日期记录在 122 字段。

# 123　编码数据字段：行政管辖区或地理名称

**字段定义**

本字段包含 2-- 块描述实体的坐标数据。

**出现方式**

可选用。可重复

**指示符**

指示符 1　空（未定义）
指示符 2　空（未定义）

**子字段**

$d　坐标——最西经度
$e　坐标——最东经度
$f　坐标——最北纬度
$g　坐标——最南纬度
行星或者地球的坐标。每个子字段定长 8 个字符，可选用，不可重复。每个包含如下数据：
字符位置 0
半球：一个字符代码：
w = 西
e = 东
n = 北
s = 南
字符位置 1—3
度：3 个数字字符，右对齐，不足位充“0”
字符位置 4—5
分：2 个数字字符，右对齐，不足位充“0”
字符位置 6—7
秒：2 个数字字符，右对齐，不足位充“0”

**字段内容注释**

当地图或平面图的坐标是按中心点而不是按外极限时，构成中心轴的经度和纬度应在子字段 $d 和 $e（经度）和子字段 $f 和 $g（纬度）各记录两次。

**相关字段**

215　规范检索点——行政管辖区或地理名称
260　规范检索点——出版、演出和出处等的地点和日期

**例**

例 1

123 ##$de0790000$ee0860000$fn0200000$gn0120000

215 ##$aIndia

印度：经度 79°E 至 86°E，纬度 20°N 至 2°N。

例 2

123 ## $de0122000$ee0122000$fn0452600$gn0452600

威尼斯：45.26 N（最北纬度）12.20 E（最东经度）。

# 127　编码数据字段：录音制品、视觉投影、音乐作品和表演的播放时间

**字段定义**

本字段包含一个或多个 6 字符数字，对应于录音制品或视觉投影的播放时间，或者录音制品或视觉投影之一部分的播放时间，或者音乐作品、芭蕾舞等的估计表演时间。

**出现方式**

可选用。不可重复。

**指示符**

指示符 1　空（未定义）
指示符 2　空（未定义）

**子字段**

$a　播放时间本子字段包含一个 6 字符的数字串，表示录音制品或视觉投影的播放时间或者录音制品或视觉投影之一部分的播放时间或者音乐作品、芭蕾舞等的估计表演时间。时间被分为 3 个子单元，每个子单元长度为 2 字符，表示时、分、秒的数量。每个子单元右对齐；未使用的位包含空或 0。可重复。

**字段内容注释**

播放时间以编码形式记录在 127 字段。如果需要，播放时间也可以肉眼可读的形式出现在一般附注中。

**相关字段**

**UNIMARC 书目格式**

127　编码数据字段：录音制品与印刷乐谱播放时间
本字段包含对应于载体表现（该载体表现是或者包含录音制品或录音制品的一部分）播放时间的数据，或者包含对应于所著录乐谱中说明的作品的估计表演时间的数据。

**例**

例 1

127 ##$a001110
录音制品的播放时间为 11 分 10 秒。

例 2

127 ##$a015000
根据因特网电影数据库 The Internet Movie Database（http://www.imdb.com/title/tt0066065/, 查询日期：2012-01-20）确定的 Pier Paolo Pasolini 的电影 *Medea*（1969）的播放时间为 1 小时 50 分钟。

# 128　音乐作品的形式以及调或调式

**字段定义**

本字段描述音乐作品的形式以及调或调式。

**出现方式**

可选用。可重复。

**指示符**

指示符 1　空（未定义）
指示符 2　空（未定义）

**子字段**

$a　音乐作品的形式
包含表示音乐作品形式的代码。可选用。如果有多种形式出现，应重复子字段。使用本字段末的代码列表。

$d　音乐作品的调或调式
包含表示音乐作品的调或者教会调式的代码（如果重要的话）。大调用字母“a”—“g”表示，小调用字母“a”—“g”后随“m”表示；升号用“x”表示，降号用“b”表示，直接在调的代码之后。“格列高利”教会调式用数字“01”—“13”表示（例 4）。使用本字段末的代码列表。不可重复。

**相关字段**

**UNIMARC 规范格式**
146　编码数据字段：表演介质
230　规范检索点——题名 [FRBR 前 ]
231　规范检索点——题名（作品）
232　规范检索点——题名（内容表达）
240　规范检索点——名称 / 题名 [FRBR 前 ]
241　规范检索点——名称 / 题名（作品）
242　规范检索点——名称 / 题名（内容表达）

**UNIMARC 书目格式**
128　编目数据字段：音乐作品的形式以及调或调式

**例**

例 1

128 ##$aco#$ddm
241 #1$3FRBNF139752986$aBach, Carl Philipp Emanuel(1714-1788)$4230$tConcertos$rFlûte, orchestre à cordes$sH 484 1$uRé mineur

例 2

128 ##$ams#$d01

241 #1$3FRBNF13997568X$aOckeghem, Johannes (14..-1497)$tMissa primi toni$rVoix (3)

例 3

128 ##$asnd$deb

241 #1$3FRBNF14027233X $aMozart, Wolfgang Amadeus (1756-1791)$tSérénades$rBassons (2), clarinettes (2), cors (2), hautbois (2)$sKV 375$uMi bémol majeur

例 4

128 ##$amo#$dc

128 ##$ahy#

241 #1$3< 名称的规范记录标识号 >$aMartini, Giovanni Battista$tO salutaris hostia$rsoprano, continuo$uDo maggiore

例 5

128 ##$asn#

128 ##$acn#

241 #1$3< 名称的规范记录标识号 >$aTelemann, Georg Philipp$tSonate canoniche$r2 flauti o 2violini o due viole da gamba$sTVW40: 118-123

**代码列表**

代码列表由国际音乐图书馆、音乐档案馆和音乐文献中心协会（IAML）维护和更新。

**1. 音乐作品的形式代码**

音乐作品的形式代码列表可以从如下地址联机获取：
http://www.iaml.info/en/activities/cataloguing/unimarc/forms.

**2. 音乐作品的调或调式代码**

**调**

| 代码 | 调 | 代码 | 调 |
|---|---|---|---|
| a | A 大调 | dm | D 小调 |
| am | A 小调 | db | 降 D 大调 |
| ab | 降 A 大调 | dxm | 升 D 小调 |
| abm | 降 A 小调 | e | E 大调 |
| axm | 升 A 小调 | em | E 小调 |
| b | B 大调 | eb | 降 E 大调 |
| bm | B 小调 | ebm | 降 E 小调 |
| bb | 降 B 大调 | f | F 大调 |
| bbm | 降 B 小调 | fm | F 小调 |
| c | C 大调 | fx | 升 F 大调 |
| cm | C 小调 | fxm | 升 F 小调 |
| cb | 降 C 大调 | g | G 大调 |
| cx | 升 C 大调 | gm | G 小调 |
| cxm | 升 C 小调 | gb | 降 G 大调 |
| d | D 大调 | gxm | 升 G 小调 |

**调式**

| 代码 | 调式 | 调式名（希腊） | 调式名（拉丁） |
|---|---|---|---|
| 01 | 1. | 第一正调式 | 多里亚 |
| 02 | 2. | 第一副调式 | 副多里亚 |
| 03 | 3. | 第二正调式 | 弗里吉亚 |
| 04 | 4. | 第二副调式 | 副弗里吉亚 |
| 05 | 5. | 第三正调式 | 利第亚 |
| 06 | 6. | 第三副调式 | 副利第亚 |
| 07 | 7. | 第四正调式 | 混合利第亚 |
| 08 | 8. | 第四副调式 | 副混合利第亚 |
| 09 | 9. | | 爱奥尼亚 |
| 10 | 10. | | 副爱奥尼亚 |
| 11 | 11. | | 伊奥尼亚 |
| 12 | 12. | | 副伊奥尼亚 |
| 13 | 异调 | | |
| zz | 其他 | | |

# 150　编码数据字段：团体名称

**字段定义**

当 2-- 规范检索点字段中的检索点是一个名称（团体名称、会议名称或地理名称）时，这个编码数据字段用来表示该名称的附加信息。

**出现方式**

可选用。不可重复。

**指示符**

指示符 1　空（未定义）
指示符 2　空（未定义）

**子字段**

$a　政府机构类型
一个单字符的代码，表示这个检索点是否是政府机构（学术机构不被认为是政府机构）。必备。不可重复。
a = 联邦 / 国家
b – 州 / 省
c = 县 / 部
d – 地方（市及其他）
e = 跨地区（国家级以下，州际协议等）
f = 政府间机构
g = 流亡政府或秘密政府
h = 级别未定
u = 不详
y = 非政府组织
z = 其他政府级别

$b　会议代码
一个单字符代码，表示团体名称是一个会议。根据编目规则的定义，会议包括大会、报告会等。它们也可以直接记录或不直接记录在它们自己的名称之下（见 210 字段，指示符 1）。可选用，不可重复。
0 = 团体名称不是会议
1 = 团体名称是会议

**例**

例 1

150 ##$ay$b0
210 02$aBrunel University.$bEducation Liaison Centre

例 2

150 ##$ab$b0

210 01$aOntario.$bOffice of Arbitration

例 3

150 ##$aa$b0

210 01$aUnited States.$bDepartment of Defense

例 4

150 ##$ay$b1

210 02$a$aLabour Party$c(Great Britain).$bConference$d(72nd ;$f1972 ;$eBlackpool, Lancashire)

例 5

150 ##$ay$b121012$aColloque André Chammson$f2000$eNîmes

例 6

150 ##$ay$b1

210 12$aUniversité d'été du turisme rural$d10$f2000$eManosque, Alpes-de-Haute-Provence

例 7

100 ##$aYYYYMMDDarusy0102####ca0

150 ##$ay$b1

152 ##$aRCR

210 12$aПроблемы развития минерально-сырьевой базы платиновых металлов России, научно-практическая конференция$f1995$eПетрозаводск

例 8

100 ##$aYYYYMMDDarusy0102####ca0

150 ##$ay$b0

152 ##$aRCR

210 02$aРоссийская академия адвокатуры$bНовосибирский институт$bЦентр сравнительного трудового права

例 9

100 ##$aYYYYMMDDarusy0102####ca0

150 ##$aa$b0

152 ##$aRCR

210 01$aРоссийская Федерация$bГосударственная Дума

例 10

100 ##$aYYYYMMDDarusy0102####ca0

150 ##$ag$b0

152 ##$aRCR

210 01$aФинляндия$bТерийокское правительство$c1939-1940

# 152 编目规则

**字段定义**

本字段标识建立 2-- 规范检索点及其伴随参照结构所遵照的规则体系。

**出现方式**

必备。不可重复。

**指示符**

指示符 1 空（未定义）
指示符 2 空（未定义）

**子字段**

$a 编目规则
该子字段标识建立检索点 / 参照结构使用的编目规则。这个规则适用于大多数名称、题名以及名称 / 题名。编目规则必须使用《UNIMARC 手册：书目格式》附录 H 指定的代码或规则全称叙述。为了显示，可以用代码生成《规范和参照记录指南》附录 C 指定的缩写。可选用。不可重复。

$b 主题系统
该子字段标识建立检索点 / 参照结构使用的主题或主题类别系统。这个系统特别适用于论题性主题，但是也适用于名称和题名，还有主题范畴。在一些系统中，一个检索点 / 参照结构既可以根据编目规则确定，也可以用于主题范畴。因此该名称要同时按描述性规则和主题系统进行编码。《UNIMARC 手册：书目格式》附录 G 的代码或者词表的全称可以用来详细说明主题或者范畴系统。可选用。不可重复。

**字段内容注释**

$a 子字段用来标识确定检索点 / 参照结构的编目规则。这适用于大多数名称、题名及名称 / 题名。编目规则的指定应采用《UNIMARC 手册：书目格式》附录 H 的代码或者规则全称。为了显示，可以用代码生成《现行国家书目指南》（*An Annotated Guide to Current National Bibliographies*）（Bell, Barbara L. 原著，1998 年 München: K. G. Saur 的 2 版修订版）第 vii-ix 页的 *List of abbreviations and acronyms* 中指定的缩写。

$b 子字段用来标识确定检索点 / 参照结构的主题系统。它特别适用于论题性主题，也适用于名称和题名。在某些系统中， 检索点 / 参照结构既可以根据编目规则确立，也可以用于主题体系。因此这个名称要同时按描述性规则和主题体系进行编码。《UNIMARC 手册：书目格式》附录 G 的代码或者词表全称可以用来详细说明主题体系。

**例**

例 1

152 ##$aAACR2$blc

200 #1$aShai,$bMordekhai

例 2

152 ##$blc

215 ##$aRed River Valley (Minn. and N.D.-Man.)

例 3

152 ##$aAACR2$blc

200 #1$aWagner,$bRichard,$f1813-1883$xPictorial works

例 4

152 ##$aAACR2$bcaf

230 ##$aSérie d'études de la réglementation gouvernementale

例 5

152 ##$aAACR2

215 ##$aCeylon

例 6

100 ##$aYYYYMMDDarusy0102####ca0

152 ##$aRCR

200 #1$aГребенщиков$bГ. Д.$f1883-1964$gГеоргий Дмитриевич

例 7

100 ##$aYYYYMMDDarusy0102####ca0

152 ##$aRCR

230 ##$aСказание о призвании варягов

# 154　编码数据字段：题名

## 字段定义

当 2-- 规范检索点字段中的检索点是一个题名时，这个编码数据字段可以用来传递附加信息。

## 出现方式

可选用。不可重复。

## 指示符

指示符 1　空（未定义）
指示符 2　空（未定义）

## 子字段

$a　题名处理数据
一个双字符代码。必备。不可重复。
定长数据元素列表：

| 数据元素名称 | 字符数 | 字符位置 |
|---|---|---|
| 从编类型代码 | 1 | 0 |
| 实体类型代码 | 1 | 1 |

0　从编类型代码
当检索点是从编的题名时，用一个字符代码来表示从编的类型。
a = 从书
b = 多部分资料（如多载体配套文献、总谱和分谱、多卷集）
c = 类从书（不视为从书）
x = 不适用
z = 其他

1　实体类型代码
当检索点是一种作品或者内容表达的规范题名检索点时，用一个单字符代码来表示实体的类型。
a = 作品
b = 内容表达
x = 不适用

## 相关字段

230　规范检索点——题名。

## 例

例 1
154 ##$aax

230 ##$aCBMS regional conference series in mathematics

例 2

154 ##$abx

230 ##$aCambridge history of Iran

例 3

154 ##$acx

230 ##$aViking books

# 160 地理区域代码

**字段定义**

本字段包含地理区域的代码，表示与一个确立的规范检索点记录中 2-- 规范检索点相联系的地理区域。

**出现方式**

可选用。不可重复。

**指示符**

指示符 1　空（未定义）
指示符 2　空（未定义）

**子字段**

$a　地理区域代码
　　必备。可重复。

**字段内容注释**

代码体系包括 7 个字母字符和连字符，并且尽可能提供地理和政治实体的分层分类。使用 UNIMARC 地理区域代码，详见《UNIMARC 手册：书目格式》附录 D。

**相关字段**

260　规范检索点——出版、演出和出处等的地点和日期

**例**

例 1

160 ##$an-us-mi
200 #1$aFord,$bGerald R.,$f1913-$xMuseums$zMichigan

例 2

160 ##$ae-fr---$ae-pl---
240 ##$1215##$aFrance.$1230##$aTreaties, etc.$nPoland,$k1948 Mar. 2

例 3

160 ##$ae-gx---
230 ##$aBible$zGermany

例 4

160 ##$an-cn---
250 ##$aCanadian Grand Prix Race

例 5

160 ##$af-ke---

250 ##$aWater resources development$zKenya

例 6

160 ##$asa-----

215 ##$aAmazon River

# 控制子字段

### 子字段定义和范围

这些子字段是为所有 2-- 规范的、4-- 变异的和 5-- 相关的检索点及 7-- 其他语言和（或）文字的规范检索点而定义的，它们只在特殊的情况下使用，因此在某些功能块从不出现。这些子字段中有几个也可以出现在 3-- 附注字段。在这些功能块的引言部分指明该块可以出现哪些控制子字段。当使用控制子字段的时候，它们置于这个字段所用其他子字段之前。

### 子字段内容注释

如下的子字段用于记载有关检索点或附注的附加信息：

$0 说明语
$1 连接数据
$2 系统代码
$3 规范记录标识号
$4 关系代码
$5 关系控制
$6 字段连接数据
$7 编目文字和基本检索点文字
$8 编目语种和基本检索点语种

## $0 说明语

### 子字段定义

子字段 $0（零）包含一个专门的说明短语，作为参照显示某个特定检索点时使用。说明语可用来替代或补充 $5 子字段中的关系码。关于这个子字段和相关子字段的讨论，见“使用指南”（11）“参照和规范记录的显示”。

### 出现方式

可选用。不可重复。说明语可用于 4-- 变异检索点字段和 5-- 相关检索点字段。

### 子字段内容注释

子字段包含一文字说明语。

### 例

例 1

规范记录：
200 #1$aOrwell,$bGeorge
400 #1$0For works of this author see his pseudonym:$aBlair,$bEric Arthur
参照记录显示：
Blair, Eric Arthur
For works of this author see his pseudonym: > Orwell, George
注：说明语用于从参照根查生成的参照记录中引导 200 规范检索点。

例 2

记录 1 规范记录

210 01$aFrance$bMinistère de la culture et de la communication$c1997-....

510 01$0Après le 4 juin 1997, voir$3frBN011535673$5a$aFrance$bMinistère de la culture$c1995-1997

注：说明语表示 1997 年 6 月 4 日前，见 $aFrance$bMinistère de la Culture$c1995-1997。

记录 2 规范记录

210 01$aFrance$bMinistère de la culture$c1995-1997

510 01$0Avant le 4 juin 1997, voir$3frBN012345678$5b$aFrance$bMinistère de la culture et de la communication$c1997-

例 3

100 ##$aYYYYMMDDarusy0102####ca0

152 ##$aRCR

210 02$aВсероссийское театральное общество

300 1#$aС октября 1986 г. переименовано в Союз театральных деятелей РСФСР

510 02$0До 1986 г. см. также под прежним заголовком$5b$aСоюз театральных деятелей РСФСР

1986 年团体名称更名。说明语：“1986 年前，参见……”。

参照显示：

Союз театральных деятелей РСФСР

до 1986 г. см. также под прежним заголовком: Всероссийское театральное о-во

例 4

100 ##$aYYYYMMDDarusy0102####ca0

152 ##$anlr_sh

250 ##$aРеволюционный Знак Военного Отличия, орден

450 ##$0Литературу об этом ордене до 1924 года см. под рубрикой$5b$aОрден Красного Знамени

参照显示：

Орден Красного Знамени

Литературу об этом ордене до 1924 года см. под рубрикой Революционный Знак Военного Отличия

## $1　连接数据

**子字段定义**

该子字段用于名称和题名构成的复合检索点。

**出现方式**

可重复。

**子字段内容注释**

该子字段包含一个由字段标识符、指示符，以及每个用于嵌入名称 / 题名字段的子字段代码构成的数据字段。对于每个嵌入字段可重复。该子字段使用的附加信息可参见“使用指南”（8）“格式使用”，“复合检索点”和“240 规范检索点——名称 / 题名”。这个技术的更全面描述见《UNIMARC 手册：书目格式》，它与 UNIMARC 4-- 变异检索点块有相同用法。

**例**

240 ##$1200#1$aShakespeare,$bWilliam,$f1564-1616.$1230##$aAll’s well that ends well

### $2　系统代码

**子字段定义**

当检索点属于以下两种情况之一时，用这个子字段表示编目规则或者主题系统：（1）与 152 字段指定的记录检索点不同；（2）检索点不适宜作为主题，而一个论题性主题检索点却出现在该检索点的名称或题名规范记录中。通常一个名称、题名、或者主题检索点及其变异或者相关检索点是 152 字段指定的描述性编目或者主体系统的一部分，但是当检索点出现在另一个主题系统或不同的编目规则系统，可以作为变异检索点或者相关的检索点记载以提供不同系统间的连接。

该子字段也表示 686 字段使用的分类体系以及 801 和 886 字段指定的机读记录使用的格式。参见《UNIMARC 手册：书目格式》附录 H 的代码。

**出现方式**

可选用。不可重复。其他编目规则和主题系统代码可以用在 4-- 变异检索点和 5-- 相关检索点，或者 7-- 其他语言和（或）文字的规范检索点。

**子字段内容注释**

使用最多 7 个字符长度的可变长字母代码。代码使用《UNIMARC 手册：书目格式》附录 H 和 G 列表。该出版物也给出了获得代码的说明。

**例**

152 ##$blc
250 ##$aDentures
550 ##$2mesh$aDental prosthcsis

### $3　规范记录标识号

**子字段定义**

该子字段用来标识一个记录，其中字段的检索点是 2-- 规范检索点。

**出现方式**

可选用。不可重复。它可用于 5-- 相关检索点、7-- 其他语言和（或）文字的规范检索点和 4-- 变异检索点字段， 还有 6-- 分类和实体历史块。在 5-- 和 7-- 检索点字段里，相关记录是检索点的规范记录。在 4-- 变异检索点字段里，相关记录是用来显示以优先从 4-- 生成显示的参照记录。当 4-- 也包含 $2 子字段（系统代码）和 $5（关系控制）并且其中字符位 1（参照禁止代码）值为 0（省略参照）时，4-- 字段里可以使用 $3 子字段。

**子字段内容注释**

$3 子字段包含一个 001 字段定义的记录标识号。

**例**

例 1

210 02$aNational Library of Canada

710 02$382-539609$8frefre$aBibliothèque nationale du Canada

例 2

152 ##$aRCR

210 02$aВсероссийский НИИ растениеводства им. Н. И. Вавилова$cСанкт-Петербург

510 02$3RU\NLR\AUTH\8817146$5a$aВсесоюзный институт прикладной ботаники и новых культур$cЛенинград

510 02$3RU\NLR\AUTH\8817144$5a$aВНИИ растениеводства им. Н. И. Вавилова$cЛенинград

例 3

152 ##$bnlr_sh

215 ##$aВеликое княжество Литовское

530 ##$3RU\NLR\AUTH\661310904$5z$aЛитовский статут$z1529

例 4

152 ##$bnlr_sh

200 #0$aВильгельм$dI Молчаливый$cпринц Оранский$f1533 – 1584

550 ##$3RU\NLR\AUTH\66254765$aНидерландская буржуазная революция$z1566 – 1609

例 2—例 4　记录来源于俄罗斯国家规范档。

**$4　　关系代码**

本代码用于指明字段中的个人、团体或家族名称和记录所指作品或内容表达之间的关系。关系代码可以是数字形式的，也可以是字母形式的。数字代码表可以在《UNIMARC 手册：书目格式》附录 C 查到。如果要求更精确描述表演者，可以在 $4 中使用 UNIMARC 书目格式 146 字段所设计的字母代码。代码值列表可以在国际音乐图书馆协会的网站上查到①。要求更精确描述的机构应该以重复子字段的方式先使用数字代码，然后使用特定的字母代码。

可重复。在 500、510 和 520 字段中，仅当 $5 子字段字符位 4 取值为“a”（创作者）时使用。

**$5　　关系控制**

**子字段定义**

该子字段包含关于 4-- 或 5-- 检索点字段使用或者显示的固定位置编码数据。如果一个给定字段不需要特别的说明，这个字段就不必使用该控制子字段。如果使用，任何需要编码位置的前面位置也必须编码。由于后面的字符位置必须有，所以填充字符可以在任何需要的位置单独使用。跟在字段需要的最后一个位置后面的所有字符位置要省略。

因此如果没给出特定关系，且不需要参照禁止信息，$5 子字段不必出现。如果只需字符位置 0 的关系，那么 $5 子字段将只包含一个有效代码的字符位置。仅当需要参照禁止代码时，字符位置 0 将包含一个字符代码“x”（不适用）或一个填充字符。仅当需要字符位置 2、3 或 4 的关系，其

① http: //www.iaml.info/activities/cataloguing/unimarc/medium

之前的字符位置将酌情包含一个字符代码“x”或填充字符。所用需要位置之后的字符位置都不用出现。

**出现方式**

可选用。不可重复。该子字段可以用在 4-- 和 5-- 检索点字段。该子字段在与作品关联的名称检索点 5-0 字段中必备。

**子字段内容注释**

$5 子字段定义了下列数据元素：

| 数据元素名称 | 字符数量 | 字符位置 |
|---|---|---|
| 名称关系码 | 1 | 0 |
| 参照禁止代码 | 1 | 1 |
| 作品特定关系码 | 1 | 2 |
| 责任者特定关系码 | 1 | 3 |
| 责任者与作品或内容表达之间的关系代码 | 1 | 4 |

0　　名称关系码

用一个单字符字母代码表示实体名称形式之间的特定关系，记录为变异检索点和相关检索点以及 2-- 规范检索点之间的关系。当显示该字段里所根查的参照时，利用这个关系码来生成说明语（如下表所列）。因此它所表达的关系和由参照生成的说明语，在语义上是相反的。在显示规范记录时，可以直接利用关系码的含义（见下例）。但在显示一个记录时，特定说明语可选择使用。单独使用 > 或 >> 也并非不正确。

关系代码可以用在 4-- 和 5-- 检索点字段。见“使用指南”（11）“参照和规范记录显示”中有关这个和相关子字段的附加讨论。代码值定义如下：

a = 先前名称
b = 后继名称
c = 正式名称
d = 首字母缩略词 / 词首大写字母 / 缩写词
e = 笔名
f －本名
g = 广义词或名称
h = 狭义词或名称
i = 教名
j = 婚后名
k = 婚前名
l = 共用笔名
m= 俗名
n = 名称的不同规则形式（如果使用，$2 必备）
o = 作品被归属的名称 / 惯用题名
x = 不适用
z = 其他

**由关系码生成的说明语示例（中文）：**

| 关系码和关系信息 | 由 4-- 字段生成的参照显示的说明语 | 由 5-- 字段生成的参照显示的说明语 |
|---|---|---|
| a = 先前名称 | 见后继名称： | 参见后继名称： |
| b = 后继名称 | 见先前名称： | 参见先前名称： |
| c = 正式名称 | 见本名： | 参见本名： |
| d = 首字母缩略词 | 见全称 : | 参见全称： |
| e = 笔名 | 见作者本名： | 参见作者本名： |
| f = 本名 | 见笔名： | 参见笔名： |
| g = 广义词 | 见狭义词： | 参见狭义词： |
| h = 狭义词 | 见广义词： | 参见广义词： |
| i = 教名 | 见作者俗名： | 参见作者俗名： |
| j = 婚后名 | 见作者婚前名： | 参见作者婚前名： |
| k = 婚前名 | 见作者婚后名： | 参见作者婚后名： |
| l = 共用笔名 | 见作者本名： | 参见作者本名： |
| m = 俗名 | 见作者教名： | 参见作者教名： |
| n = 名称的不同规则形式 | 见名称的有效规则形式： | 参见名称的有效规则形式： |
| o = 作品被归属的名称 / 惯用题名 | 见作品本名 / 原名： | 参见作品本名 / 原名： |

**名称关系码样例**

例 1

规范记录 :
210 02$aDunedin Savings Bank
510 02$5a$aOtago Savings Bank

规范记录显示 :
Dunedin Savings Bank
<< Otago Savings Bank (earlier name)
注： $5 置值为 "a"，在显示规范记录中用来生成“（先前名称）”的关系信息，该用法原来设计用于显示参照款目生成以下所示的说明语。

参照显示：
Otago Savings Bank
See also under later name: Dunedin Savings Bank

例 2

200 #1$aOrwell$bGeorge
400 #1$5f$aBlair$bEric Arthur
注： Eric Arthur Blair 用笔名 George Orwell 写作。

例 3

210 02$aCoopération et aménagement$cFrance
510 02$5a$aSecrétariat des missions d’urbanisme et d’habitat$cFrance

参照显示：

Secrétariat des missions d'urbanisme et d'habitat (France)

See also under later access point: Coopération et aménagement (France)

例 4

152 ##$aAFNOR

200 #0$aMarie et Joseph

300 0#$aAuteurs de romans policiers (pour adultes et enfants). – Pseudonyme collectif de Corinne Bouchard (qui écrit aussi sous le nom Corinne Arbore) (pseudonyme Marie), née le 4 novembre 1958 et de Pierre Mezinski (pseudonyme Joseph), né le 1er juillet 1950; commencent à écrire en 1990 séparément sous leurs patronymes, mais n'ont à ce jour jamais écrit séparément sous le prénom choisi par chacun comme pseudonyme.

500 #1$5f$aBouchard$bCorinne$f1958

500 #1$5f$aMezinski$bPierre$f1950-

例 5

230 ##$aAbschied$sD597 n°7

530 ##$5h$aSchwanengesang$sD957 et 965A

注：该编目机构不用字符位置 2 而用 $5 置值"h"定义作品间的特殊关系。

例 6

记录 1: 笔名

152 ##$aRPC

200 #1$aGedeão,$bAntónio,$cpseud.

340 ##$aPoeta. Romancista

305 0#$aPara a obra científica, ver também$bCarvalho, Rómulo de, 1906-1997

400 #1$aCarvalho,$bRómulo Vasco da Gama de

500 #1$5f0$aCarvalho,$bRómulo de,$f1906-1997

550 ##$5g$aPoetas portugueses$zSéc. 20

记录 2: 本名

152 ##$aRPC

200 #1$aCarvalho,$bRómulo de,$f1906-1997

305 0#$aPara a obra literária, ver também$bGedeão, António, pseud.

340 ##$aHistoriador. Lic. Ciências Físico-Químicas. Professor

400 #1$aCarvalho,$bRómulo de

400 #1$aCarvalho,$bRómulo Vasco da Gama de

500 #1$5e0$aGedeão,$bAntónio,$cpseud.

例 7

152 ##$aRCR

210 02$aВНИИ ветеринарной энтомологии и арахнологии$cТюмень

305 0#$aСоздан в 1973 на базе:$bВНИИ ветеринарной санитарии и эктопаразитологии. Тюменский филиал

410 02$5z$aИнститут ветеринарной энтомологии и арахнологии$cТюмень

410 02$5d$aВНИИВЭА

510 02$3RU\NLR\AUTH\889917912$5a$aВНИИ ветеринарной санитарии и эктопаразитологии$bТюменский филиал

210 字段中的团体名称 [*ВНИИ ветеринарной энтомологии и арахнологии*（*Тюмень*）] 是于 1973 年在 *ВНИИ ветеринарной санитарии и эктопаразитологии. Тюменский филиал* 基础上创建的。记录在 305 字段包含相应的附注，在有 $5/0=a（先前名称）关系码的 510 字段包含先前团体名称形式。并且记录包含两个变异名称形式的 410 字段：缩写（$5/0=d），和名称的其他形式（$5/0=z）。

例 8

152 ##$abnlr_sh

200 #0$aЛука$cВойно-Ясенецкий, Валентин Феликсович$f1877 - 1961

400 #1$5m$aВойно-Ясенецкий$bВ.И.$gВалентин Феликсович$f1877 - 1961

400 #0$5z$aЛука Крымский$f1877 - 1961

510 00$3RU\NLR\AUTH\661237347$5g$aПравославная церковь русская $xИстория$z20 в.

550 ##$3RU\NLR\AUTH\661233118$5g$aХирургия$xИстория$yРоссия

记录在 410 字段包含两个变异名称形式（俗名和其他名称形式），在 510 和 550 字段包含两个相关主题检索点，字段中 $5/0=g。

例 9

152 ##$bnlr_sh

200 #0$aВиктория Федоровна$cвеликая княгиня$f1876-1936

400 #0$5k$aВиктория Мелита$f1876-1936

500 #0$3RU\NLR\AUTH\661269264$5z$aКирилл Владимирович$cвеликий князь$f1876 - 1938

520 ##$3RU\NLR\AUTH\661238026$5g$aРомановы$cсемья

520 ##$3RU\NLR\AUTH\66193735$5g$aГанноверская$cдинастия английских королей$f1714 -1901

见这个样例在 5-- 字段的 $5/3 中例 3 中用了更精确的代码表示名称之间的关系。

例 10

152 ##$aRCR

210 02$a≠NSB≠"≠NSE≠Автоагрегат≠NSB≠"≠NSE≠, акционерное общество$cШадринск

305 0#$aДо 1993 г. см. в каталоге:$bШадринский автоагрегатный завод

305 0#$aС 1997 г. см. в каталоге:$b"Шадринский автоагрегатный завод", открытое акционерное общество

410 02$5d$aАО ≠NSB≠"≠NSE≠Автоагрегат≠NSB≠"≠NSE≠

510 02$3RU\NLR\AUTH\889934338$5a0$aШадринский автоагрегатный завод

510 02$3RU\NLR\AUTH\8810066814$5b0$a≠NSB≠"≠NSE≠Шадринский автоагрегатный завод≠NSB≠"≠NSE≠, открытое акционерное общество

例 11

152 ##$aRCR

200 #0$aКукрыниксы$cхудожники

305 1#Коллективный псевдоним художников: Куприянов Михаил Васильевич$bКрылов Порфирий Никитич$bСоколов Николай Александрович

400 #1$5f$aКуприянов$bМ. В.$gМихаил Васильевич$f1903-

500 #1$5f0$aКрылов$bП. Н.$gПорфирий Никитич$f1902-
500 #1$5f0$aСоколов$bН. А.$gНиколай Александрович$f1903-

例 12
152 ##$bnlr_sh
250 ##$aБоевые машины пехоты
450 ##$5d$aБМП

1 参照禁止代码
由于检索点的规范记录中出现 305 参照附注，或者检索点的另一个参照记录中已有一个 310 参照附注，一个单字符数字代码表示不由 4-- 字段的检索点自动生成一个参照。在两种情况下只有参照的注释形式用于显示。
0 = 省略参照
x = 不适用

**参照禁止代码样例**

例 1
记录 1（参照记录）
210 02$aParibas
310 0#$aVoir au$bGroupe Paribas$aet à sa compagnie holding de contrôle la$bCompagnie financière de Paribas$aainsi qu’à ses filiales

记录 2（规范记录）
210 02$aGroupe Paribas
300 0#$aGroupe multinational constitué par: la Compagnie financière de Paribas, société holding de contrôle du Groupe; un ensemble de banques; de nombreuses participations, en particulier dans des entreprises industrielles et commerciales, regroupées dans des sociétés holding spécialisées
410 02$5z0$aParibas

记录 3（规范记录）
210 02$aCompagnie financière de Paribas
300 0#$a Société holding de contrôle du Groupe Paribas. Nationalisée en 1982
410 02$5z0$aParibas

例 2
记录 1（规范记录）
200 #1$aJapp$bAlexander H.$gAlexander Hay$f1839-1905
500 #1$5z0$aGray$bE. Condor$f1839-1905
500 #1$5z0$aPage$bH. A.$f1839-1905
305 0#$aFor works of this author written under pseudonyms, search also under$bGray, E. Condor, 1839-1905$aand$bPage, H.A., 1839-1905

记录 2（规范记录）
200 #1$aGray$bE. Condor $f1839-1905
500 #1$5z0$aJapp$bAlexander H.$gAlexander Hay$f1839-1905

305 0#$aFor works of this author written under his real name, search also under$bJapp, Alexander H.(Alexander Hay), 1839-1905

记录 3（规范记录）

200 #1$aPage$bH. A.$f1839-1905

500 #1$5z0$aJapp$bAlexander H.$gAlexander Hay$f1839-1905

305 0#$aFor works of this author written under his real name, search also under$bJapp, Alexander H.(Alexander Hay), 1839-1905

例 3

规范记录：

200 #0$aMarie de la Trinité$cdominicaine$f1903-1980

300 0#$aNom en religion de : Rosa Boiral. – Dominicaine au Monastère Sainte-Catherine de Langeac (43300, Haute-Loire)

400 #1$5m$aBoiral,$bRosa

规范记录显示：

Marie de la Trinité (dominicaine ; 1903-1980)

< Boiral, Rosa (Nom dans le siècle)

参照显示：

Boiral, Rosa

Voir sous nom en religion > Marie de la Trinité, dominicaine, 1903-1980

注：Marie de la Trinité 是 Rosa Boiral 的教名。

例 4

记录 1（规范记录）

210 01$aConnecticut.$bDept. of Social Services

300 0#$aIn Jan. 1979 the Connecticut Dept. of Social Services split to form the Dept. of Human Resources and the Dept. of Income Maintenance.

305 0#$aWorks by these bodies are found under the following access points according to the name used at the time of publication:$bConnecticut. Dept. of Social Services; $bConnecticut. Dept. of Human Resources;$bConnecticut. Dept. of Income Maintenance

330 1#$aWorks about these bodies are entered under one or more of the names resulting from the separation. Works limited in coverage to the pre-separation period are entered under the name of the original body.

410 01$aConnecticut.$bSocial Services, Dept. of

510 01$3< 规范记录标识号 >$5b0$aConnecticut.$bDept. of Human Resources

510 01$3< 规范记录标识号 >$5b0$aConnecticut.$bDept. of Income Maintenance

记录 2（规范记录）

210 01$aConnecticut.$bDept. of Income Maintenance

300 0#$aIn Jan. 1979 the Connecticut Dept. of Social Services split to form the Dept. of Human Resources and the Dept. of Income Maintenance.

305 0#$aWorks by these bodies are found under the following access points according to the name used

at the time of publication:$bConnecticut. Dept. of Social Services; $bConnecticut. Dept. of Human Resources;$bConnecticut. Dept. of Income Maintenance

330 1#$aWorks about these bodies are entered under one or more of the names resulting from the separation. Works limited in coverage to the pre-separation period are entered under the name of the original body.

410 01$aConnecticut.$bIncome Maintenance, Dept. of

510 01$3< 规范记录标识号 >$5a0$aConnecticut.$bDept. of Social Services

510 01$3< 规范记录标识号 >$5z0$aConnecticut.$bDept. of Human Resources

记录 3（规范记录）

210 01$aConnecticut.$bDept. of Human Resources

300 0#$aIn Jan. 1979 the Connecticut Dept. of Social Services split to form the Dept. of Human Resources and the Dept. of Income Maintenance.

305 0#$aWorks by these bodies are found under the following access points according to the name used at the time of publication:$bConnecticut. Dept. of Social Services; $bConnecticut. Dept. of Human Resources;$bConnecticut. Dept. of Income Maintenance

330 1#$aWorks about these bodies are entered under one or more of the names resulting from the separation. Works limited in coverage to the pre-separation period are entered under the name of the original body

410 01$aConnecticut.$bHuman Resources, Dept. of

510 01$3< 规范记录标识号 >$5a0$aConnecticut.$bDept. of Social Services

510 01$3< 规范记录标识号 >$5z0$aConnecticut.$bDept. of Income Maintenance

2　作品特殊关系代码

一个单字符字母代码表示作品（或作品 / 内容表达）和作品（或作品 / 内容表达）的特殊关系，记录为作品或作品 / 内容表达题名相关检索点与另外一种作品或作品 / 内容表达 2-- 题名规范检索点的关系。如果显示在字段中做根查的参照，关系代码用于生成说明语（如下表所示）。因此，这种表示出来的关系在语义上与参照生成说明语相反。当显示一个规范记录时关系代码的含义可以直接使用（见下面样例）。然而显示一个记录时，特殊短语的使用是可选择的。单独使用 > 或 >> 说明是不正确的。

关系代码只能用于 5-- 检索点字段。关于该子字段和相关子字段的更多讨论见“使用指南”（11）“参照和规范记录的显示”。代码值定义如下：

a = 原著

b = 作品的变异或者版本（如版本、修改、翻译、提要、摘要和文摘）

c = 作品的改编或者修改（如基于先前作品的新作品、体裁变化的新作品、基于其他作品风格或主题内容的新作品）

d = 完整作品

e = 更大作品的部分

f = 补编或者补充作品（如打算结合使用的作品或者扩充相关作品，或者打算补充另一个作品或者作为另一个作品的指南）

g = 关联 / 附属作品

h = 继承、续集 / 后继的作品

i = 先前或更早的作品

k = 具有共同特征的作品（例如，除了其他关系外，作品有一些共同特点，比如，相同的语种）

x = 不适用

z = 其他（如字形关系、词序关系、变异题名关系等）

**关系代码生成说明语样例（中文）：**

| 关系代码和关系信息 | 5-- 字段的参照显示说明语 |
| --- | --- |
| a = 原著 | 参见衍生作品题名： |
| b = 作品的变异或者版本 | 参见原著题名： |
| c = 作品的改编或者修改 | 参见原著题名： |
| d = 完整作品 | 参见作品部分的题名： |
| e = 更大作品的部分 | 参见完整作品题名： |
| f = 补编或者补充作品 | 参见相关 / 附属作品题名： |
| g = 关联 / 附属作品 | 参见补编或者补充作品题名： |
| h = 继承、续集 / 后继的作品 | 参见先前作品题名： |
| i = 先前或更早的作品 | 参见后继作品题名： |
| k = 具有共同特征的作品 | 参见具有共享特征的作品的题名： |

**作品特殊关系代码样例**

例 1

240 ##$1200#1$aShakespeare$bWilliam$f1564-1616$1230##$aCoriolanus
540 ##$5xxc$1200#1$aBrecht$bBertolt$1230##$aCoriolan von Shakespeare

例 2

230 ##$aAnthologie grecque
530 ##$5xxe$aAnthologie palatine
530 ##$5x0e$aAnthologie Planude
530 ##$5xxe$aCouronne

例 3

230 ##$aUnited States Catalog
530 ##$5xxf$aCumulativc Book Indcx

例 4

230 ##$aHistorical dictionaries of Africa
530 ##$5||h$aAfrican historical dictionaries

3　　责任者特定关系代码

一个单字符字母代码表示人、团体和家族之间的特定关系，记录为名称相关检索点和 2-- 名称规范检索点之间的关系。如果要显示字段中做根查的参照，关系代码用来生成说明语（如下表所示）。因此，所表示的这种关系在语义上与为参照生成的说明语相反。当显示一个规范记录时关系代码的含义可以直接使用（见下面样例）。然而，显示一个记录时，特殊短语的使用是可选择的。单独使用 > 或 >> 说明是并非不正确。

关系代码只能用于 5-- 检索点字段。关于该子字段和相关子字段的更多讨论，见“使用指南”（11）“参照和规范记录的显示”。代码值定义如下：

c = 后裔家族关系
d = 祖先家族关系
e = 婚姻关系
j = 兄弟姐妹关系
g = 父母关系

h =子女关系
k =成员（是成员）
l =有成员
m =创办人（已创办）
n =被创办
p =下属团体
q =更大团体
s =所有者（拥有）
t =被所有
z =其他

**关系代码生成说明语样例（中文）：**

| 关系代码和关系信息 | 5-- 字段的参照显示说明语 |
|---|---|
| c =后裔家族关系 | 参见祖先家族名称： |
| d =祖先家族关系 | 参见后裔家族名称： |
| e =婚姻关系 | 参见配偶名称： |
| j =兄弟姐妹关系 | 参见兄弟姐妹名称： |
| g =父母关系 | 参见子女名称： |
| h =子女关系 | 参见父母名称： |
| k =成员（是成员） | 参见团体或家族名称： |
| l =有成员 | 参见个人名称： |
| m=创办人（已创办） | 参见团体名称： |
| n =被创办 | 参见创办者名称： |
| p =下属团体名称 | 参见更大团体名称： |
| q =更大团体名称 | 参见下属团体名称： |
| s =所有者名称 | 参见团体名称： |
| t =被所有 | 参见所有者名称： |

**责任者特定关系代码样例**

例 1

记录 1

200 #1$aGrimm$bJakob

300 0#$aPisao i u suradnji s bratom Wilhelmom Grimmom

340 ##$aGrimm, Jakob, njemački filolog i književnik. 1785.-1863.; Grimm, Wilhelm, njemački filolog, brat Jakoba Grimma, 1786.-1859

400 #0$aGrim$cBraća

400 #0$aGrimm$cBrothers

400 #0$aGrimm$cFratelli

400 #0$aGrimm$cFreres

400 #0$aGrimm$cGebrueder

400 #0$aGrim$cVellezerit

[ 等等 ]

400 #1$aGrimm$bJacob

500 #1$5xxxj$aGrimm$bWilhelm

中文注释：他与他的兄弟 Wilhelm Grimm 合写 。

记录 2

200 #1$aGrimm$bWilhelm

300 0#$aPublikacije svih djela što ih je Wilhelm Grimm pisao zajedno sa svojim bratom treba tražiti pod imenom Jakoba Grimma

400 #1$aGrim$bVilhelm

500 #1$5xxxj$aGrimm$bJakob

中文注释：Wilhelm Grimm 和他的兄弟合写的出版物参见 Jakob Grimm 。

例 2

记录 1（规范记录）

220 ##$aPicot de Gouberville$cfamille

500 #1$5xxxk$aGouberville$bGilles de$f1521?-1578

记录 2（规范记录）

200 #1$aGouberville$bGilles de$f1521?-1578

520 ##$5xxxl$aPicot de Gouberville$cfamille

例 3

152 ##$bnlr_sh

200 #0$aВиктория Федоровна$свеликая княгиня$f1876 - 1936

400 #0$5k$aВиктория Мелита$f1876 - 1936

500 #0$3RU\NLR\AUTH\661269264$5xxxe$aКирилл Владимирович$свеликий князь$f1876 - 1938

520 ##$3RU\NLR\AUTH\661238026$5xxxk$aРомановы$ссемья

520 ##$3RU\NLR\AUTH\66193735$5xxxk$aГанноверская$сдинастия английскихкоролей$$f1714 – 1901

4　　责任者与作品或内容表达之间关系代码

一个单字符字母型代码，表示一个参与作品创作或对作品的一个内容表达有贡献的个人、团体或家族与该种作品或该种内容表达的题名之间的特定关系。

该关系代码仅可用于 5-0 检索点字段。该子字段对于名称与作品关联的检索点 5-0 字段是必备的。代码值定义如下：

a = 作品的创作者

b = 作品之内容表达的贡献者

x = 不适用

**例**

241 ##$3FRBNF138930724$aDebussy, Claude (1862-1918)$4230$tPelléas et Mélisande$sFL 93

500 #1$3FRBNF138930724$5xxxxa$aDebussy$bClaude$f1862-1918$4230

501 #1$3FRBNF119138653$aMaeterlinck$bMaurice$f1862-1949$4480

**$6　　字段连接数据**

**子字段定义**

该子字段包含为了数据处理允许记录里的某个字段与其他字段进行连接的信息。

**出现方式**

不可重复。该子字段可以用于 3-- 附注，和 4-- 和 5-- 检索字段。

**子字段内容注释**

被连接的两个字段都应包含下面规定的 $6 子字段。在子字段内包含一个代码，指出连接的原因。使用该子字段时，其前面的两个元素必须存在，第三个元素可选择使用。

**定长数据元素**

$6　子字段定义了下列数据元素：

| 数据元素名称 | 字符数 | 字符位置 |
|---|---|---|
| 连接说明码 | 1 | 0 |
| 连接号 | 2 | 1—2 |
| 被连接的字段标识符 | 3 | 3—5 |

0　连接说明码

这个代码表示字段间连接的原因。

a = 交替文字

z = 其他

1—2　连接号

这两位数字的号码分别记在被连接的两个字段的 $6 子字段里。连接号的作用是为了匹配相关的字段。(它不起顺序号或位置号的作用)。连接号可以随意分配，但它在每个被连接的字段中应该相同，并且与记录中任何其他组字段连接号码不重复。

3—5　被连接的字段标识符

该数据元素表示要做连接的那个字段的标识符。该元素是可选用的。如果相互连接的两个字段的标识符相同，则通常省略该元素。

**例**

100 ##$aYYYYMMDDaenga50######ba0
101 ##$ajpn
200 #1$8engjpn$aAndo,$bSizuo
200 #1$7ba0ydb0y$8engjpn$a[ 用日本汉字的个人名称 ]
400 #1$6a03$7ba0aba0a$8engjpn$aKasima,$bYasuzo
400 #1$6a03$7ba0ydb0y$8engjpn$a[ 用日本汉字的个人名称 ]
400 #1$6a25$7ba0yba0a$8engjpn$aTakai,$bSyozo
400 #1$6a25$7ba0ydb0y$8engjpn$a[ 用日本汉字的个人名称 ]

编目机构给出记录中每个检索点和参照的本国语种和罗马化形式。省略了被连接字段中的可选择使用的字段标识符。

## $7　编目文字和基本检索点文字

**子字段定义**

当编目文字和基本检索点的文字与 1-- 块编码信息不同时用这个子字段来表示。当一个检索点或附注是用几种文字记载时（例如日文用汉字和假名，希伯来语用希伯来字符和罗马字符书写），需要用 $7 字段。

### 出现方式

并列文字数据为必备。不可重复。$7 子字段可用于 2-- 规范检索点、3-- 附注、4-- 变异检索点和 5-- 相关检索点以及 7-- 其他语言和（或）文字的规范检索点字段。第一个 2-- 规范检索点的文字以及未用 $7 子字段另外标识的所有其他字段内容的默认文字，由 100 字段中的第 21—22 字符位置给出。如果有几个 2-- 规范检索点，它们的交替文字的附加规范检索点，都应包含 $7 子字段，指明其文字。详细的文字说明见“使用指南”（8）“交替文字数据”。

### 子字段内容注释

$7 子字段，包含 8 个字符位置（用 $7/0, $7/1 等表示）。第一组 4 个字符与编目文字有关；第二组 4 个字符与基本检索点文字有关。由于 $7 子字段里的代码定义取决于它们出现的字符位置，任何字符位置的编码要求每个字符位置包含一个代码或一个填充符（|）。

### 定长字段元素

$7　子字段定义了下列数据元素：

| 数据元素名称 | 字符数 | 字符位置 |
|---|---|---|
| 编目文字 | 2 | 0—1 |
| 编目文字的方向 | 1 | 2 |
| 编目文字的音译法 | 1 | 3 |
| 基本检索点文字 | 2 | 4—5 |
| 基本检索点的文字方向 | 1 | 6 |
| 基本检索点文字的音译法 | 1 | 7 |

0—1/4—5 文字

当同一检索点在记录中以另外一种文字出现时，用一个 2 位字符的字母代码表示编目和基本检索点的文字。使用下列字母代码：

ba = 拉丁文字
ca = 基里尔文字
da = 日本文字 – 未指定文字
db = 日本文字 – 日本汉字
dc = 日本文字 – 假名
ea = 中国汉字
fa = 阿拉伯文字
ga = 希腊文字
ha = 希伯来文字
ia = 泰文字
ja = 梵文字
ka = 朝鲜文字
la = 泰米尔文字
ma = 格鲁吉亚文字
mb = 亚美尼亚文字
zz = 其他文字

2/6　文字方向

用一个字符的字母代码表示文字的方向。使用以下代码值：

0 = 从左至右
1 = 从右至左

3/7　音译法

用一个单字符的字母代码表示音译法。第一个 2-- 基础检索点使用的音译法，参见：100 $a/12。

使用下列字母代码：

a = ISO 音译法
b = 其他

c = 多种音译法：ISO 或其他音译法
d = 国家书目机构确定的音译表
e = 无认定的音译表音译
f = 其他认定的音译法
y = 不适用（未用音译法）

**例**

100 ##$aYYYYMMDDaenga50######ba0
101 ##$ajpn
210 02$7ba0yba0a$8engjpn$aNihon Toshokan Kyōkai$cCompany
210 02$7ba0ydb0y$8engjpn$a[ 用日本汉字的团体名称 ]$cCompany
300 0#$aReplaced Nihon Bunko Kyōkai and Dai Nippon Toshokan Kyōkai
注：在这两个检索点中，编目语种是英语，基本检索点语种是日语。在第一个检索点中，编目文字（100/21—22）和基本检索点文字（$7/4—5）都是拉丁字符，文字的逻辑顺序是“从左至右”（$7/2 和 6），采用 ISO 音译规则（100$a/12 和 210$7/7）。在第二个检索点中，编目文字仍然是拉丁字符（100/21—22），但基本检索点文字是日本汉字（$7/4—5），文字的逻辑顺序是“从左至右”（$7/3），但是基本检索点的文字不是音译的。

## $8　编目语种和基本检索点语种

### 子字段定义

该子字段标识编目语种和基本检索点语种。语种可以用于 2-- 规范检索点、4-- 变异检索点和 5-- 相关检索点，以及 7-- 其他语言和（或）文字的规范检索点字段。关于编目语种的更多讨论，见“使用指南”（8）“并列数据”。基本检索点就是不包括任何修饰数据、标识实体的检索点的部分。例如，在检索点中：

200#1$aNicolini da Sabbio$bDomenico $f15-- to 160-?$cimprimeur-libraire

基本检索点是“$aNicolini da Sabbio$bDomenico”，这个基本检索点的语种是意大利语。编目语种是法语。修饰词用法语表示，即：“$cimprimeur-liraire”。

### 出现方式

当 7-- 其他语言和（或）文字的规范检索点字段是并列检索点或并列数据时，每个 7-- 为必备。在 2--, 4--, 5-- 为选择使用。不可重复。

### 子字段内容注释

$8 子字段包含 6 个字符位置（用 $8/0、$8/1 等表示）。第一组 3 个字符指定该字段里的检索点所在目录的语种；第二组 3 个字符是基本检索点的语种。使用 ISO 639–2 标准所列的语种代码（见《UNIMARC 手册：书目格式》）附录 A。

由于 $8 子字段代码的定义取决于他们出现的字符位置，因此每个字符位置的编码必须包含一个代码或者填充字符（|）。

### 定长数据元素

$8　子字段数据元素定义如下：

| 数据元素名称 | 字符数 | 字符位置 |
| --- | --- | --- |
| 编目语种 | 3 | 0—2 |
| 基本检索点语种 | 3 | 3—5 |

0—2　编目语种

用一个 3 字符的代码表示编目的语种。语种代码根据 ISO 639–2 标准，见《UNIMARC 手册：书目格式》附录 A。在 2-- 字段中，$8/0—2 的内容总是和 100/9—11 的内容相同。

3—5　基本检索点语种

用一个 3 字符的代码表示基本检索点使用的语种。语种代码根据 ISO 639–2 标准，见《UNIMARC 手册：书目格式》附录 A。

**例**

例 1

100 ##$aYYYYMMDDafrey0103####ba0

101 ##$afre$aeng

210 01$8frefre$aCanada$bGroupe de travail du Ministre sur la protection des enfants en cas d'accidents de véhicules automobiles

710 01$8engeng$aCanada$bMinister's Task Force on Crash Protection for Infant and Child Pas-sengers in Motor Vehicles

例 2

100 ##$aYYYYMMDDafrey0103####ba0

101 ##$afre$aeng$awel

102 ##$aZZ

230 ##$aAmi et Amile

730 ##$8engeng$aAmis and Amiloun

730 ##$8welwel$aAmlyn ac Amig

关于法国、英国和威尔士的文学作品 [ 参见：国际图联编制的《无名氏经典著作》(*Anonymous Classics*) ]。

例 3

100 ##$aYYYYMMDDafrey50#####ba0

101 ##$agrc

102 ##$aZZ

230 ##$7ba0yba0a$8fregrc$aPentekostárion

230 ##$7ba0yga0y$8fregrc$aΠεντεχοσταριον

430 ##$7ba0yba0y$8frefre$aPentecostaire

730 ##$7ca0yca0y$8rusrus$aЦветная триодь

希腊文和俄文版的拜占庭礼的礼拜仪式作品。

例 4

100 ##$aYYYYMMDDafrey0103####ba0

101 ##$aspa

102 ##$aXX

200 #1$8frefre$aColomb$bChristophe

700 #1$8frespa$aColón$bCristóbal

例 5

100 ##$aYYYYMMDDafrey0103####ba0

101 ##$alat$agrc

102 ##$aXX

200 #0$8frefre$aMarc Aurèle$cempereur romain

400 #0$8frelat$aMarcus Aurelius Antoninus$cempereur romain

700 #0$8englat$aMarcus Aurelius$cEmperor of Rome$f121-180

例 6

100 ##$aYYYYMMDDahrvy0103####ba0

101 ##$apol$alat$aita$ahrv

102 ##$aPL$aVA

200 #0$8hrvlat$aIohannes Paulus$dII$cpapa

700 #0$8frefre$aJean-Paul$dII$cpape

700 #0$8engeng$aJohn-Paul$dII$cPope

例 7

100 ##$aYYYYMMDDaengy0103####ba0

101 ##$ager

210 01$8engmul$aGermany.$bAbwehr

410 02$8engger$aAbwehr

# 2-- 规范检索点块

### 字段的定义和范围

本功能块包含了已建立记录的检索点。如果该记录是规范的记录，检索点可以是一个规范检索点。如果该记录是参照或一般说明记录，检索点可以是变异检索点。本功能块定义了以下字段：

200 规范检索点——个人名称
210 规范检索点——团体名称
215 规范检索点——行政管辖区或地理名称
216 规范检索点——商标
217 规范检索点——印刷者 / 出版者标志
220 规范检索点——家族名称
230 规范检索点——题名
231 规范检索点——题名（作品）
232 规范检索点——题名（内容表达）
235 规范检索点——作品集题名
240 规范检索点——名称 / 题名
241 规范检索点——名称 / 题名（作品）
242 规范检索点——称 / 题名（内容表达）
243 规范检索点——法律和宗教文本惯用名称 / 题名
245 规范检索点——名称 / 作品集题名
250 规范检索点——论题主题
260 规范检索点——出版、演出和出处等的地点和日期
280 规范检索点——形式、体裁或物理特征

### 出现方式

一条规范记录必须包含 2-- 功能块中一个字段。对于用不同文字的 2-- 规范检索点，2-- 字段可以重复。然而，如果交替文字形式链接到一个独立的记录，该记录包含了 2-- 规范检索点相对应的该文字的变异检索点和相关检索点及其说明的交替形式，则 7-- 其他语言和 / 或文字的规范检索点字段将记录该交替文字形式。

### 字段内容注释

名称字段中包含了 $4 关系子字段，可它很少用于名称 / 题名检索点。所用的关系代码在《UNIMARC 手册：书目格式》附录 C 中列出。

因为一些控制子字段 $0, $1, $2, $3, $5, $6, $7, 和 $8 在某些功能块中是无效的，在该功能块的说明中会指出控制子字段的可用性。

只有以下控制子字段可用于 2-- 字段：

$1 连接数据
$7 编目文字和基本检索点文字
$8 编目语种和基本检索点语种

控制子字段的使用在 2-- 规范检索点块前面的阐述中有专门的描述。

# 200　规范检索点——个人名称

**字段定义**

本字段包含一个个人名称检索点。

**出现方式**

可选用。对于交替文字形式可重复。

**指示符**

指示符 1　空（未定义）
指示符 2　指明名称著录方式
　　0　用名或直序方式著录的名称
　　1　用姓著录的名称

**子字段**

数据子字段

$a　款目要素
在检索点中作为款目要素的名称的一部分；此部分在索引列表中按序排列。当本字段存在时该子字段是必备的。不可重复。

$b　除款目要素外的名称其余部分
当款目要素是姓或家族名称时，名称中的剩余部分（例 1、例 3 至例 4）。它包括名和其他教名。用本子字段时，名称形式指示符用 1。首字母的扩展形式著录于 $g。不可重复。

$c　除日期外的名称附加
任何不是名称主要构成部分的名称的附加（除日期外），它包含了头衔、称号、职务（例 2）。对于第二个或其后出现的此类附加可重复（例 5 至例 6）。

$d　罗马数字
罗马数字与特定的罗马教皇、王族及教士名称结合在一起（例 2）。如果一个称号是和数字结合在一起，它也包含此称号（例 7）。用本子字段时，名称形式指示符用 0。不可重复。

$f　日期
附属于个人名称的日期，它和简称或其他日期性质的指示连在一起。任何日期类型的指示（例如创作旺盛期、出生、死亡）可用完整的或简称的形式录入本子字段（例 1 至例 4、例 8）。在本字段中指定的个人的所有日期都可录入 $f。不可重复。

$g　缩写名的扩展形式
当首字母作为首选形式录入在 $b 子字段且首字母和完整形式都必须时，本子字段著录名的完整形式（例 4）。不可重复。

$4　关系代码
本代码用于指明本字段的个人名称和书目款目涉及的名称之间的关系。本子字段主要在书目记录中使用。代码表可以在《UNIMARC 手册：书目格式》附录 C 查到。可重复。

$j　形式复分
附加于主题检索点的一个词语，进一步描述资料的类型或体裁（例 9）。不使用此复分的机构可用 $x 替代。可重复。

$x　论题复分
附加于主题检索点的一个词语，进一步描述主题检索点所体现的论题（例 10 至例 12）。可重复。

$y　地理复分
附加于主题检索点的一个词语，主题检索点体现个人时，描述与该个人有关的地点（例 11）。可重复。

$z　时代复分
附加于主题检索点的一个词语，主题检索点体现个人时，描述与该个人有关的时期（例 12）。可重复。

控制子字段
$7　编目文字和基本检索点文字
见前述控制子字段说明。不可重复。

$8　编目语种和基本检索点语种
见前述控制子字段说明。不可重复。

**字段内容注释**

本字段包含了个人名称的首选形式，它依照创建记录的编目机构所使用的编目规则或主题体系。
形成识别个人名称基本检索点的子字段是 $a, $b, $d 和 $g。限定数据录入在 $c 和 $f 中。

**相关字段**

400　变异检索点——个人名称
500　相关检索点——个人名称
700　其他语言和（或）文字的规范检索点——个人名称

**例**

例 1
200 #1$aHorne,$bDonald,$f1921-

例 2
200 #0$aAlexander$dI,$cEmperor of Russia,$f1771-1825

例 3
200 #1$aRiano y Montero,$bJuan Facundo,$f1828-1901

例 4

200 #1$aTolkien,$bJ. R. R.$g(John Ronald Reuel),$f1892-1973

例 5

200 #1$aArundel,$bPhilip Howard,$cSaint$cEarl of

例 6

200 #0$aAlexandra,$cEmpress,$cConsort of Nicholas II, Emperor of Russia

例 7

200 #0$aJohn$dII Comnenus,$cEmperor of the East

例 8

200 #0$aJoannes,$cDiaconus,$ffl.1226-1240

例 9

200 #1$aShakespeare$bWilliam$f1564-1616$jQuotations

例 10

200 #0$aJesus Christ$xNativity

例 11

200 #1$aEinstein$bAlbert$f1879-1955$xHomes and haunts$yGermany$yBerlin

例 12

200 #1$aShakespeare$bWilliam$f1564-1616$xCriticism and interpretation$xHistory$z18th Century

例 13

200 #1$aЛермонтов$bМ. Ю.$gМихаил Юрьевич$f1814-1841

例 14

200 #1$aПутин$bВ. В.$gВладимир Владимирович$f1952-$xВизиты$yЧувашскаяРеспублика$z2004

例 15

200 #0$aВильгельм$dI Молчаливый$cпринц Оранский$f1533-1584

# 210　规范检索点——团体名称

## 字段定义

本字段包含一个团体或会议名称检索点。跟随有团体从属部分的行政管辖区名称也视作团体名称（210 字段）；单独的或只有主题复分作为附加成分的行政管辖区名称应视为行政管辖区名称（215 字段）。

## 出现方式

可选用。对于交替文字形式可重复。

## 指示符

指示符 1　指明团体类型

指示符 1，指明团体是否为会议。会议包含大会、报告会等。如果会议名称是一个团体名称的从属部分，该名称应作为团体（例 4）。

0　团体名称

1　会议

如果源格式不能将会议与其他团体名称区别，指示符位置可包含填充符。

指示符 2　指明名称著录方式

0　名称以倒序形式著录

1　名称以地点或辖区开始著录

2　名称以直序方式著录

## 子字段

数据子字段

$a　款目要素

在检索点中作为款目要素的名称的一部分；此部分在索引列表中按序排列；也就是说，名称的第一个归档部分。本子字段不可重复，但是当本字段存在时该子字段是必备的。

$b　从属部分

当名称包含层次时，指在层次中较低一级的名称（例 1、例 4）；或者入口词是地名时的一个团体名称（例 2、例 8）。本子字段不包括由编目员为区分其他的相同团体名称而附加的成分（见 $c, $g, $h）。在层次中有多个较低层次的情况下，本子字段可重复。

$c　名称附加或限定

任何由编目员对团体名称的附加，除了会议届次、地点和日期（例 3 至例 4）。可重复。

$d　会议的届次和（或）会议部分的届次

当会议属于编号的系列会议时，著录会议的届次（例 4）。不可重复。

$e　会议地点

当地点为检索点的必需部分时，著录会议举行的地点（例 4 至例 5）。不可重复。

$f　会议日期
当日期为检索点的必需部分时，著录会议的日期（例 4 至例 5）。不可重复。

$g　名称倒置部分
团体名称任何一部分，为了用一个查询词作检索入口，而将它从名称开头部分移开。不可重复。此子字段大多用于变异检索点。（见 410 字段例 5）

$h　除了款目要素及名称倒置部分外的名称部分
在一个名称倒置检索点中，倒置部分随后的名称部分。不可重复。

$4　关系代码
本代码用于指明本字段的团体名称和记录所指书目款目之间的关系。本子字段主要在书目记录中使用。代码表可以在《UNIMARC 手册：书目格式》附录 C 查到。可重复。

$j　形式复分
附加于主题检索点的一个词语，进一步描述资料的类型或体裁（例 6）。不使用此复分的机构可用 $x 替代（例 5）。可重复。

$x　论题复分
附加于主题检索点的一个词语，进一步描述主题检索点所体现的论题（例 5、例 7 至例 8）。可重复。

$y　地理复分
附加于主题检索点的一个词语，主题检索点体现团体时，描述与该团体有关的地点（例 7）。可重复。

$z　时代复分
附加于主题检索点的一个词语，主题检索点体现团体时，描述与该团体有关的时期（例 8）。可重复。

控制子字段

$7　编目文字和基本检索点文字
见前述控制子字段说明。不可重复。

$8　编目语种和基本检索点语种
见前述控制子字段说明。不可重复。

**字段内容注释**

本字段包含了团体名称的首选形式，它依照创建记录的编目机构所使用的编目规则或主题体系。
形成识别团体名称基本检索点的子字段是 $a, $b, $h 和 $g。限定数据录入在 $c，$d,，$e 和 $f 中。

**相关字段**

150　编码数据字段：团体名称
410　变异检索点——团体名称

510　相关检索点——团体名称
710　其他语言和（或）文字的规范检索点——团体名称

**例**

例 1

210 02$aBrunel University.$bEducation Liaison Centre

例 2

210 01$aOntario.$bOffice of Arbitration

例 3

210 02$aPomorski muzej$c(Kotor)

例 4

210 02$aLabour Party$c(Great Britain).$bConference$d(72nd ;$f1972 ;$eBlackpool, Lancashire)

例 5

210 12$aNorth Carolina Conference on Water Conservation$f(1975 ;$eRaleigh)$xPeriodicals

例 6

210 02$aChurch of England.$xClergy.$jBiography

例 7

210 02$aCatholic Church$yScotland$xGovernment

例 8

210 01$aUnited States$bArmy$xRecruiting, enlistment, etc.$zCivil War, 1861-1865

例 9

210 01$aРоссия$c1917, февраль – октябрь$bМинистерство продовольствия

例 10

210 01$aРоссийская Федерация$bГосударственная Дума$c2003-

例 11

210 02$aИнститут археологии$cМосква

例 12

210 12$aМеждународная научная конференция на тему "Государства Центральной Азии: поиск места в мировой политике"$f1994$eМосква

例 13

210 02$aСтрогановское центральное художественно-промышленное училище$cМосква

例 14

210 10$aБут,$gНиколай Яковлевич,$hВыставка произведений "Выполняя интернациональный долг. Афганские зарисовки"$f1985$eМосква

例 15

210 02$a≠NSB≠"≠NSE≠Курск≠NSB≠"≠NSE≠, атомная подводная лодка$xАвария$xЭкологические последствия

例 16

210 02$aМузей изящных искусств$cТолидо, город (Огайо, штат; США)$xКоллекцияграфики$xВыставки$z2005 – 2006

例 17

记录 1：取自俄罗斯国家团体名称规范文档的记录

152 ##$aRCR

210 01$aГермания$bВерховное главнокомандование вооруженными силами$bУправление разведки и контрразведки

记录 2：取自俄罗斯国家主题检索点规范文档的记录

152 ##$bnlr_sh

210 02$aАбвер

实例显示对于同一团体，依照所使用的描述性编目规则和主题体系所做的检索点。

# 215　规范检索点——行政管辖区或地理名称

### 字段定义

本字段包含了一个行政管辖区或地理名称检索点。单独的或只有主题复分作为附加成分的行政管辖区名称被视为行政管辖区名称（215 字段）；跟随有团体从属部分的行政管辖区名称视作团体名称（210 字段）。

### 出现方式

可选择。对于交替文字形式可重复。

### 指示符

指示符 1　空（未定义）
指示符 2　空（未定义）

### 子字段

数据子字段

$a　款目要素
在检索点中作为款目要素的名称的一部分；此部分在索引列表中按序排列。当本字段存在时该子字段是必备的。不可重复。

$j　形式复分
附加于主题检索点的一个词语，进一步描述资料的类型或体裁（例 5）。不使用此复分的机构可用 $x 替代（例 2）。可重复。

$x　论题复分
附加于主题检索点的一个词语，进一步描述主题检索点所体现的论题（例 1、例 3）。可重复。

$y　地理复分
附加于主题检索点的一个词语，主题检索点体现行政管辖区或地理名称时，描述与此有关的地点（例 6）。可重复。

$z　时代复分
附加于主题检索点的一个词语，主题检索点体现行政管辖区或地理名称时，描述与此有关的时期（例 3）。可重复。

控制子字段

$7　编目文字和基本检索点文字
见前述控制子字段说明。不可重复。

$8　编目语种和基本检索点语种
见前述控制子字段说明。不可重复。

**字段内容注释**

本字段包含了行政管辖区或地理名称的首选形式，它依照创建记录的编目机构所用的编目规则或主题体系。

**相关字段**

415　变异检索点——行政管辖区或地理名称
515　相关检索点——行政管辖区或地理名称
715　其他语言和（或）文字的规范检索点——行政管辖区或地理名称

**例**

例 1

215 ##$aUnited States$xHistory

例 2

215 ##$aOntario$xGuidebooks

例 3

215 ##$aOntario$xHistory$z1801-1900

例 4

215 ##$aRocky Mountains

例 5

215 ##$aParis (Texas)$jGuidebooks

例 6

215 ##$aUnited States$xBoundaries$yCanada

例 7

215 ##$aПа-де Калс, пролив

例 8

215 ##$aМарс, планета$xГеология

例 9

215 ##$aЕгипет Древний$xИстория

# 216　规范检索点——商标

## 字段定义

本字段包含了一个商标名称检索点。

一个商标或“标记”是一个特有的词、短语、标识语、花纹，或者任何其他的图案，它可能描绘成图案形的，由一个商家或公司用于识别它的产品或服务，以及将它们与其他制造、出售及提供的产品和服务区分开。一些实例是：*Levi's*（Levi Strauss & Co. 的商标），*Pentium*（Intel 公司的商标），*Decca*（Decca Record 公司的商标）。

可以发现有用普通语词商标的其他特定标记种类，比如服务标记、 商业外观、 集体标记等。 一个商家的商号也可以作为一个标记。例如索尼音乐娱乐公司用它的商号 *Sony Music* 在它的录音产品上作为商标（见 516 字段）。

至于有关录音产品，众所周知的是“标签”，商标和标签编码唯一地识别每个商业录音产品（见《UNIMARC 手册：书目格式》071 字段）。

## 出现方式

可选择。对于交替文字形式可重复。

## 指示符

指示符 1　空（未定义）
指示符 2　空（未定义）

## 子字段

数据子字段

$a　数据元素
检索点形式的商标名称。必备。不可重复。

$f　日期
当日期是检索点的必需部分，例如，作为限定时，录入特定商标使用期间的日期。不可重复。

$c　限定
任何由编目员对商标名称的附加，除日期外（例 3 至例 4）。可重复。

$j　形式复分
附加于主题检索点的一个词语，进一步描述资料的类型或体裁。不使用此复分的机构可用 $x 替代。可重复。

$x　论题复分
附加于主题检索点的一个词语，进一步描述主题检索点所体现的论题。可重复。

$y　地理复分
附加于主题检索点的一个词语，当主题检索点体现商标时，描述与该商标有关的地点。可重复。

$z 时代复分

附加于主题检索点的一个词语，当主题检索点体现商标时，描述与该商标有关的时期。可重复。

控制子字段

$7 编目文字和基本检索点文字

见前述控制子字段说明。不可重复。

$8 编目语种和基本检索点语种

见前述控制子字段说明。不可重复。

**字段内容注释**

本字段包含了商标的首选形式，它依照创建记录的编目机构所使用的编目规则或主题体系。
形成识别商标名称的基本检索点的子字段是 $a。限定数据录入在 $c 和 $f 中。

**相关字段**

416 变异检索点——商标
510 相关检索点——团体名称
515 相关检索点——商标
716 其他语言和（或）文字的规范检索点——商标

**例**

例 1

216 ##$aKitekat

例 2

216 ##$aErato$cmarque phonographique

例 3

216 ##$aDanone$cmarque

例 4

216 ##$7ba0yba0a$8frerus$aMelodiâ$cmarque russe
216 ##$7ba0yca0y$8frerus$aМелодия
416 ##$7ba0yba0e$8frerus$aMelodiya

第一个 216 字段包含了用 ISO 音译方案的音译形式。限定词对于区分俄语商标与另一个同样的新卡里多尼亚语商标是必需的。第二个 216 字段包含了基里尔字母。在 416 字段，是在法国编辑的产品的变异形式，不能识别它的音译表。

# 217　规范检索点——印刷者 / 出版者标志

**字段定义**

本字段包含了一个印刷者 / 出版者标志检索点。

**出现方式**

可选用。对于交替文字形式可重复。

**指示符**

指示符 1　空（未定义）
指示符 2　空（未定义）

**子字段**

数据子字段

$a　印刷者 / 出版者标志描述
　　标志形象元素的描述。不可重复。

$b　格言
　　可重复。

$c　标准引证
　　清晰地识别标志的引证。可重复

$d　尺寸
　　用厘米表示标志的尺寸。不可重复。

$f　日期
　　日期是检索点的必需部分时，录入印刷者 / 出版者的日期。不可重复。

$g　图示术语
　　标志中出现的与主要图示元素有关的词语。

$j　形式复分
　　附加于主题检索点的一个词语，进一步描述资料的类型或体裁。不使用此复分的机构可用 $x 替代。可重复。

$x　论题复分
　　附加于主题检索点的一个词语，进一步描述主题检索点所体现的论题。可重复。

$y　地理复分
　　附加于主题检索点的一个词语，当主题检索点体现印刷者 / 出版者标志时，描述与该标志有关的地点。可重复。

$z 时代复分
附加于主题检索点的一个词语，当主题检索点体现印刷 / 出版者标志时，描述与该标志有关的时期。可重复。

控制子字段
$7 编目文字和基本检索点文字
见前述控制子字段说明。不可重复。

$8 编目语种和基本检索点语种
见前述控制子字段说明。不可重复。

**字段内容注释**

以一个或多个清晰地识别标志的标准引证为每一个标志的特征。在事先建立的书目源中，标准引证识别标志的形状，由一个标识库的字母组成，在库中由识别标志的数字字符（形状的编号）组成，例如，Z534（Z=Zappella；534= 标志在标识库中的编号）。一个标志可有几个标准引证，因为它可以出现在一个或多个书目源中。

16 世纪印刷者 / 出版者标志的部分标志来源列表：

A Ascarelli, F. *La tipografia cinquecentina italiana*. Firenze: Sansoni Antiquariato, 1953.

T Ascarelli, F.; M. Menato. *La tipografia del '500 in Italia*. Firenze: L.S. Olschki, 1989.

Q Ascarelli, F.; E. Vaccaro. *Marche poco note di tipografi editori italiani del sec. XVI dalla raccolta della biblioteca universitaria Alessandrina* in "Miscellanea di studi in memoria di Anna Saitta Revignas". Firenze: L.S. Olschki, 1978, p. 29-52.

K Kristeller, P. *Die italienischen Buchdrucker- und Verlegerzeichen bis 1525*. Strassburg: J.H. Ed. Heitz, 1893（ripr. facs.: Naarden, A.W.Van Bekhoven, 1969）.

V Vaccaro, E. *Le marche dei tipografi ed editori del secolo XVI nella Biblioteca Angelica*. Firenze: L.S. Olschki, 1983.

Z Zappella, G. *Le marche dei tipografi e degli editori italiani del Cinquecento*. Milano: Editrice Bibliografica, 1986.

形成识别印刷者 / 出版者标志的基本检索点的子字段是 $b。限定 / 描述数据录入在 $a, $c, $d 和 $f 中。

**相关字段**

517 相关检索点——印刷者 / 出版者标志
510 相关检索点——团体名称

**例**

152 ## $aGuida SBN. Libro antico
217 ## $aTartaruga che tiene sul guscio una vela con giglio fiorentino. In cornice figurata$bFestina lente$cZ11524$d40 x 48 mm$f1574–1599$gTartaruga$gVela$gGiglio
510 00$3IT\ICCU\CNCT\CNCT000160$aSermartelli,$gBartolomeo$c<1>
510 00$3IT\ICCU\CNCT\CNCT000045$aSermartelli,$gMichelangelo
801 #3 $aIT$bICCU$c20070102
810 ##$aZappella, Giuseppina, Le marche dei tipografi e degli editori italiani del cinquecento
810 ##$aEDIT16$uhttp://edit16.iccu.sbn.it
856 4# $uhttp://edit16.iccu.sbn.it/scripts/iccu_ext.dll?fn=63&i=84

# 220　规范检索点——家族名称

**字段定义**

本字段包含一个家族名称检索点。

**出现方式**

可选用。对于交替文字形式可重复。

**指示符**

指示符 1　空（未定义）
指示符 2　空（未定义）

**子字段**

数据子字段

$a　款目要素
检索点形式的家族名称。必备。不可重复。

$c　家族类型
家族类型的一种分类或普通的描述。包括比如氏族、王朝、家庭单元、父系制、母系制等分类。不可重复。

$d　与家族有关的地点
家族现居或旧居或某些亲族的地点信息。可重复。

$f　日期
日期是检索点必需部分时，录入家族日期（例 3）。不可重复。

$4　关系代码
本代码用于指明本字段的家族名称和记录所指的书目款目之间的关系。本子字段主要在书目记录中使用。代码表可以在《UNIMARC 手册：书目格式》附录 C 查到。可重复。

$j　形式复分
附加于主题检索点的一个词语，进一步描述资料的类型或体裁。不使用此复分的机构可用 $x 替代。可重复。

$x　论题复分
附加于主题检索点的一个词语，进一步描述主题检索点所体现的论题。可重复。

$y　地理复分
附加于主题检索点的一个词语，当主题检索点体现家族时，进一步描述与该家族有关的地点（例 2）。可重复。

$z　　时代复分

附加于主题检索点的一个词语，当主题检索点体现家族时，进一步描述与该家族有关的时期。可重复。

控制子字段

$7　　编目文字和基本检索点文字

见前述控制子字段说明。不可重复。

$8　　编目语种和基本检索点语种

见前述控制子字段说明。不可重复。

**字段内容注释**

本字段包含了家族名称的首选形式，它依照创建记录的编目机构所使用的编目规则或主题体系。形成识别家族名称基本检索点的子字段是 $a。限定数据录入在 $c, $d 和 $f 中。

**相关字段**

420　变异检索点——家族名称
520　相关检索点——家族名称
720　其他语言和（或）文字的规范检索点——家族名称

**例**

例 1

220 ##$aDuecker$cFamily

例 2

220 ##$aBuchanan$cClan$xHistory$yScotland

例 3

220 ##$aPahlavi$cDynasty$f1925-1979

例 4

220 ##$aРамессиды$cдинастия$f1206 – ок.1070 до н.э.

例 5

220 ##$aКуттер$cсемья фотографов$xВыставки$yЛюксембург, г.$z1999

# 230　规范检索点——题名

## 字段定义

本字段包含一个题名检索点。题名检索点旨在汇集记录，可将用不同题名出版的一种作品或是丛编的单册集中起来。

## 出现方式

可选用。对于交替文字形式可重复。

## 指示符

指示符 1　空（未定义）
指示符 2　空（未定义）

## 子字段

数据子字段

$a　款目要素
作品所为人熟知的题名，不包括任何限定或任何部分说明。当使用 230 字段时，本子字段是必须存在的。必备，不可重复。

$b　一般资料标识
一般资料标识的文字说明。可重复。

$h　分辑或部分号
当题名只是作品名称中的一部分时，记录它的分辑号（例 10）。对于更低层次的部分可重复（例 11）。

$i　分辑或部分名
当题名只是作品名称中的一部分时，记录它的分辑名（例 11）。对于更低层次的部分可重复。

$k　出版日期
作为题名附加成分的文献出版日期。不可重复。

$l　形式副标目
附加于检索点的标准短语，进一步说明题名（例 1）。不可重复。

$m　语种
如果有必要作为题名的一部分，录入文献的语种（例 1、例 5、例 10）。不可重复。如果作品有多个语种，则将多个语种记入同一个 $m 子字段中（例 13）。

$n　其他信息
任何其他子字段未能提供的信息。可重复。

$q 版本（或版本日期）
文献体现的作品版本的标识，可以是名称或版本的原始日期（例 1）。不可重复。

$r 表演介质（音乐）
音乐作品要求的配器等（例 12）。可重复。

$s 数字标识（音乐）
由作曲者或其他人分配的编号，用于区分作品。该编号可以是序号、作品号（例 12）或主题索引号或用于编号的日期。可重复。

$u 调（音乐）
用于题名组成部分的音乐调名（例 12）。不可重复。

$w 改编说明（音乐）
说明音乐作品是改编的作品（例 2）。不可重复。

$j 形式复分
附加于主题检索点的一个词语，进一步描述资料的类型或体裁（例 3）。不使用此复分的机构可用 $x 替代。可重复。

$x 论题复分
附加于主题检索点的一个词语，进一步描述主题检索点所体现的论题（例 3、例 6）。可重复。

$y 地理复分
附加于主题检索点的一个词语，当主题检索点体现题名时，进一步描述与该题名有关的地点（例 6）。可重复。

$z 时代复分
附加于主题检索点的一个词语，当主题检索点体现题名时，描述与该题名有关的时期。可重复。

控制子字段

$7 编目文字和基本检索点文字
见前述控制子字段说明。不可重复。

$8 编目语种和基本检索点语种
见前述控制子字段说明。不可重复。

**字段内容注释**

本字段包含了题名的首选形式，它依照创建记录的编目机构所使用的编目规则或主题体系。
形成识别题名的基本检索点的子字段是 $a, $i 和 $h。限定数据录入在 $b 至 $w 子字段中。

**相关字段**

430 变异检索点——题名
530 变异检索点——题名

730 其他语言和（或）文字的规范检索点——题名

**例**

例 1

230 ##$aBible.$mEnglish.$qAuthorized.$lSelections

例 2

230 ##$aGod save the King;$warr.

例 3

230 ##$aBeowulf$xLanguage$jGlossaries, etc.

例 4

230 ##$aCrónica de los Reyes de Castilla

例 5

230 ##$aJuliana$mMiddle English

例 6

230 ##$aCoran$xAppréciation$yEurope

例 7

154 ##$aa
230 ##$aCBMS regional conference series in mathematics

例 8

154 ##$ab
230 ##$aCambridge history of Iran

例 9

154 ##$ac
230 ##$aViking books

例 10

230 ##$aIliad.$hBook 24.$mEnglish

例 11

230 ##$aPièc es de viole.$h4e livre.$h23e partie.$iArabesque

例 12

230 ##$aConcertos$roboes(2), string orchestra$sop.9, no.3$uF major

例 13

230 ##$a≠NSB≠Le ≠NSE≠malade imaginaire.$mEnglish & French
注：用控制功能符 NSB/NSE 指明不排序字符。见《UNIMARC 手册》（*UNIMARC Manual*）。

例 14

230 ##$aБиблия$iВетхий Завет$iПсалтирь$nпер. с евр.

例 15

230 ##$aБазилики$lсборник законов

例 16

230 ##$a≠NSB≠"≠NSE≠Повесть временных лет≠NSB≠"≠NSE≠$lлетописный свод$xИсследование текста

# 231　规范检索点——题名（作品）

## 字段定义

本字段包含无名氏作品的题名检索点。

题名检索点用于汇集用不同题名出版的作品的各种发布形式的记录，或者丛编中的单册。

本字段用于与 FRBR 模型兼容的目录，并出现在著录无相关创作者名称的作品记录中。注意，描述题名实体的记录在记录头标字符位 9（实体类型）取值“f”。

## 出现方式

可选用。对于交替文字形式可重复。

## 指示符

指示符 1　空（未定义）
指示符 2　空（未定义）

## 子字段

数据子字段

$a　题名
作品所为人熟知的题名。当使用 231 字段时，本子字段是必须存在的。必备。

$h　分辑或部分号
当题名只是作品名称中的一部分时，记录它的分辑号。对于更低层次的部分可重复。

$i　分辑或部分名
当题名只是作品名称中的一部分时，记录它的分辑名。对于更低层次的部分可重复。

$c　作品的形式
表示作品所属类别或体裁的标准短语。不可重复。

$d　作品的日期
如果为了区分作品有必要作为题名的一部分，此即作品的日期。作品的日期是与作品相关的最早日期。作品的日期可以是作品创作的日期，或者是作品第一次出版或发行的日期。不可重复。

$e　作品的来源地
如果为了区分作品有必要作为题名的一部分，此即作品的来源地。作品的来源地是作品起源的国家或其他领土辖区。不可重复。如果需要记录多个地名，应把它们都录在同一个子字段 $e 中。

$f　作品的原始语种
如果有必要作为作品题名的一部分，此即作品的原始语种。不可重复。如果作品用多种语言，应把它们都录在同一个子字段 $f 中。

$k 作品的其他区别特征
除了作品的形式、作品的日期、作品的来源地以外任何用于区分同题名作品或者区分同名个人、家族、团体的其他特征。（例 4）可重复。

$r 表演介质（音乐）
作品的配器等。可重复。

$s 数字标识（音乐）
作曲家或其他人为区分作品所给予的号码。该号码可以是顺序号、作品编号、主题索引号、或者是用作号码的日期。可重复。

$u 调（音乐）
用作题名一部分的音乐调号。不可重复。

$j 形式复分
附加于主题检索点的一个词语，进一步描述资料的类型或体裁。不使用此复分的机构可用 $x 替代。可重复。

$x 论题复分
附加于主题检索点的一个词语，进一步描述主题检索点所体现的论题。可重复。

$y 地理复分
附加于主题检索点的一个词语，描述与主题检索点所体现的题名有关的地点。可重复。

$z 时代复分
附加于主题检索点的一个词语，描述与主题检索点所体现的题名有关的时期。可重复。

控制子字段

$7 编目文字和基本检索点文字
见以上控制子字段的说明。不可重复。

$8 编目语种和基本检索点语种
见以上控制子字段的说明。不可重复。

**相关字段**

154 编码数据字段：题名
232 规范检索点——题名（内容表达）
431 变异检索点——题名（作品）
531 相关检索点——题名（作品）
731 其他语言和（或）文字的规范检索点——题名（作品）

**例**

例 1

231 ##$aProphéties de la Sibylle érythréenne$fcatalan

该音乐作品还称为 *Cant de la Sibil·la* , *Canto de la Sibila* 等，因为其诗歌的语种不同，有若干音乐版本，应予以区分。

例 2

231 ##$aBible$iCorinthians$h1st

例 3

231 ##$aLlibre vermell de Montserrat

例 4

231 ##$aLiturgie des heures$kCommunauté Saint-Martin

例 5

231 ##$aMahābhārata$iVanaparva$iNalopākhyāna

# 232　规范检索点——题名（内容表达）

**字段定义**

本字段包含无名氏作品的内容表达的题名检索点。它还作为指向描述相关作品的规范记录的连接字段，通过在 $3 子字段里的作品的记录标识号来实现。

题名检索点用于汇集用不同题名出版的内容表达的各种发布形式的记录，或者丛编中的单册。

本字段用于与 FRBR 模型兼容的目录，并出现在著录内容表达的记录中。注意，描述题名实体的记录在记录头标字符位 9（实体类型）取值“f”。

**出现方式**

可选用。对于交替文字形式可重复。

**指示符**

指示符 1　空（未定义）
指示符 2　空（未定义）

**子字段**

数据子字段

在以下的子字段列表中，涉及相关作品的子字段标有“[ 作品 ]”字样。它们可以从描述相关作品的记录复制过来。涉及内容表达的子字段标有“[ 内容表达 ]”字样。

$a　题名 [ 作品 ]
作品所为人熟知的题名。当使用 232 字段时，本子字段是必须存在的。必备。

$h　分辑或部分号 [ 作品 ]
当题名只是作品名称中的一部分时，记录它的分辑号。对于更低层次的部分可重复。

$i　分辑或部分名 [ 作品 ]
当题名只是作品名称中的一部分时，记录它的分辑名。对于更低层次的部分可重复。

$c　作品的形式 [ 作品 ]
表示作品所属类别或体裁的标准短语。不可重复。

$d　作品的日期 [ 作品 ]
如果为了区分作品有必要作为题名的一部分，此即作品的日期。作品的日期是与作品相关的最早日期。作品的日期可以是作品创作的日期，或者是作品第一次出版或发行的日期。不可重复。

$e　作品的来源地 [ 作品 ]
如果为了区分作品有必要作为题名的一部分，此即作品的来源地。作品的来源地是作品起源的国家或其他领土辖区。不可重复。如果需要记录多个地名，应把它们都录在同一个子字段 $e 中。

$f　作品的原始语种 [ 作品 ]
如果有必要作为作品题名的一部分，此即作品的原始语种。不可重复。如果作品用多种语言，应把它们都录在同一个子字段 $f 中。

$k　作品的其他区别特征 [ 作品 ]
除了作品的形式、作品的日期、作品的来源地以外，任何用于区分同题名作品或者区分同名个人、家族、团体的其他特征。可重复。

$r　表演介质（音乐）[ 作品 ]
作品的配器等。可重复。

$s　数字标识（音乐）[ 作品 ]
作曲家或其他人为区分作品所给予的号码。该号码可以是顺序号、作品编号、主题索引号、或者是用作号码的日期。不可重复。

$u　调（音乐）[ 作品 ]
用作题名一部分的音乐调号。不可重复。

$l　内容表达的形式 [ 内容表达 ]
表示内容表达所属类别或体裁的标准短语。不可重复。

$m　内容表达的语种 [ 内容表达 ]
内容表达的语种。不可重复。如果内容表达用多种语言，应把它们都录在同一个子字段 $m 中。

$n　内容类型 [ 内容表达 ]
表示内容被表达的基本交流形式以及设想由此被感知的人类感觉的类别。内容类型通过一个标准短语来表达。不可重复。

$o　内容表达的日期 [ 内容表达 ]
如果要求作为识别内容表达的手段，此即作品的内容表达的原始日期。内容表达的原始日期是与内容表达有关的最早的日期。体现内容表达的最早载体表现的日期可以作为内容表达的日期。不可重复。

$v　表演介质（音乐）[ 内容表达 ]
内容表达的配器等。可重复。

$w　内容表达的其他特征 [ 内容表达 ]
除了内容类型、内容表达的语种、内容表达的日期、或内容表达的形式以外任何用于区分同作品不同内容表达其他特征。它可以是版本说明、对该内容表达负责的个人或团体名称。可重复。

$j　形式复分
附加于主题检索点的一个词语，进一步描述资料的类型或体裁。不使用此复分的机构可用 $x 替代。可重复。

$x 论题复分

附加于主题检索点的一个词语，进一步描述检索点所体现的论题。可重复。

$y 地理复分

附加于主题检索点的一个词语，描述与主题检索点所体现的题名有关的地点。可重复。

$z 时代复分

附加于主题检索点的一个词语，描述与主题检索点所体现的题名有关的时期。可重复。

控制子字段

$3 相关作品的规范记录标识号

见以上控制子字段的说明。不可重复。

$7 编目文字和基本检索点文字

见以上控制子字段的说明。不可重复。

$8 编目语种和基本检索点语种

见以上控制子字段的说明。不可重复。

**相关字段**

154 编码数据字段：题名

231 规范检索点——题名（作品）

432 变异检索点——题名（内容表达）

532 相关检索点——题名（内容表达）

732 其他语言和（或）文字的规范检索点——题名（内容表达）

**例**

例 1

232 ##$3< 作品的规范记录标识号 >$aBible$iCorinthians$h1st$mGreek$o1934

子字段 $3, $a 和 $i 指作品，而 $m 标识内容表达的语种，$o 标识与内容表达相关的日期。

例 2

232 ##$3< 作品的规范记录标识号 >$aLiturgie des heures$kCommunauté Saint-Martin$nmusique notée$mlatin-français

例 3

232 ##$3< 作品的规范记录标识号 >$aMahābhārata$iVanaparva$iNalopākhyāna$msanskrit-allemand$o1885

# 235 规范检索点——作品集题名

### 字段定义

本字段包含一个作品集题名检索点。作品集题名检索点旨在汇集记录，将多产作家的不同作品集中起来。

### 出现方式

可选用。对于交替文字形式可重复。

### 指示符

指示符 1 指明作品集题名类型

0 全集

1 选集，即一个作者的单篇文献的集合，但不是他的全部作品

2 文选，即一个作者作品的某些文选，包括作品摘录

### 子字段

数据子字段

$a 作品集题名
将一种类型的作品集合在一起的主要词语。必备。不可重复。

$b 一般资料标识
一般资料标识的文字说明。可重复。

$e 作品集副题名
细分作品集题名的后续词语。不可重复。

$k 出版日期
附加于作品集题名的文献日期，以进一步细分作品集。不可重复。

$m 语种
语种作为规范检索点的必要部分时，录入文献的语种，旨在将相同语种的文献集中起来。不可重复。

$r 表演介质（音乐）
音乐作品配器等。可重复。

$s 数字标识（音乐）
由作曲者或其他人分配的编号，用于区分作品。该编号可以是序号、作品号或主题索引号或用于编号的日期。可重复。

$u 调（音乐）
用于题名组成部分的音乐调名。不可重复。

$w 改编说明（音乐）
说明音乐作品是改编的作品。不可重复。

$j 形式复分
附加于主题检索点的一个词语，进一步描述资料的类型或体裁。不使用此复分的机构可用 $x 替代。可重复。

$x 论题复分
附加于主题检索点的一个词语，进一步描述主题检索点所体现的论题。可重复。

$y 地理复分
附加于主题检索点的一个词语，当主题检索点体现作品集题名时，描述与该作品集题名有关的地点。可重复。

$z 时代复分
附加于主题检索点的一个词语，当检索点体现作品集题名时，描述与该作品集题名有关的时期。可重复。

控制子字段

$7 编目文字和基本检索点文字
见前述控制子字段说明。不可重复。

$8 编目语种和基本检索点语种
见前述控制子字段说明。不可重复。

**字段内容注释**

本字段仅用于嵌入 -45 名称 / 作品集题名字段。
形成识别首选的作品集题名的基本检索点的子字段是 $a 和 $e。限定数据录入在 $b 至 $w 子字段中。

**相关字段**

245 规范检索点——名称 / 作品集题名
445 变异检索点——名称 / 作品集题名
545 相关检索点——名称 / 作品集题名
745 其他语言和（或）文字的规范检索点——名称 / 作品集题名

**例**

见 245 字段。

# 240　规范检索点——名称 / 题名

**字段定义**

本字段包含了名称 / 题名检索点。名称 / 题名检索点旨在汇集记录的作用，可将同一作品不同的出版或是丛编的单册集中起来。

**出现方式**

可选用。对于交替文字形式可重复。

**指示符**

指示符 1　空（未定义）
指示符 2　空（未定义）

**A）子字段：嵌入字段技术**

数据子字段

$1　连接数据
　　包含嵌入字段的字段标识符和指示符值，不包括空格和标识符。可重复。

控制子字段

$7　编目文字和基本检索点文字
　　见前述控制子字段说明。不可重复。

$8　编目语种和基本检索点语种
　　见前述控制子字段说明。不可重复。

**字段内容注释**

每一个单元依据单元所适合的 2-- 字段编码：200（规范检索点——个人名称），210（规范检索点——团体名称），215（规范检索点——行政管辖区或地理名称）或针对于名称的 220（规范检索点——家族名称）以及针对于题名的 230（规范检索点——题名）。240 字段用 $1 子字段嵌入字段标识符、字段指示符以及名称和题名数据子字段。

必须用控制子字段时，它们应在包含嵌入数据的第一个 $1 子字段之前。

嵌入字段的更多细节描述包含在《UNIMARC 手册：书目格式》4-- 字段块。

**B）子字段：标准子字段技术**

数据子字段

$a　名称
　　对录入在 $t 子字段的文献负主要知识责任的个人名称、团体名称或家族名称。当 $a 子字段是一个复合的多个标准子字段时，用 ISBD 标识符分隔各个著录单元（例 3）。不可重复。

$t　题名
　　为人所熟知的文献的题名。当 $t 子字段是一个复合的多个标准子字段时，用 ISBD 标识符分隔各个著录单元（例 3）。不可重复。

$j 形式复分
附加于主题检索点的一个词语，进一步描述资料的类型或体裁。不使用此复分的机构可用 $x 替代。可重复

$x 论题复分
附加于主题检索点的一个词语，描述检索点所体现的论题。可重复。

$y 地理复分
附加于主题检索点的一个词语，当主题检索点体现名称 / 题名时，描述与该名称 / 题名有关的地点。可重复。

$z 时代复分
附加于主题检索点的一个词语，当检索点体现名称 / 题名时，描述与该名称 / 题名有关的时期。可重复。

控制子字段

$7 编目文字和基本检索点文字
见前述控制子字段说明。不可重复。

$8 编目语种和基本检索点语种
见前述控制子字段说明。不可重复。

**相关字段**

440 变异检索点——名称 / 题名
540 相关检索点——名称 / 题名
740 其他语言和（或）文字的规范检索点——名称 / 题名

**例**

例 1

240 ##$1215##$aFrance.$1230##$a Bulletin officiel du registre du commerce

例 2

240 ##$1200#1$aShakespeare,$bWilliam,$f1564-1616.$1230##$aHamlet$jBibliographies

例 1 和例 2 列举了嵌入字段技术。

例 3

240 ##$aMozart, Wolfgang Amadeus(1756-1791)$tDon Giovanni. KV527(Prague)
例 3 列举了标准子字段技术。

例 4

240 ##$1200#1$aРолинг$bД. К.$gДжоан Кэтлин$f1965 –$1230##$a≠NSB≠"≠NSE≠Гарри Поттер и философский камень≠NSB≠"≠NSE≠$xСюжет$xИспользование для компьютерной игры

例 5

240 ##$1200#1$aМусоргский$gМодест Петрович$bM. П.$f1839–1881$1230##$a≠NSB≠"≠NSE≠Борис Годунов≠NSB≠"≠NSE≠$lопера

参见 540 字段中嵌入字段所用的控制子字段实例。

# 241　规范检索点——名称 / 题名（作品）

### 字段定义

本字段包含作品的一种作品的名称 / 题名检索点。

名称 / 题名检索点用于汇集以不同题名或丛书中不同单册出版的作品的各种发行批次的记录。

本字段用于与 FRBR 模型兼容的目录，并出现在著录至少有一个已知名称与其相关的创作者的作品的记录中。在描述此类实体的记录中，创作者的名称必须记录在 500、510 或 520 字段，根据该名称是个人、团体或家族名称而定。注意，241 字段的“名称”部分因此是可选用的。注意，描述名称 / 题名实体的记录在记录头标字符位 9（实体类型）取值“h”。

### 出现方式

可选用。对于交替字符形式可重复。

### 指示符

指示符 1　空（未定义）

指示符 2　结构指示符

# 不适用（嵌入字段技术）或没有可获得的信息（标准子字段技术）

0 非结构化题名（标准子字段技术）

1 结构化题名（标准子字段技术）

### A）子字段：嵌入字段技术

数据子字段

$1　连接数据

包含嵌入字段的字段标识符和指示符值，不加空格或标点。可重复。

控制子字段

$3　相关作品的规范记录标识号

见以上控制子字段的说明。不可重复。

$7　编目文字和基本检索点文字

见以上控制子字段的说明。不可重复。

$8　编目语种和基本检索点语种

见以上控制子字段的说明。不可重复。

### 字段内容注释

每一个单元依据单元所适用的 2-- 字段编码：200（规范检索点——个人名称），210（规范检索点——团体名称），215（规范检索点——行政管辖区或地理名称）或针对于名称的 220（规范检索点——家族名称）以及针对题名的 231[ 规范检索点——题名（作品）]。241 字段用 $1 子字段嵌入字段标识符、字段指示符以及名称和题名数据子字段。

必须用控制子字段时，它们应在包含嵌入数据的第一个 $1 子字段之前。

关于嵌入字段的更详细的说明见《UNIMARC 手册：书目格式》，包含在 4-- 字段块中。

**B）子字段：标准子字段技术**

数据子字段

$a　名称

对记录在 $t 子字段的作品负有主要知识责任的个人、团体或家族的名称。如果 $a 子字段是多个标准子字段的组合，则用书目机构所采用的编目规则所规定的标识符来分隔著录单元。可选用（见以上的字段定义）。不可重复。

$t　题名

作品为人所知的题名。

如果作品的题名是非结构化的（指示符 2 = # 或 0），子字段 $t 由多个标准子字段组合而成，用书目机构所采用的编目规则所规定的标识符来分隔著录单元。

如果作品的题名是结构化的（指示符 2 = 1），则子字段 $t 就是作品为人所知的题名，不带任何限定，也不提及任何部分。

只要使用 241 字段，本子字段必须出现。必备。

$h　分辑或部分号

如果题名所适用的手头文献只是题名所命名之作品的一部分，此即部分号。见例 2B、例 6B。对于细分部分可重复。

$i　分辑或部分名

如果题名所适用的手头文献只是题名所命名之作品的一部分，此即部分名。见例 2B、例 6B。对于细分部分可重复。

$c　作品的形式

表示作品所属类别或体裁的标准短语。不可重复。见例 11。

$d　作品的日期

如果为了区分作品有必要作为题名的一部分，此即作品的日期。作品的日期是与作品相关的最早日期。作品的日期可以是作品创作的日期，或者是作品第一次出版或发行的日期。不可重复。

$e　作品的来源地

如果为了区分作品有必要作为题名的一部分，此即作品的来源地。作品的来源地是作品起源的国家或其他领土辖区。不可重复。如果需要记录多个地名，应把它们都录在同一个子字段 $e 中。

$f　作品的原始语种

如果有必要作为作品题名的一部分，此即作品的原始语种。不可重复。如果作品用多种语言，应把它们都录在同一个子字段 $f 中。

$k　作品的其他区别特征

除了作品的形式、作品的日期、作品的来源地以外任何用于区分同题名作品或者区分同名个人、家族、团体的其他特征。可重复。

$r　表演介质（音乐）
作品的配器等。见例 5B。可重复。

$s　数字标识（音乐）
作曲家或其他人为区分作品所给予的号码。该号码可以是顺序号、作品编号、主题索引号、或者是用作号码的日期。见例 5B、9A。可重复。

$u　调（音乐）
用作题名一部分的音乐调号。见例 5B。不可重复。

$4　关系代码
本代码用于指明本字段的个人名称和记录所指作品之间的关系。关系代码可以是数字形式的，也可以是字母形式的。数字代码表可以在《UNIMARC 手册：书目格式》附录 C 查到。可重复。
在 500、510 和 520 字段中，仅当 $5 子字段字符位 4 取值为“a”（创作者）时使用。

$j　形式复分
附加于主题检索点的一个词语，进一步描述资料的类型或体裁。不使用此复分的机构可用 $x 替代。见例 8。可重复。

$x　论题复分
附加于主题检索点的一个词语，进一步描述检索点所体现的论题。可重复。

$y　地理复分
附加于主题检索点的一个词语，描述与主题检索点所体现的题名有关的地点。可重复。

$z　时代复分
附加于主题检索点的一个词语，描述与主题检索点所体现的题名有关的时期。可重复。

控制子字段

$3　相关作品的规范记录标识号
见以上控制子字段的说明。不可重复。

$7　编目文字和基本检索点文字
见以上控制子字段的说明。不可重复。

$8　编目语种和基本检索点语种
见以上控制子字段的说明。不可重复。

**相关字段**

154　编码数据字段：题名
242　规范检索点——名称 / 题名（内容表达）
441　变异检索点——名称 / 题名（作品）
541　相关检索点——名称 / 题名（作品）
741　其他语言和（或）文字的规范检索点——名称 / 题名（作品）

**例**

*斜体字：241 字段可选用的“名称”部分。*

例 1A　嵌入字段技术

241 *##$1001< 名称的规范记录标识号 >$1200#1$aAzzarone$bPietro$4070*$1231##$aStoria della letteratura italiana

500 #1$3< 名称的规范记录标识号 >$5xxxxa$aAzzarone$bPietro$4070

例 1B　标准子字段技术

241 #1*$3< 名称的规范记录标识号 >$aAzzarone, Pietro$4070*$tStoria della letteratura italiana

500 #1$3< 名称的规范记录标识号 >$5xxxa$aAzzarone$bPietro$4070

例 2A　嵌入字段技术

241 *##$1001FRBNF11904568X$1200#1$aGenette$bGérard$f1930-....$4070*$1231##$aFigures$h2

500 #1$3FRBNF11904568X$5xxxxa$aGenette$bGérard$f1930-....$4070

例 2B　标准子字段技术

241 #1*$3FRBNF11904568X$aGenette, Gérard (1930-....)$4070*$tFigures$h2

500 #1$3FRBNF11904568X$5xxxxa$aGenette$bGérard$f1930-....$4070

例 3A　嵌入字段技术

241 *##$1001FRBNF123043175$1200#1$aPlutarque$f0046?-0120?$4070*$1231##$aVies parallèles $iDémosthène-Cicéron

500 #1$3FRBNF123043175$5xxxxa$aPlutarque$f0046?-0120?$4070

例 3B　　标准子字段技术

241 #1*$3FRBNF123043175$aPlutarque (0046?-0120?) $4070*$tVies parallèles $iDémosthène-Cicéron

500 #1$3FRBNF123043175$5xxxxa$aPlutarque$f0046?-0120?$4070

例 4A　嵌入字段技术

241 *##$1001FRBNF124836229$1200#1$aManzoni$bAlessandro$f1785-1873$4070*$1231##$a≠NSB≠Il ≠NSE≠conte di Carmagnola

500 #1$3FRBNF124836229$5xxxxa$aManzoni$bAlessandro$f1785-1873$4070

例 4B　标准子字段技术

241 #1*$3FRBNF124836229$aManzoni, Alessandro (1785-1873)$4070*$t≠NSB≠Il ≠NSE≠conte di Carmagnola

500 #1$3FRBNF124836229$5xxxxa$aManzoni$bAlessandro$f1785-1873$4070

例 5A　嵌入字段技术

241 *##$1001FRBNF148060677$1200#1$aChopin$bFrédéric$f1810-1849$4230*$1231##$aBallades$rPiano$sCT 5$uFa mineur

500 #1$3FRBNF148060677$5xxxxa$aChopin$bFrédéric$f1810-1849$4230

例 5B　标准子字段技术（结构化题名）

241 #1*$3FRBNF148060677$aChopin, Frédéric (1810-1849)$4230*$tBallades$rPiano$sCT 5$uFa mineur

500 #1$3FRBNF148060677$5xxxxa$aChopin$bFrédéric$f1810-1849$4230

例 5 C　标准子字段技术（非结构化题名）

241 #0*$3FRBNF148060677$aChopin, Frédéric (1810-1849)$4230*$tBallades. Piano. CT 5. Fa mineur

500 #1$3FRBNF148060677$5xxxxa$aChopin$bFrédéric$f1810-1849$4230

例 6A　嵌入字段技术

241 ##*$1001FRBNF147867098$1200#1$aBizet$bGeorges$f1838-1875$4230*$1231##$aCarmen$hActe 2, n° 17$i≠NSB≠La ≠NSE≠fleur que tu m’avais jetée

500 #1$3FRBNF147867098$5xxxxa$aBizet$bGeorges$f1838-1875$4230

例 6B　标准子字段技术（结构化题名）

241 #1*$3FRBNF147867098$aBizet, Georges (1838-1875)$4230*$tCarmen$hActe 2, n° 17$i≠NSB≠La ≠ NSE≠fleur que tu m’avais jetée

500 #1$3FRBNF147867098$5xxxxa$aBizet$bGeorges$f1838-1875$4230

例 6C　标准子字段技术（非结构化题名）

241 #0*$3FRBNF147867098$aBizet, Georges (1838-1875)$4230*$tCarmen. Acte 2, n° 17, La fleur que tu m’avais jetée

500 #1$3FRBNF147867098$5xxxxa$aBizet$bGeorges$f1838-1875$4230

例 7　嵌入字段技术

241 ##*$121001$3FRBNF11863754X$aFrance$4070*$1231##$aBulletin officiel du registre du commerce

510 01$3FRBNF11863754X$5xxxxa$aFrance$4070

例 8　嵌入字段技术

241 ##*$1001< 名称的规范记录标识号 >$1200#1$aShakespeare$bWilliam$f1564-1616$4070*$1231## $aHamlet$jBibliographies

500 #1$3< 名称的规范记录标识号 >$5xxxxa$aShakespeare$bWilliam$f1564-1616$4070

例 9A　标准子字段技术（结构化题名）

241 #1*$3FRBNF14027233X$aMozart, Wolfgang Amadeus (1756-1791)$4230*$tDon Giovanni$sKV 527

500 #1$3FRBNF14027233X$5xxxxa$aMozart$bWolfgang Amadeus$f1756-1791$4230

例 9B　标准子字段技术（非结构化题名）

241 #0*$3FRBNF14027233X$aMozart, Wolfgang Amadeus (1756-1791)$4230*$tDon Giovanni. KV 527

500 #1$3FRBNF14027233X$5xxxxa$aMozart$bWolfgang Amadeus$f1756-1791$4230

例 10A　嵌入字段技术（原文基里尔字符）

241 ##*$1001< 名称的规范记录标识号 >$1200#1$aРолинг$bД. К.$gДжоан Кэтлин$f1965-$4070* $1230##$a ≠NSB≠"≠NSE≠Гарри Поттер и философский камень≠NSB≠"≠NSE≠$xСюжет$xИспользование для компьютерной игры

500 #1$3< 名称的规范记录标识号 >$5xxxxa$aРолинг$bД. К.$gДжоан Кэтлин$f1965-$4070

例 10B　嵌入字段技术（音译）

241 ##$1001< 名称的规范记录标识号 >$1200#1$aRoling$bD. K.$gDžoan Kètlin$f1965-$4070$1231##$a≠NSB≠"≠NSE≠Garri Potter I filosofskij kamen'≠NSB≠"≠NSE≠$xCûžet$xIspol'zobanie dlâ komp' ûternoj igry

500 #1$3< 名称的规范记录标识号 >$5xxxxa$aRoling$bD. K.$gDžoan Kètlin$f1965-$4070

例 11A　嵌入字段技术（原文基里尔字符）

241 ##$1001< 名称的规范记录标识号 >$1200#1$aМусоргский$gМодест Петрович$bМ. П.$f1839-1881$4230 $1231##$a≠NSB≠"≠NSE≠Борис Годунов≠NSB≠"≠NSE≠$сопера

500 #1$3< 名称的规范记录标识号 >$5xxxxa$aМусоргский$gМодест Петрович$bМ. П.$f1839-1881$4230

例 11B　嵌入字段技术（音译）

241 ##$1001< 名称的规范记录标识号 >$1200#1$aMusorgskij$gModest Petrovič$bM. P.$f1839-1881$4230 $1231##$a≠NSB≠"≠NSE≠Boris Godunov≠NSB≠"≠NSE≠$copera

500 #1$3< 名称的规范记录标识号 >$5xxxxa$aMusorgskij$gModest Petrovi?$bM. P.$f1839-1881$4230

# 242 规范检索点——名称 / 题名（内容表达）

**字段定义**

本字段包含作品的一种内容表达的名称 / 题名检索点。它还作为指向描述相关作品规范记录的连接字段，通过 $3 子字段（标准子字段技术）或者嵌入 001 字段（嵌入子字段技术）来描述作品的记录标识号。

名称 / 题名检索点用于汇集以不同题名或丛书中不同单册出版的内容表达的各种发行批次的记录。

本字段用于与 FRBR 模型兼容的目录，并出现在著录内容表达的记录中。

**出现方式**

可选用。对于交替字符形式可重复。

**指示符**

指示符 1　空（未定义）
指示符 2　结构指示符
　　# 不适用（嵌入字段技术）或没有可获得的信息（标准子字段技术）
　　0 非结构化题名（标准子字段技术）
　　1 结构化题名（标准子字段技术）

**A）子字段：嵌入字段技术**

数据子字段
$1　连接数据
　　包含嵌入字段的字段标识符和指示符值，不加空格或标点。可重复。

控制子字段
$7　编目文字和基本检索点文字
　　见以上控制子字段的说明。不可重复。

$8　编目语种和基本检索点语种
　　见以上控制子字段的说明。不可重复。

**字段内容注释**

每一个单元依据单元所适用的 2-- 字段编码：200（规范检索点——个人名称），210（规范检索点——团体名称），215（规范检索点——行政管辖区或地理名称）或针对于名称的 220（规范检索点——家族名称）以及针对题名的 232[ 规范检索点——题名（内容表达）]。240 字段用 $1 子字段嵌入字段标识符、字段指示符以及名称和题名数据子字段。

必须用控制子字段时，它们应在包含嵌入数据的第一个 $1 子字段之前。

关于嵌入字段的更详细的说明见《UNIMARC 手册：书目格式》，包含在 4-- 字段块中。

**B ）子字段：标准子字段技术**

数据子字段

在如下的子字段列表中，如下涉及相关作品的子字段被标记为“[ 作品 ]”。它们可以从描述相关作品的记录中复制过来。涉及内容表达的子字段被标记为“[ 内容表达 ]”。

$a　名称 [ 作品 ]
对记录在 $t 子字段的作品负有主要知识责任的个人、团体或家族的名称。如果 $a 子字段是多个标准子字段的组合，则用书目机构所采用的编目规则所规定的标识符来分隔著录单元。 必备。不可重复。

$t　题名 [ 作品 ]
作品为人所知的题名。
如果作品的题名是非结构化的（指示符 2 = # 或 0），子字段 $t 由多个标准子字段组合而成，用书目机构所采用的编目规则所规定的标识符来分隔著录单元。
如果作品的题名是结构化的（指示符 2 = 1），则子字段 $t 就是作品为人所知的题名，不带任何限定，也不提及任何部分。
只要使用 241 字段，本子字段必须出现。必备。

$h　分辑或部分号 [ 作品 ]
如果题名所适用的手头文献只是题名所命名之作品的一部分，此即部分号。对于细分部分可重复。

$i　分辑或部分名 [ 作品 ]
如果题名所适用的手头文献只是题名所命名之作品的一部分，此即部分名。对于细分部分可重复。

$c　作品的形式 [ 作品 ]
表示作品所属类别或体裁的标准短语。不可重复。

$d　作品的日期 [ 作品 ]
如果为了区分作品有必要作为题名的一部分，此即作品的日期。作品的日期是与作品相关的最早日期。作品的日期可以是作品创作的日期，或者是作品第一次出版或发行的日期。不可重复。

$e　作品的来源地 [ 作品 ]
如果为了区分作品有必要作为题名的一部分，此即作品的来源地。作品的来源地是作品起源的国家或其他领土辖区。不可重复。如果需要记录多个地名，应把它们都录在同一个子字段 $e 中。

$f　作品的原始语种 [ 作品 ]
如果有必要作为作品题名的一部分，此即作品的原始语种。不可重复。如果作品用多种语言，应把它们都录在同一个子字段 $f 中。

$k　作品的其他区别特征 [ 作品 ]
除了作品的形式、作品的日期、作品的来源地以外任何用于区分同题名作品或者区分同名个人、家族、团体的其他特征。可重复。

$r　表演介质（音乐）[ 作品 ]
作品的配器等。可重复。

$s　数字标识（音乐）[ 作品 ]
作曲家或其他人为区分作品所给予的号码。该号码可以是顺序号、作品编号、主题索引号、或者是用作号码的日期。可重复。

$u　调（音乐）[ 作品 ]
用作题名一部分的音乐调号。不可重复。

$l　内容表达的形式 [ 内容表达 ]
表示内容表达所属类别或体裁的标准短语。不可重复。见例 3。

$m　内容表达的语种 [ 内容表达 ]
内容表达的语种。不可重复。如果内容表达用多种语言，应把它们都录在同一个子字段 $m 中。

$n　内容类型 [ 内容表达 ]
表示内容被表达的基本交流形式以及设想由此被感知的人类感觉的类别。内容类型通过一个标准短语来表达。不可重复。

$o　内容表达的日期 [ 内容表达 ]
如果要求作为识别内容表达的手段，此即作品的内容表达的原始日期。内容表达的原始日期是与内容表达有关的最早的日期。体现内容表达的最早载体表现的日期可以作为内容表达的日期。不可重复。见例 6。

$v　表演介质（音乐）[ 内容表达 ]
此即内容表达的配器等。可重复。

$w　内容表达的其他特征 [ 内容表达 ]
除了内容类型、内容表达的语种、内容表达的日期、或内容表达的形式以外任何用于区分同作品不同内容表达其他特征。它可以是版本说明、对该内容表达负责的个人或团体名称。可重复。见例 4、例 6。

$j　形式复分
附加于主题检索点的一个词语，进一步描述资料的类型或体裁。不使用此复分的机构可用 $x 替代。可重复。

$x　论题复分
附加于主题检索点的一个词语，进一步描述检索点所体现的论题。可重复。

$y　地理复分
附加于主题检索点的一个词语，描述与主题检索点所体现的题名有关的地点。可重复。

$z　时代复分
附加于主题检索点的一个词语，描述与主题检索点所体现的题名有关的时期。可重复。

控制子字段

$3　相关作品的规范记录标识号
见以上控制子字段的说明。不可重复。

$7　编目文字和基本检索点文字
见以上控制子字段的说明。不可重复。

$8　编目语种和基本检索点语种
见以上控制子字段的说明。不可重复。

**相关字段**

154　编码数据字段：题名
241　规范检索点——名称 / 题名（作品）
442　变异检索点——名称 / 题名（内容表达）
542　相关检索点——名称 / 题名（内容表达）
742　其他语言和（或）文字的规范检索点——名称 / 题名（内容表达）

**例**

例 1A　嵌入字段技术
242 ##$1001< 作品的规范记录标识号 >$1200#1$aAzzarone$bPietro$1232##$aStoria della letteratura italiana$mitalien

例 1B　标准子字段技术
242 #1$3< 作品的规范记录标识号 >$aAzzarone, Pietro$tStoria della letteratura italiana$mitalien

例 2A　嵌入字段技术
242 ##$1001< 作品的规范记录标识号 >$1200#1$3$aGenette$bGérard$f1930-....$1232##$aFigures $h2$mfrançais

例 2B　标准子字段技术
242 #1$3< 作品的规范记录标识号 >$aGenette, Gérard (1930-....) $tFigures$h2$mfrançais

例 3A　嵌入字段技术
242 ##$1001< 作品的规范记录标识号 >$1200#1$aPlutarque$f0046?-0120? $1232##$aVies parallèles $iDémosthène-Cicéron$mfrançais$lExtraits

例 3B　标准子字段技术
242 #1$3< 作品的规范记录标识号 >$aPlutarque (0046?-0120?)$tVies parallèles $iDémosthène-Cicéron $mfrançais$lExtraits

例 4A　嵌入字段技术
242 ##$1001< 作品的规范记录标识号 >$1200#1$aManzoni$bAlessandro$f1785-1873$1232## $a≠

NSB≠Il ≠NSE≠conte di Carmagnola$mfrançais$wClavareau

例 4B　标准子字段技术

242 #1$3<作品的规范记录标识号>$aManzoni, Alessandro (1785-1873)$tIl conte di Carmagnola$mfrançais$wClavareau

例 5A　嵌入字段技术

242 ##$1001<作品的规范记录标识号>$1200#1$aChopin$bFrédéric$f1810-1849$1232##$a Ballades $rPiano$sCT 5$uFa mineur$nMusique notée

例 5B　标准子字段技术，结构化题名

242 #1$3<作品的规范记录标识号>$aChopin, Frédéric (1810-1849)$tBallades$rPiano$sCT 5$uFa mineur$nMusique notée

例 5C　标准子字段技术，非结构化题名

242 #0$3<作品的规范记录标识号>$aChopin, Frédéric (1810-1849)$tBallades. Piano. CT 5. Fa mineur. Musique notée

例 6A　嵌入字段技术

242 ##$1001<作品的规范记录标识号>$1200#1$aBizet$bGeorges$f1838-1875$1232##$a Carmen$hActe 2, n° 17$i≠NSB≠La ≠NSE≠fleur que tu m'avais jetée$nMusique interprétée$o1995$wAlagna$wArmstrong$wLondon Philharmonic

例 6B　标准子字段技术，结构化题名

242 #1$<作品的规范记录标识号>$aBizet, Georges (1838-1875)$tCarmen$hActe 2, n° 17$i≠NSB≠La ≠NSE≠fleur que tu m'avais jetée$nMusique interprétée$o1995$wAlagna$wArmstrong$wLondon Philharmonic

例 6C　标准子字段技术，非结构化题名

242 #0$3<作品的规范记录标识号>$aBizet, Georges (1838-1875)$tCarmen. Acte 2, n° 17, La fleur que tu m'avais jetée. Musique interprétée (1995 ; Alagna ; Armstrong ; London Philharmonic)

# 243　规范检索点——法律和宗教文本惯用名称 / 题名

### 字段定义

本字段包含了规定性的法律和宗教文本的惯用名称 / 题名规范检索点，也用于在特定管辖区（通常是一个国家，或一个教会）发布的两方或多方条约或其他协议。法律和宗教文本惯用名称 / 题名检索点通常是由管辖区名称或教会名称和一个惯用题名构成。涉及条约的检索点通常由管辖区名称构成第一部分，跟随其后是惯用题名和另一方管辖区名称。它们也可能仅由一个普遍所认可的惯用题名构成。

### 出现方式

可选用。不可重复。

### 指示符

指示符 1　空（未定义）
指示符 2　指明惯用名称的形式
　　1　用国家或其他地理名称录入名称
　　　用于管辖区的地理名称。
　　2　用其他形式录入名称
　　　用于教会名称。

### 子字段

数据子字段

$a　款目要素
发布法律和其他的立法、条约，或其他的协议的管辖区名称的款目要素。如果本字段出现，则该子字段必须存在。不可重复。

$b　从属部分
当名称包含层次时，发布法律和其他立法、条约，或其他协议的管辖区的层次中一个较低层的名称。

$c　名称附加或限定
任何对发布法律和其他立法、条约，或其他协议的管辖区名称的附加成分。附加成分由编目员给出，以区分同名的管辖区名称。可重复。

$e　其他方名称
两方或多方发布条约或其他协议的其他方管辖区名称（例 4 至例 5）。若有必要，在有层次的管辖区中可用 $b 子字段录入较低的层次，和（或）用 $c 区分同名的管辖区名称。

$f　法律发布或版本的日期，或签署的日期。
附加于规范的惯用名称检索点的法律发布或版本的日期（例 2 至例 3）。附加于规范的惯用名称检索点的条约、公约或协议签署的年份，或较早的年份，或最早的年份（例 4 至例 5）。可重复（例 5）。（译者说明：本段所说例子不符合文字说明，原文如此，仅供参考。以下也有类似情况。）

$i 分辑或章节名
规范惯用名称检索点只是检索点中的文本命名的一部分时，记录它的分辑名（例 2）。对于更低层次的部分可重复（例 3）。

$l 形式副标目
附加于检索点的标准短语，以进一步说明规范惯用名称检索点（例 5）。可重复。

$n 其他信息
任何其他子字段未能提供的信息。可重复。

$t 惯用题名
受编文本的一个惯用题名的规范形式。题名词语可以包括日期描述或特定类型版本。不可重复（例 5）。

$j 形式复分
附加于主题检索点的一个词语，进一步描述资料的类型或体裁。不使用此复分的机构可用 $x 替代。可重复。

$x 论题复分
附加于主题检索点的一个词语，进一步描述检索点所体现的论题。可重复。

$y 地理复分
附加于主题检索点的一个词语，当主题检索点体现惯用名称检索点时，描述与该惯用名称检索点有关的地点。可重复。

$z 时代复分
附加于主题检索点的一个词语，当检索点体现惯用名称检索点时，描述与该惯用名称检索点有关的时期。可重复。

控制子字段

$7 编目文字和基本检索点文字
见前述控制子字段说明。不可重复。

$8 编目语种和基本检索点语种
见前述控制子字段说明。不可重复。

**字段内容注释**

本字段包含了惯用名称 / 题名的首选形式，它依照编目机构创建记录所依据的编目规则或主题体系。

形成识别法律和宗教文本惯用名称 / 题名基本检索点的子字段是 $a, $b, $e 和 $i。限定数据录入在 $c, $f, $l, $n 和 $t 中。

**相关字段**

443 变异检索点——法律和宗教文本惯用名称 / 题名
543 相关检索点——法律和宗教文本惯用名称 / 题名
743 其他语言和（或）文字的规范检索点——法律和宗教文本惯用名称 / 题名

**例**

例 1

243 #1$aPortugal$tLeis, decretos, etc.

例 2

243 #1$aPortugal$tLeis, decretos, etc.$iCódigo de processo penal,$f1987

例 3

243 #2$aCatholic Church$tLiturgy$iMissale$iKyriale

例 4

243 #1$aPortugal.$tTratados, etc.$eRússia,$f1798
543 #1$aRússia.$tTratados, etc.$ePortugal,$f1798

例 5

243 #2$aIgreja Católica$tTratados, etc.$ePortugal$f1778
543 #1$aPortugal$tTratados, etc.$eIgreja Católica$f1778

# 245　规范检索点——名称 / 作品集题名

**字段定义**

本字段包含了名称 / 作品集题名检索点。名称 / 作品集题名检索点旨在汇集记录的作用，可将一个多产作者的多种作品集中起来。

**出现方式**

可选用。对于交替文字形式可重复。

**指示符**

指示符 1　空（未定义）
指示符 2　空（未定义）

**A）子字段：嵌入字段技术**

数据子字段

$1　连接数据
　　包含嵌入字段的字段标识符和指示符值，不包括空格和标识符。可重复。

控制子字段

$7　编目文字和基本检索点文字
　　见前述控制子字段说明。不可重复。

$8　编目语种和基本检索点语种
　　见前述控制子字段说明。不可重复。

**字段内容注释**

每一个单元依据单元所适用的 2-- 字段编码：200（规范检索点——个人名称），210（规范检索点——团体名称），215（规范检索点——行政管辖区或地理名称）或针对于名称的 220（规范检索点——家族名称）以及针对作品集题名的 235（规范检索点——作品集题名）。245 字段用 $1 子字段嵌入字段标识符、字段指示符以及名称和题名数据子字段。

必须用控制子字段时，它们应在包含嵌入数据的第一个 $1 子字段之前。

**B）子字段：标准子字段技术**

数据子字段

$a　名称
　　对录入在 $t 子字段的文献负主要知识责任的个人名称、团体名称或家族名称。当 $a 子字段由多个标准子字段复合构成时，用 ISBD 标识符分隔各个著录单元（例 3）。不可重复。

$t　作品集题名
　　当 $t 子字段由多个标准子字段复合构成时，用 ISBD 标识符分隔各个著录单元（例 3）。不可重复。

$j　形式复分
附加于主题检索点的一个词语，进一步描述资料的类型或体裁。不使用此复分的机构可用 $x 替代。可重复。

$x　论题复分
附加于主题检索点的一个词语，进一步描述检索点所体现的论题。可重复。

$y　地理复分
附加于主题检索点的一个词语，当主题检索点体现名称 / 作品集题名时，描述与该名称 / 作品集题名有关的地点。可重复。

$z　时代复分
附加于主题检索点的一个词语，当主题检索点体现名称 / 作品集题名时，描述与该名称 / 作品集有关的时期。可重复。

控制子字段

$7　编目文字和基本检索点文字
见前述控制子字段说明。不可重复。

$8　编目语种和基本检索点语种
见前述控制子字段说明。不可重复。

**相关字段**

445　变异检索点——名称 / 作品集题名
545　相关检索点名称 / 作品集题名
745　其他语言和（或）文字的规范检索点——名称 / 作品集题名

**例**

例 1

245 ##$1200#1$aShakespeare,$bWilliam,$f1564-1616.$12350#$aWorks.$mRussian

例 2

245 ##$1200#l$aWilde,$bOscar.$12352#$aPlays.$eSelections

例 3

245 ##$aWilde, Oscar$tPlays. Selections

例 4

245 ##$1200#1$aШекспир$bВ.$gВильям$f1564-1616$12351#$aИзбранные сочинения$k1938

例 5

245 ##$1200#1$aБах$bИ. С.$gИоганн Себастьян$f1685 – 1750$12350#$aВокальные произведения

例 6

245 ##$1200#1$aТерехина$bЛ. И.$gЛидия Ивановна$f1950$12350#$aПоэзия$xЯзык и стиль

# 250 规范检索点——论题主题

**字段定义**

本字段包含一个论题主题检索点，或一个代码和（或）文字形式表述的主题范畴。

**出现方式**

可选用。对于交替文字形式可重复。

**指示符**

指示符 1 空（未定义）
指示符 2 空（未定义）

**子字段**

数据子字段

$a 论题主题或主题范畴
词语形式由采用的主题检索点系统或主题范畴系统所决定。不可重复。

$n 主题范畴代码
主题范畴的代码形式（例 7）。可重复。

$m 主题范畴复分代码
主题范畴复分的代码形式（例 8）。可重复。

$j 形式复分
附加于主题检索点的一个词语，进一步描述资料的类型或体裁（例 4）。不使用此复分的机构可用 $x 替代（例 5）。可重复。

$x 论题复分或主题范畴复分文字
附加于主题检索点或主题范畴的一个词语，进一步描述 $a 子字段中主题检索点所体现的论题（例 2）或主题范畴的特定方面。可重复。

$y 地理复分
附加于主题检索点的一个词语，当主题检索点体现论题主题时，描述与该主题有关的地点（例 1）。可重复。

$z 时代复分
附加于主题检索点的一个词语，当主题检索点体现论题主题时，描述与该主题有关的时期（例 3）。可重复。

控制子字段

$7 编目文字和基本检索点文字
见前述控制子字段说明。不可重复。

$8　编目语种和基本检索点语种
见前述控制子字段说明。不可重复。

**字段内容注释**

本字段包含了论题主题检索点的首选形式，它依照创建记录的编目机构所使用的主题范畴系统。它包含了根据所使用的主题范畴系统规定的范畴的首选形式。它也可以包含文字形式或代码形式的范畴，或两种形式兼有。

**相关字段**

450　变异检索点——论题主题
550　相关检索点——论题主题
750　其他语言和（或）文字的规范检索点——论题主题

**例**

例 1

250 ##$aEducation$yItaly

例 2

250 ##$aConstruction industry$xLaw and legislation

例 3

250 ##$aArchitecture, Modern$z19th century

例 4

250 ##$aBiology$jPeriodicals

例 5

250 ##$aBiology$xPeriodicals

例 4 和例 5 列举了编码形式的交替方法：用 $j 子字段，或用 $x 论题复分子字段。

例 6

250 ##$aBiology$xPeriodicals$xBibliography$jUnion lists

例 7

250 ##$nK800
主题范畴代码根据国际农业科技信息系统（AGRIS）叙词表，在 152 编目规则字段用子字段 $bagris 标识。

例 8

250 ##$2mesh$nZ1$m.542.248.797
医学标题表的符号表示斯洛伐克的主题检索点。

例 9

250 ##$aМорская пехота$xИстория$yСоединенные Штаты Америки$z1941-1945

例 10

250 ##$aТабасаранский язык

例 11

250 ##$aТаможенный контроль$yРоссийская Федерация

例 12

250 ##$aПолитические партии$xПрограммы$yРоссийская Федерация

# 260 规范检索点——出版、演出和出处等的地点和日期

**字段定义**

在检索点形式中，本字段包含了出版、生产等地点，或演出、录音、出处的地点和日期。本字段可以包含国家，或者州、省、县和（或）城市的名称。

**出现方式**

可选用。对于交替文字形式可重复。

**指示符**

指示符 1　空（未定义）
指示符 2　空（未定义）

**子字段**

数据子字段

$a　国家（民族国家）
不可重复。

$b　州或省等
国家以下的第一级行政管辖区。不可重复。

$c　中级行政管辖区
第二级或较低级的行政管辖区，但不包括城市等。当有多个层次时子字段可重复，从高层次到低层次录入。

$d　城市等
城市、城镇、公社、村庄或其他的人口居住区域名称，该区域不作为一个较大区域的部分（见 $k）。不可重复。

$e　场所
有名称的建筑物、都市空间、交通工具等（例 4 至例 6、例 8、例 9）。可重复。

$f　日期
如有多个演出日期必须录入时可重复。日期须依 ISO 8601 标准录入，此标准也包含时间和时期格式（例 4 至例 9）。

$g　季节
不可重复（例 4）。

$h　场合
不可重复（例 6、例 8、例 9）。

$i 最终日期
不可重复（例 9）。

$k 城市的区划等
人口居住区中较小的部分，例如乡镇、地区、街道。有多个层次时子字段可重复，从高层次到低层次录入。

$m 其他地理区域或特征
地球上非行政管辖区的地理实体，例如海洋、岛屿、山脉等。有多个层次时子字段可重复，从高层次到低层次录入。

$n 地球外区域
任何地球外的实体或空间，以及此类实体的地理特征。有多个层次时子字段可重复，从高层次到低层次录入。

$o 地理区域
比国家更大的区域，例如全球、半球、大陆。有多个层次时子字段可重复，从高层次到低层次录入。本子字段通常出现在字段的首位（例10）。

控制子字段

$7 编目文字和基本检索点文字
见前述控制子字段说明。不可重复。

$8 编目语种和基本检索点语种
见前述控制子字段说明。不可重复。

**相关字段**

460 变异检索点——出版、演出和出处等的地点和日期
560 相关检索点——出版、演出和出处等的地点和日期
760 其他语言和（或）文字的规范检索点——出版、演出和出处等的地点和日期

**字段内容注释**

本字段包含了出版地点和日期等的首选形式，它依照创建记录的编目机构所使用的规则。
形成识别地点名称的基本检索点的子字段是 $d 和 $k。限定数据录入在 $a 到 $o 子字段中。

**例**

例 1

260 ##$aUnited States$bAlabama$dMontgomery

例 2

260 ##$dRoma

例 3

260 ##$aUnited States$bVirginia$cPrince William County$dHaymarket

例 4

260 ##$aItaly$dMilano$eTeatro Ducale$f1794$gAutunno

例 5

260 ##$dSydney$eSydney Opera House$eConcert hall$f19990510

例 6

260 ##$aItaly$bPuglia$cLecce$dSerrano$ePiazza del Duomo$f1970$hFesta dell'Assunta

例 7

260 ##$aGreat Britain$dLondon$f2002

例 8

260 ##$aAT$dVienna$eHofburg Kapelle$f17050410$hVenerdì Santo

例 9

260 ##$aIT$bBasilicata$cMatera$dScalzano ionico$epiazza del comune$f20031127 $i20031128 $hinquinamento atomico

例 10

260 ##$oWorld$oEurope$aUnited Kingdom$bEngland$cGreater London$dLondon $kCity of Westminster$kWestminster

一部在威斯敏斯特出版的文献，依据《Getty 地理名称叙词表》（*Getty Thesaurus of Geographic Names*）的全部层次录入。在 152 字段用 $btgn 录入叙词表代码。

例 11

260 ##$nMoon$nApennines

月球录入在 $n 子字段当作任一地理复分。

例 12

260 ##$eChallenger II

例 13

260 ##$aРоссия$bТатарстан$cКукморский район$dНырья, деревня

例 14

260 ##$oЦентральная Европа$mРейн, река

例 15

260 ##$dСанкт-Петербург, город$eЛетний сад

# 280　规范检索点——形式、体裁或物理特征

## 字段定义

本字段包含了一个或多个表示形式、体裁或物理特征检索点的词语。

## 出现方式

可选用。对于交替文字形式可重复。

## 指示符

指示符 1　空（未定义）
指示符 2　表示实体的类型
　　#　未定义
　　0　作品
　　2　载体表现
　　3　单件

## 子字段

数据子字段

$a　款目要素
　　形式检索点使用的体系规定的词语。不可重复。

$j　形式复分
　　附加于主题检索点的一个词语，进一步描述资料的类型或体裁（例 9）。不使用此复分的机构可用 $x 替代（例 10）。可重复。

$x　论题复分
　　附加于形式检索点的一个词语，描述检索点所体现的方面（例 2）。可重复。

$y　地理复分
　　附加于主题检索点的一个词语，当主题检索点体现形式、体裁或物理特征时，描述与此有关的地点（例 1）。可重复。

$z　时代复分
　　附加于主题检索点的一个词语，当主题检索点体现形式、体裁或物理特征时，描述与此有关的时期（例 1 至例 2）。可重复。

控制子字段

$7　编目文字和基本检索点文字
　　见前述控制子字段说明。不可重复。

$8　编目语种和基本检索点语种
　　见前述控制子字段说明。不可重复。

**字段内容注释**

本字段包含了形式、体裁或物理特征的首选形式，它依照创建记录的编目机构所使用的形式检索点体系。

**相关字段**

152　编目规则
250　规范检索点——论题主题
480　变异检索点——形式、体裁或物理特征
580　相关检索点——形式、体裁或物理特征
780　其他语言和（或）文字的规范检索点——形式、体裁或物理特征

**例**

例 1

152 ##$brbgenr
280 ##$a Emblem books$yGermany$z17th century
依据 *Genre terms: thesaurus for use in rare book and special collections cataloguing* 建立的形式检索点（0838966128）。

例 2

152 ##$brbgenr
280 ##$aDictionaries$xFrench$z18th century
此单件为出版于 1770 年的法语词典。

例 3

152 ##$brbpap
280 ##$aBritish marbled papers$y Germany$z17th century
依据 *Paper terms: a thesaurus for use in rare book and special collections cataloguing* 建立的表示单件物理特征的词语。

例 4

152 ##$brbtyp
280 ##$aOld style types

例 5

152 ##$brbprov
280 ##$aArmorial bookplates

例 6

152 ##$brbpri
280 ##$aManuscript corrections

例 7

记录 1
152 ##$bgsafd

280 ##$aSuperhero films
825 ##$aExample of particular hero at Superman films
830 ##$aFor films with particular heroes, use the appropriate LCSH

记录 2
152 ##$blc
250 ##$aSuperman films
580 ##$2gsafd$aSuperhero films
依据《小说、戏剧等单独作品主题检索指南》(*Guidelines on subject access to individual works of fiction, drama, etc.*)参考 *gsafd* 附注"*Consult LCSH for films with particular heroes, e.g., Superman films*"建立的形式检索点。

例 8

记录 1
152 ##$bgsafd
280 ##$aComedies
550 ##$2lc$aComedy
一条《小说、戏剧等单独作品主题检索指南》(*Guidelines on subject access to individual works of fiction, drama, etc.*)(gsafd)关于喜剧文献的检索点。通常，gsafd 中词语用"for documents of..."对应于美国国会图书馆标题表中的"for documents about..."。这只是一个例外。

记录 2
152 ##$blc
250 ##$a Comedy
580 ##$2gsafd$aComedies
一条《美国国会图书馆标题表》(LCSH)中与有关喜剧文献的标题。

例 9
280 ##$aChildren's stories$j Pictorial works

例 10
280 ##$aChildren's stories$xPictorial works

例 9 和 10 举例说明了两种选择：作为形式复分用子字段 $j，作为论题复分用子字段 $x。

例 11
152 ##$brbgenr
280 #0$aEmblem books$yGermany$z17th century

例 12
152 ##$brbprov
280 #3$aArmorial bookplates

例 13
152 ##$bnlr_sh

280 ##$aЭнциклопедии

300 1#$aСправочное издание, содержащее в обобщенном виде основные сведения по одной или всем отраслям знаний и практической деятельности, изложенные в виде кратких статей, расположенных в алфавитном или систематическом порядке

300 英文附注的翻译为：包含了的所有知识门类或特定知识门类的综合性扼要的信息。

# 3--　附注块

## 字段定义和范围

在规范记录内使用信息附注，是为了提供检索点的历史信息，或者在由名称的变异形式、相关检索点生成的简单参照无法充分解释检索点和参照之间的关系时，为用户提供进一步的说明。参照记录里使用信息附注，是为了解释参照检索点和由该参照指向的一个或多个规范检索点之间的关系。一般说明记录里使用信息附注，旨在说明构成或整理规范检索点时使用的规则，使用户能通过说明检索点给出的形式找到该规范检索点。

我们定义了以下信息附注字段：

300　信息附注
305　相关参照文字附注
310　单纯参照文字附注
320　一般说明参照附注
330　一般范围附注
333　用户 / 读者对象附注
340　传记和活动附注
341　与印刷 / 出版者相关的活动附注
356　地理附注

## 出现方式

3-- 功能块的字段为可选用和可重复。

## 字段内容注释

所有信息附注以适合用户的文本方式呈现，主要用来指导编目员的注释记录在 8-- 信息来源块里。

3-- 字段只使用以下控制子字段：

$6　字段连接数据
$7　编目文字和基本检索点文字

控制子字段的使用在 2-- 规范检索点块前面的阐述中有专门的描述。

# 300　信息附注

## 字段定义

该字段在**规范或参照**记录里使用，是为了补充解释 2-- 功能块检索点和其他实体的关系，也为标识检索点提供信息。

## 出现方式

可选用。可重复。

## 指示符

指示符 1　表示附注类型
　　0　与名称或题名检索点使用有关的附注
　　1　与主题检索点使用有关的附注
指示符 2　空（未定义）

## 子字段

数据子字段
$a　信息附注
　　以自然语言形式呈现的信息附注。必备。不可重复。

控制子字段
$6　字段连接数据
　　见上文控制子字段的说明。不可重复。

$7　编目文字和基本检索点文字
　　见上文控制子字段的说明。不可重复。

## 例

例 1

记录 1（规范记录）
210 01$aOntario.$bOffice of Arbitration
300 0#$aReplaced Ontario Labour-Management Arbitration Commission on Sept. 1, 1979.
510 02$5a$aOntario Labour-Management Arbitration Commission

记录 2（规范记录）
210 02$aOntario Labour-Management Arbitration Commission
300 0#$aReplaced by Ontario. Office of Arbitration on Sept. 1, 1979.
510 01$5b$aOntario.$bOffice of Arbitration

例 2

记录 1（规范记录）

200 #1$aØrn,$bB.
300 0#$aJoint pseudonym of Mette Bader, Hans Jørn Christensen, Jørgen Døør and others.
500 #1$5f$aBader,$bMette
500 #1$5f$aChristensen,$bHans Jørn
500 #1$5f$aDøør,$bJørgen,$f1933-

记录 2（规范记录）
200 #1$aBader,$bMette
500 #1$5l$aØrn,$bB.

记录 3（规范记录）
200 #1$aChristensen,$bHans Jørn
500 #1$5l$aØrn,$bB.

记录 4（规范记录）
200 #1$aDøør,$bJørgen,$f1933-
500 #1$5l$aØrn,$bB.

例 3
210 01$aCanada.$bRoyal Commission on Banking Finance
300 0#$aEstablished Oct. 18, 1961. Final report submitted Feb. 4, 1964. Chairman: Dana Harris Porter.
注：无有关参照的信息附注的样例。

例 4
210 02$aЦНИИ морского флота$cЛенинград
300 0#$aОбразован в 1939 г. В 1953 г. институт был переименован, а с 1954 по 1987 гг. вновь существовал под прежним наименованием

例 5
200 #1$aБурбаки$bН.$gНикола
300 0#$aКоллективный псевдоним группы французских математиков

例 6
210 02$a≠NSB≠"≠NSE≠ЛИБНЕТ≠NSB≠"≠NSE≠, национальный информационнобиблиотечный центр$cМосква, город
300 1#$aЦентр основан двумя национальными библиотеками России: Российской государственной библиотекой и Российской национальной библиотекой в марте 2001 года для реализации проектов сотрудничества российских библиотек в области создания, обмена и использования электронных ресурсов на базе современных технологий

# 305　相关参照文字附注

### 字段定义

当相关参照无法仅仅通过包含在相关检索点的规范记录中的一个或多个 5-- 相关检索点字段构建时，我们可以在规范记录中用 305 字段来说明。从其他地方指向过来的规范检索点是规范记录的 2-- 功能块记录的检索点。305 字段对每个规范检索点的“见”和“参见”（或者相似的）进行说明。

附注一般用于附加信息，而不是代替为了相关检索点建立的记录中 5-- 相关检索点字段。2-- 记录检索点字段中的规范检索点，在 305 附注中所提到的每一个检索点的规范记录里作为 5-- 相关检索点根查。如果规范检索点之间的关系是互相可逆的，有该附注的规范记录同样记录有为该附注涉及的每个检索点所建立的 5-- 相关实体字段。如果附注只提供样例，而不直接指向其他规范检索点，那么就不存在相应检索点。样例检索点应在每一个规范记录的 825“样例附注”中引用。

### 出现方式

可选用。可重复。

### 指示符

指示符 1　表示附注类型

　　0　与名字或题名检索点使用有关的附注

　　1　与主题检索点使用有关的附注

指示符 2　空（未定义）

### 子字段

数据子字段

$a　说明语

相关参照说明语。若使用此字段，该子字段为必备。可重复。

$b　被指向检索点

在目录中被检索的相关检索点。依据机构使用的编目规则转录检索点，包括任何要求的标识符。每个被指向检索点可重复。

控制子字段

$6　字段连接数据

见上文控制子字段的说明。不可重复。

$7　编目文字和基本检索点文字

见上文控制子字段的说明。不可重复。

### 例

例 1

记录 1（规范记录）

210 01$aConnecticut.$bDept. of Social Services

300 0#$aIn Jan. 1979 the Connecticut Dept. of Social Services split to form the Dept. of Human Resources and the Dept. of Income Maintenance.
305 0#$aWorks by these bodies are found under the following access points according to the name used at the time of publication:$bConnecticut. Dept. of Social Services; $bConnecticut. Dept. of Human Resources;$bConnecticut. Dept. of Income Maintenance
330 1#$aWorks about these bodies are entered under one or more of the names resulting from the separation. Works limited in coverage to the pre-separation period are entered under the name of the original body.
410 01$aConnecticut.$bSocial Services, Dept. of
510 01$5b0$aConnecticut.$bDept. of Human Resources
510 01$5b0$aConnecticut.$bDept. of Income Maintenance

记录 2（规范记录）
210 01$aConnecticut.$bDept. of Income Maintenance
300 0#$aIn Jan. 1979 the Connecticut Dept. of Social Services split to form the Dept. of Human Resources and the Dept. of Income Maintenance.
305 0#$aWorks by these bodies are found under the following access points according to the name used at the time of publication:$bConnecticut. Dept. of Social Services; $bConnecticut. Dept. of Human Resources;$bConnecticut. Dept. of Income Maintenance
330 1#$aWorks about these bodies are entered under one or more of the names resulting from the separation. Works limited in coverage to the pre-separation period are entered under the name of the original body.
410 01$aConnecticut.$bIncome Maintenance, Dept. of
510 01$5a0$aConnecticut.$bDept. of Social Services
510 01$5z0$aConnecticut.$bDept. of Human Resources

记录 3（规范记录）
210 01$aConnecticut.$bDept. of Human Resources
300 0#$aIn Jan. 1979 the Connecticut Dept. of Social Services split to form the Dept. of Human Resources and the Dept. of Income Maintenance.
305 0#$aWorks by these bodies are found under the following access points according to the name used at the time of publication:$bConnecticut. Dept. of Social Services;$bConnecticut. Dept. of Human Resources;$bConnecticut. Dept. of Income Maintenance
330 1#$aWorks about these bodies are entered under one or more of the names resulting from the separation. Works limited in coverage to the pre-separation period are entered under the name of the original body.
410 01$aConnecticut.$bHuman Resources, Dept. of
510 01$5a0$aConnecticut.$bDept. of Social Services
510 01$5z0$aConnecticut.$bDept. of Income Maintenance

例 2

（规范记录）
200 #1$aPage,$bH.A.
305 0#$aFor works of this author written under his real name, see also$bJapp, Alexander H.
305 0#$aFor works written under another pseudonym, see also$bGray, E. Condor.

500 #1$5f0$aJapp,$bAlexander H.

500 #1$5e0$aGray$eE. Condor

例 3

记录 1（规范记录）

250 ##$aCollectors and collecting

305 ##$aSee also subdivisions$bCollectors and collecting$aand $bCollection and preservation$aunder names of objects collected, e.g.,$bPostage stamps--Collectors and collecting, $bZoological specimens--Collection and preservation.

注：该附注给出了信息和示例，但是没有指向其他具体规范检索点，因此记录中没有为检索点示例而建立的 5-- 相关检索点字段。这些记录必须包含引用该记录的 825 示例附注字段。

记录 2（规范记录）

250 ##$aPostage stamps

825 1#$aExample under Collectors and collecting.

例 4

记录 1（规范记录）

152 ##$aRCR

210 02$a≠NSB≠"≠NSE≠Красная Башкирия≠NSB≠"≠NSE≠, газета$cУфа

305 0#$aC 1951 по 1999 гг. см. в каталоге:$b"Советская Башкирия", газета (Уфа)

305 0#$aC 1999 по 2001 гг. см. в каталоге:$b"Известия Башкирии", газета (Уфа)

305 0#$aC 2001 г. см. в каталоге:$b"Республика Башкортостан", газета (Уфа)

410 02$5z$a≠NSB≠"≠NSE≠Власть труда≠NSB≠"≠NSE≠, газета$cУфа

510 02$5b0$a≠NSB≠"≠NSE≠Советская Башкирия≠NSB≠"≠NSE≠, газета$cУфа

510 02$5b0$a≠NSB≠"≠NSE≠Известия Башкирии≠NSB≠"≠NSE≠, газета$cУфа

510 02$5b0$a≠NSB≠"≠NSE≠Республика Башкортостан≠NSB≠"≠NSE≠, газета$cУфа

记录 2（规范记录）

152 ##$aRCR

210 02$a≠NSB≠"≠NSE≠Советская Башкирия≠NSB≠"≠NSE≠, газета$cУфа

305 0#$aДо 1951 г. см. в каталоге:$b"Красная Башкирия", газета (Уфа)

305 0#$aC 1999 по 2001 гг. см. в каталоге:$b"Известия Башкирии", газета (Уфа)

305 0#$aC 2001 г. см. в каталоге:$b"Республика Башкортостан", газета (Уфа)

510 02$a≠NSB≠"≠NSE≠Красная Башкирия≠NSB≠"≠NSE≠, газета$cУфа

510 02$5b0$a≠NSB≠"≠NSE≠Известия Башкирии≠NSB≠"≠NSE≠, газета$cУфа

510 02$5b0$a≠NSB≠"≠NSE≠Республика Башкортостан≠NSB≠"≠NSE≠, газета$cУфа

记录 3（规范记录）

152 ##$aRCR

210 02$a≠NSB≠"≠NSE≠Известия Башкирии≠NSB≠"≠NSE≠, газета$cУфа

305 0#$aДо 1951 г. см. в каталоге:$b"Красная Башкирия", газета (Уфа)

305 0#$aC 1951 по 1999 гг. см. в каталоге:$b"Советская Башкирия", газета (Уфа)

305 0#$aC 2001 г. см. в каталоге:$b"Республика Башкортостан", газета (Уфа)

510 02$5b0$a≠NSB≠"≠NSE≠Республика Башкортостан≠NSB≠"≠NSE≠, газета$cУфа

510 02$5a0$a≠NSB≠"≠NSE≠Красная Башкирия≠NSB≠"≠NSE≠, газета$cУфа

510 02$5a0$a≠NSB≠"≠NSE≠Советская Башкирия≠NSB≠"≠NSE≠, газета$cУфа

记录 4（规范记录）

152 ##$aRCR

210 02$a≠NSB≠"≠NSE≠Республика Башкортостан≠NSB≠"≠NSE≠, газета$cУфа

305 0#$aДо 1951 г. см. в каталоге:$b"Красная Башкирия", газета (Уфа)

305 0#$aC 1951 по 1999 гг. см. в каталоге:$b"Советская Башкирия", газета (Уфа)

305 0#$aC 1999 по 2001 гг. см. в каталоге:$b"Известия Башкирии", газета (Уфа)

410 02$5z$aРеспубликанская общественo-политическая газета "Республика Башкортостан"$cУфа

510 02$5a0$a≠NSB≠"≠NSE≠Красная Башкирия≠NSB≠"≠NSE≠, газета$cУфа

510 02$5a0$a≠NSB≠"≠NSE≠Советская Башкирия≠NSB≠"≠NSE≠, газета$cУфа

510 02$5a0$a≠NSB≠"≠NSE≠Известия Башкирии≠NSB≠"≠NSE≠, газета$cУфа

例 5

记录 1

152 ##$bnlr_sh

250 ##$aУлицы

305 1#$aЛитературу об улицах отдельных городов см. также под назв. соответствующего города с подзаголовком – Улицы, например $bМосква, город – Улицы

记录 2

152 ##$bnlr_sh

215 ##$aМосква, город$xУлицы$xИстория

825 ##$aИспользуется как пример в записи: Улицы

例 6

152 ##$bnlr_sh

280 ##$aЭнциклопедии

300 1#$aСправочное издание, содержащее в обобщенном виде основные сведения по одной или всем отраслям знаний и практической деятельности, изложенные в виде кратких статей, расположенных в алфавитном или систематическом порядке

305 1#$aСм. также под названием отдельных предметов с подзаголовком "Энциклопедии", например:$bТехника – Энциклопедии

# 310　单纯参照文字附注

## 字段定义

当仅根据一个或几个 4-- 变异检索点字段的内容无法生成一个适当的单纯参照时，我们在**参照**记录中使用这个字段。从其他检索点指向过来的名称的变异形式是参照记录的 2-- 记录检索点。在 310 字段给出每个被指向检索点和“见”（或类似的）的说明。参照记录的 2-- 字段检索点在其所参照的规范记录中做 4-- 变异检索点字段根查，除非该附注只提供示例，即每个检索点的规范记录中没有 4-- 变异检索点字段，只有 825 字段“示例附注”。

## 出现方式

可选用。可重复。

## 指示符

指示符 1　表示附注类型
　　0　与名称或者题名检索点使用有关的附注
　　1　与主题检索点使用有关的附注
指示符 2　空（未定义）

## 子字段

数据子字段

$a　说明语
　　参照说明语。若使用此字段，该子字段必备。可重复。

$b　被指向检索点
　　在目录中被检索的规范检索点。依据机构使用的编目规则转录检索点，包括任何要求的标识符。每个被指向检索点可重复。

控制子字段

$6　字段连接数据
　　见上文控制子字段的说明。不可重复。

$7　编目文字和基本检索点文字
　　见上文控制子字段的说明。不可重复。

## 例

例 1

记录 1（参照记录）
001 82-0062483
200 #1$aMahfouz,$bNaguib
310 0#$aSearch under$bMaḥfūz, Najīb, 1882-$bMaḥfūuz, Najīb,$f1912-

记录 2（规范记录）
001 81-000236
200 #1$aMaḥfūz,$bNajīb,$f1882-
400 #1$382-0062483$5|0$aMahfouz,$bNaguib

记录 3（规范记录）
001 80-004964
200 #1$aMaḥfūz,$bNajīb,$f1912-
400 #1$382-0062483$5|0$aMahfouz,$bNaguib

例 2
记录头标字符位 6 = y（参照记录）
250 ##$aTravel regulations
310 1#$aSee subdivision$bOfficials and employees--Travel regulations$aunder countries, government departments, cities, etc.; and subdivision$bTravel regulations$aunder special categories of officials, e.g.,$bJudges--Travel regulations

例 3
200 #1$aЖемчужников$bА. М.$gАлександр Михайлович
310 0#$aПубликовался только в составе коллективного псевдонима:$bКозьма Прутков

# 320　一般说明参照附注

## 字段定义

该字段在**一般说明**记录中使用，用于提供说明信息以帮助检索和归档。被参照的文字或短语记录在 2-- 字段中，说明信息记录在 320 字段。该参照不在任何规范记录中做根查。

## 出现方式

可选用。不可重复。

## 指示符

指示符 1　空（未定义）
指示符 2　空（未定义）

## 子字段

数据子字段
$a　一般说明参照附注
　　包括说明附注文本。可重复。

控制子字段
$6　字段连接数据
　　见上文控制子字段的说明。不可重复。

$7　编目文字和基本检索点文字
　　见上文控制子字段的说明。不可重复。

## 例

例 1
记录头标字符位 6 = z（一般说明记录）
200 #0$aDe la
320 ##$aFor names beginning with a prefix, search under the prefix (under each element if the prefix is made up of multiple words) as well as under the name following the prefix.

例 2
152 ##$bnlr_sh
250 ##$aВоенные уставы и наставления
320 ##$aДокументы об Общевоинских уставах отдельных стран см. под названием страны, например: Российская Федерация. Военные уставы и наставления

# 330　一般范围附注

## 字段定义

该字段在**规范**记录中用于描述 2-- 字段检索点的范围。范围信息可以是对可能模糊的词进行准确定义、解释近义词，以及用户须知等。

## 出现方式

可选用。可重复。

## 指示符

指示符 1　表示附注类型
　　0　与名称或题名检索点使用有关的附注
　　1　与主题检索点使用有关的附注
指示符 2　空（未定义）

## 子字段

数据子字段
$a　一般范围附注
　　包括范围附注文本。不可重复。

控制子字段
$6　字段连接数据
　　见上文控制子字段的说明。不可重复。

$7　编目文字和基本检索点文字
　　见上文控制子字段的说明。不可重复。

## 例

例 1

200 #1$aShakespeare,$bWilliam,$f1564-1616
330 1#$aThe subdivisions provided under this access point represent for the greater part standard subdivisions usable under any literary author access point and do not necessarily pertain to Shakespeare.

例 2

记录 1
250 ##$aFire-damp
330 1#$aHere are entered works on methane as a combustible gas formed in coal mines. Works on methane present in a stratum of coal are entered under Coalbed methane.

记录 2

250 ##$aCoalbed methane

825 1#$aCited under Fire-damp

例 3

220 ##$aРомановы$cсемья

330 ##$aПод данной рубрикой собираются материалы, повествующие о жизни и деятельности лиц, связанных родственными узами с династией Романовых

例 4

250 ##$aДети$xРазвитие внимания

330 ##$aПод данной ПР собираются документы о развитии внимания у детей всех возрастов

# 333 用户 / 读者对象附注

**字段定义**

本字段包含关于所著录资料的用户或读者对象的信息。

**出现方式**

可选用。可重复。

**指示符**

指示符 1 空（未定义）
指示符 2 空（未定义）

**子字段**

$a 附注文本。不可重复。

**字段内容注释**

诸如“读者对象：”之类的印刷 / 显示常量可以与本字段一起使用。

**相关字段**

**UNIMARC 规范格式**

184 编码数据：作品的背景
本字段用代码形式给出关于作品的读者对象和功能的信息。

**例**

例 1

333 ##$aFor remedial reading programmes
为一套闪视卡所做记录中的附注。

例 2

333 ##$aMPAA rating: R
为一部有限制定级的电影所做记录中的附注。

例 3

333 ##$aProgram designed for geographers, planners, geologists, meteorologists, and others who have a professional interest in analyzing spatial data
为一种软件所做记录中的附注。

例 4

333 ##$a'Catholic paper for the Slovaks in Cleveland, Ohio, and vicinity'
引自资源（期刊）的附注。

# 340　传记和活动附注

## 字段定义

该字段在**规范**记录或者**参照**记录中用于记录 2-- 字段定义的实体的传记或历史细节和（或）活动信息。

## 出现方式

可选用。可重复。

## 指示符

指示符 1　空（未定义）
指示符 2　空（未定义）

## 控制子字段

数据子字段

$a　传记附注
包括传记或历史附注文字。不可重复。

$b　活动附注
包括活动附注文字。不可重复。

$p　机构 / 地址
包括团体名称，例如，个人、团体、家庭等通过雇佣、会员、文化身份、居住等与之发生联系或发生过联系的机构和（或）地点。

控制子字段

$6　字段连接数据
见上文控制子字段的说明。不可重复。

$7　编目文字和基本检索点文字
见上文控制子字段的说明。不可重复。

## 字段内容注释

字段内容由编目机构使用的编目规则的条款决定。

## 相关字段

341　与印刷者 / 出版者相关的活动附注
640　与实体有关的地点和日期

## 例

例 1

102 ##$aUS$aDE

152 ##$aAACR2

200 #1$aArendt$bHannah$f1906-1975

340 ##$aGerman by birth. Naturalized American in 1951$bpolitical theorist

例 2

120 ##$aca

200 #1$aMorris,$bJan,$f1926-

340 ##$a James Humphry Morris, 10-2-26; had a sex change operation, took new name "Jan Morris"; intends to complete a trilogy using James Morris, will publish other future books as Jan Morris

500 #1$aMorris,$bJames$,f1926-

例 3

200 ##$a19930723frey0103####ba0

201 ##$aund

202 ##$aIT

251 ##$aba

152 ##$aAFNOR

155 #1$8freita$aNiccolini da Sabbio$bDomenico $f15..-160.? $cimprimeur-libraire

300 0#$aA publié également sous la raison: "Ad signum Seminantis" ( "al segno del Seminante" ) entre 1572 et 1575

300 0#$aEn 1559-1560 travaille en association avec son frère Cornelio Niccolini da Sabbio

340 ##$aVenezia, 1557-1605? In contrada San Giulian. Al segno del Seminante

340 ##$aDominus illuminatio mea et salus mea, quem timebo? Prudentia negocium non Fortuna ducat. Nisi qui legitime certaverit

例 4

100 ##$a 19831125frey0103####ba0

101 ##$aara$afre

102 ##$aZZ

150 ##$af

152 ##$aAFNOR

210 02$7ba0yba0y$8frefre$aInstitut du monde arabe

300 0#$aCréé en commun avec les États arabes et la République française. Acte de fondation signé le 28-2-1980. Décret portant reconnaissance d'utilité publique du 14-10-1980

340 ##$p23 quai Saint-Bernard, 75005 Paris. Tel. 46.34.25.25 (Standard) et 40.51.38.38 (Informations)

例 5

216 ##$aColumbia$cmarque américaine

340 ##$aDates d'existence : 1890-

340 ##$aInitialement crée aux États-Unis, elle s'implante en Angleterre en 1928. En 1928, cette filiale connue sous le nom de British Columbia, se sépare de la maison mère américaine pour fonder EMI (Electrical Music Industries) en 1930 en association avec Gramophone. EMI déclare le label Columbia à la Chambre de commerce de Londres en privant la maison mère américaine du droit d'utiliser ce label. En 1945, la maison mère américaine Columbia crée le label CBS pour les exportations vers l'Europe et continue parallèlement à publier sous le label Columbia aux Etats-Unis

例 6

152 ##$aRCR

200 #0$aАввакум$cЧестной, Дмитрий Семенович, архим.$f1804-1866

340 ##$bВостоковед, дипломат, переводчик$aПринимал участие в кругосветном плавании на фрегате "Паллада" в составе экспедиции Е.В. Путятина. В качестве миссионера долгое время жил в Китае. Данные о рождении противоречивы. Похоронен на кладбище Александро-Невской лавры в Петербурге.

例 7

152 ##$aRCR

200 #1$aБакунин$bА. И.$f1872-1968$gАнтон Игнатьевич

340 ##$bПрактик сыскного дела, основоположник русской научной криминалистики. Автор книг "Психология преступника...", "Теория вероятности преступления", "Пособие по криминалистике..." и др. $aПосле 1917 года – в эмиграции. Умер в Англии.

**历史**

根据第 2 版，该字段的定义仅限于个人名称和家族名称时使用，尽管示例表明此字段也可用于团体名称和商标。现在该字段的定义扩展到包括这些实体。记录与印刷者 / 出版者相关的传记和活动附注，使用新的字段 341 “与印刷者 / 出版者相关的活动附注”。注意例 3 中的 340 字段应为 341 字段。

# 341 与印刷者 / 出版者相关的活动附注

**字段定义**

该字段在**规范**记录或**参照**记录中用于记录印刷者和（或）出版者的活动地点、日期、标记和地址的具体数据。特别用于古籍印刷者 / 出版者。

**出现方式**

可选用。可重复。

**指示符**

指示符 1　空（未定义）
指示符 2　空（未定义）

**子字段**

数据子字段

$a　活动地点
　　印刷者 / 出版者进行活动的地点。不可重复。

$b　活动日期
　　与印刷者 / 出版者地点相关的活动日期。不可重复。

$c　地址
　　出版物呈现的与印刷者 / 出版者地点相关的地址。

$d　标记
　　出版物呈现的属于印刷者 / 出版者的房屋 / 工作间的标记。可重复。

控制子字段

$6　字段连接数据
　　见上文控制子字段的详细说明。不可重复。

$7　编目文字和基本检索点文字
　　见上文控制子字段的详细说明。不可重复。

**字段内容注释**

字段内容由编目机构使用的编目规则的条款决定。

**相关字段**

340　传记和活动附注
640　与实体有关的地点和日期

**例**

例 1

210 00$aSermartelli,$gBartolomeo$c<1.>

341 ##$aFirenze$b1553-1591$cin la via nuova da San Giuliano presso al Castello$cpresso il Vescovado$dTestuggine

341 ##$aVenezia$b1574

例 2

210 00$aBonetti,$gLuca

341 ##$aFirenze$b1569

341 ##$aSiena$b1571-1609$cAlla loggia del Papa

例 3

210 00$aMeietti,$gPaolo

341 ##$aPadova$b1578-1599$cPorteghi alti in contrada San Lorenzo$dDue Galli

341 ##$aBologna$b1590

341 ##$aVenezia$b1577-1600

341 ##$aVicenza$b1588-1595

例 4

200 #1$aChevalier$bAndré$f1660?-1747

300 0#$aDevise(s) : Legent haec nostra nepotes

340 ##$aImprimeur-libraire ; imprimeur ordinaire du Roi [de France] (et du conseil provincial de Luxembourg) (1686-1698) ; de la ville (et du collège de la Compagnie de Jésus) ; de Sa Majesté Impériale et Catholique (1721-1740) ; de Sa Majesté la Reine de Hongrie et de Bohême (1741-1747)$aNatif de Bourg-en-Bresse, il fait son apprentissage chez Jean Antoine, à Metz, où il est reçu maître le 24 mai 1685. Il s'établit à Luxembourg en juin 1686 à l'invitation de l'intendant français d'occupation et sous garantie d'exclusivité pour 20 ans. À la suite de l'évacuation de Luxembourg par les troupes françaises (janv. 1698), il perd son monopole puis ses titres (décret impérial du 16 mai 1716), mais un privilège d'imprimeur impérial lui est octroyé par décret du 15 janv. 1721. Conserve, jusqu'en 1697 au moins, une boutique de libraire à Metz. Publie, à partir de 1704, la "Clef du cabinet des princes de l'Europe" sous le pseudonyme de "Jacques Le Sincère, à l'enseigne de la Vérité" et sans indication de lieu. Âgé de 87 ans lors de son décès

341 ##$aMetz$b1685-1686

341 ##$aLuxembourg$b1686-1747$cAu carré de (ou : Dans) la rue Neuve (, proche les Révérends pères jésuites)$cPlace Neuve$cPrès la place d'Armes

640 1#$dBourg-en-Bresse$f#1660####?

640 2#$dLuxembourg$f#17470410#

640 3#$dMetz$f#16850524#$i#1686#####

640 3#$dLuxembourg$f#168606###$i#1747#####

例 5

200 #1$aJore$bClaude$f1668-1736

340 ##$aImprimeur-libraire ; imprimeur de l'archevêque et du clergé (1728)$aFils de Claude I Jore.Reçu maître le 10 juin 1683, il ne s'établit à Rouen qu'en 1699, après avoir travaillé à Paris à partir de

1686. Banni pour 9 ans du ressort du parlement de Paris par sentence du Châtelet du 19 nov. 1698. Embastillé pour impressions prohibées en sept. 1712, déchu de la maîtrise par lettre de cachet du 1er déc. 1712. Continue néanmoins à exercer dans son propre atelier sous le nom de Jean-Robert Viret. à nouveau embastillé suite à une perquisition du 29 mars 1714, il ne sera élargi que le 13 sept. 1715 et rétabli dans sa maîtrise en 1716$aAssocié à son fils Claude-François Jore à partir de 1725 environ

341 ##$aRouen$b1699-1736$cRue aux Juifs (, près le Palais)$cAu haut des degrés du Palais$cDerrière le Palais, proche la Poterne$cDans la cour du Palais et à côté de l'hôtel du premier président$dAux Armes de monseigneur le (ou : du) premier président

640 1#$f#16680410#

640 2#$f#17360330#

640 3#$dRouen$f#1699#####$i#1736#####

400 #1 $aJores$bClaude$f1668-1736

400 #1 $aJorre$bClaude$f1668-1736

700 #1 $aJore$bClaude$dII

例 6

200 #1$aDu Fossé$bNicolas$f1569-1645

300 0#$aDevise(s) : Petit à petit

340 ##$aImprimeur-libraire$aÂgé de 25 ans en déc. 1594$aÀ partir de 1607, associé à ses beaux-frères Rolin Thierry et Pierre II Chevalier, parfois sous la raison : "Officina Tri-adelphorum" ou "Typographia Tri-adelphorum" et avec pour devise : "Quam bonum et quam jucundum sperare fratres in unum"

341 ##$aParis$b1586-1629?$cRue Saint-Jean-de-Beauvais$cRue Saint-Jacques$cRue Saint-Jean-de-Latran$dAu Vase d'or

640 1#$f#1569#####

640 2#$f#1645#####

640 3#$dParis$f#1586#####$i#1629####?

例 7

200 #1$aRoux$bPierre$f15..-1586?

300 0#$aDevise(s) : Coelo tutissima basis. – Nul ne s'y frote. Patere aut abstine

340 ##$aImprimeur-libraire ; à Avignon, imprimeur de l'archevêché (1564)$aOriginaire de Lyon. Lors de son séjour à Aix, son atelier d'Avignon continue à fonctionner. Veuve attestée, à Lyon, en mars 1586

341 ##$aAvignon$b1557-1586$d? l'enseigne de la Sphère

341 ##$aAix-en-Provence$b1574-1577$dAu devant de la grande église Saint-Sauveur

640 1#$dLyon$f#15#######

640 2#$dLyon$f#1586####?

640 3#$dAvignon$f#1557#####$i#1586#####

640 3#$dAix-en-Provence$f#1574#####$i#1577#####

例 8

200 #1$aCouterot$bJean$f1636?-1714?

340 ##$aLibraire$aFrère puîné d'Edme I Couterot. Natif des Ormes-sur-Voulzie (Seine-et-Marne). Reçu apprenti en mai 1650 chez son frère Edme I Couterot. Reçu imprimeur-libraire en mars 1664, il n'a jamais exercé l'imprimerie. Vend son fonds en 1693. Dit âgé de 65 ans lors de l'enquête de nov. 1701.

Mort avant 1714

341 ##$aParis$b1664-1693$cRue Saint-Jacques$cAu Palais, dans la grande salle, au pilier vis-à-vis des degrés de la cour des Aides$dAu Petit Jésus$dÀ l'Image Saint Pierre$dÀ la Fleur de lys$dAux Cigognes

640 1#$cSeine-et-Marne$dOrmes-sur-Voulzie$f#1636####?

640 2#$f#1714####?

640 3#$dParis$f#1664#####$i#1693#####

# 356 地理附注

**字段定义**

该字段在**规范**记录或**参照**记录中用于说明 215 字段记录的实体的地理细节。

**出现方式**

可选用。可重复。

**指示符**

指示符 1 空（未定义）
指示符 2 空（未定义）

**子字段**

数据子字段

$a 地理附注
地理附注文本。不可重复。

控制子字段

$6 字段连接数据
见上文控制子字段的说明。不可重复。

$7 编目文字和基本检索点文字
见上文控制子字段的说明。不可重复。

**例**

152 ##$bnlr_sh
215 ##$aПа-де-Кале, пролив
415 ##$aДуврский пролив
356 ##Между островом Великобритания и материковой частью Европы

# 4-- 变异检索点块

## 字段定义和范围

该功能块包括变异检索点，它们构成 2-- 字段检索点的参照结构。本功能块定义了如下字段：
400 变异检索点——个人名称
410 变异检索点——团体名称
415 变异检索点——行政管辖区或地理名称
416 变异检索点——商标
417 变异检索点——印刷者 / 出版者标志
420 变异检索点——家族名称

430 变异检索点——题名
431 变异检索点——题名（作品）
432 变异检索点——题名（内容表达）
440 变异检索点——名称 / 题名
441 变异检索点——名称 / 题名（作品）
442 变异检索点——名称 / 题名（内容表达）
443 变异检索点——法律和宗教文本惯用名称 / 题名
445 变异检索点——名称 / 作品集题名

450 变异检索点——论题主题
460 变异检索点——出版者、演出和出处等的地点和日期
480 变异检索点——形式、体裁或物理特征

## 字段内容注释

2-- 规范检索点和 4-- 变异检索点字段的指示符及子字段标识相同。4-- 功能块的数据子字段与 2-- 功能块的相同，因此有关子字段的说明将不在 4-- 功能块重复。

4-- 字段中也许用到以下控制子字段：
$0 说明语
$1 连接数据
$2 系统代码
$3 规范记录标识号
$4 关系代码
$5 关系控制
$6 字段连接数据
$7 编目文字和基本检索点文字
$8 编目语种和基本检索点语种

控制子字段的使用在 2-- 规范检索点块前面的阐述中有专门的描述。

# 400 变异检索点——个人名称

**字段定义**

该字段包含个人名称指向形式的变异检索点。

**出现方式**

可选用。可重复。

**指示符**

指示符 1 空（未定义）
指示符 2 指明名称著录方式
0 用名或直序方式著录的名称
1 用姓著录的名称

**子字段**

数据子字段

| | | |
|---|---|---|
| $a | 款目要素 | 不可重复 |
| $b | 除款目要素外的名称其余部分 | 不可重复 |
| $c | 除日期外的名称附加 | 可重复 |
| $d | 罗马数字 | 不可重复 |
| $f | 日期 | 不可重复 |
| $g | 缩写名的扩展形式 | 不可重复 |
| $4 | 关系代码 | 可重复 |
| $j | 形式复分 | 可重复 |
| $x | 论题复分 | 可重复 |
| $y | 地理复分 | 可重复 |
| $z | 时代复分 | 可重复 |

控制子字段

| | | |
|---|---|---|
| $0 | 说明语 | 不可重复 |
| $2 | 系统代码 | 不可重复 |
| $3 | 规范记录标识号 | 不可重复 |
| $5 | 关系控制 | 不可重复 |
| $6 | 字段连接数据 | 不可重复 |
| $7 | 编目文字和基本检索点文字 | 不可重复 |
| $8 | 编目语种和基本检索点语种 | 不可重复 |

**字段内容注释**

400 中的检索点是 2-- 字段检索点的变异或非首选形式，由创建规范记录的机构根据其所用的著录规则或主题系统建立。

**相关字段**

200 规范检索点——个人名称

**例**

例 1

200 #1$aDuMaurier,$cDame$bDaphne
400 #1$aMaurier,$cDame$bDaphne du

例 2

200 #1$aWaterman,$bAnthony M.C.,$f1931-
400 #1$aWaterman,$bA.M.C.

例 3

200 #1$aRolfe,$bFr.
400 #1$aCorvo,$cBaron
400 #1$aRolfe,$bFrederick William

例 4

200 #1$aГорький$bМ.$gМаксим$f1868-1936
400 #1$5f$aПешков$bА. М.$gАлексей Максимович$f1868-1936

例 5

200 #0$aАвраамий$cДернов, Анатолий Иванович, архиепископ$f1874-1939
400 #1$5m$aДернов$bА. И.$gАнатолий Иванович$d1874-1939

例 6

200 #0$aВиктория Федоровна$cвеликая княгиня$f1876-1936
400 #0$5k$aВиктория Мелита$f1876-1936

例 7

200 #0$aМихаил Федорович$cцарь русский$f1596-1645
400 #1$aРоманов$gМихаил Федорович$bМ. Ф.$f1596-1645

# 410　变异检索点——团体名称

## 字段定义

该字段包含团体名称指向形式的变异检索点。行政管辖区名称后从属的团体名称被认为是团体名称（410 字段）；单独的行政管辖区名称或以主题复分为附加成分的行政管辖区名称被认为是行政管辖区名称（415 字段）。

## 出现方式

可选用。可重复。

## 指示符

指示符 1　指示团体名称类型

第一个指示符指示该团体是否为会议。会议包括大会、报告会等。如果该会议是某团体名称的从属部分，则该名称被视为团体名称。

0　团体名称

1　会议名称

指示符 2　指明名称著录方式

0　名称以倒序形式著录

1　名称以地点或辖区开始著录

2　名称以直序形式著录

## 子字段

数据了字段

| | | |
|---|---|---|
| $a | 款目要素 | 不可重复 |
| $b | 从属部分 | 可重复 |
| $c | 名称附加或限定 | 可重复 |
| $d | 会议的届次和（或）会议部分的届次 | 不可重复 |
| $e | 会议地点 | 不可重复 |
| $f | 会议日期 | 不可重复 |
| $g | 名称倒置部分 | 不可重复 |
| $h | 除了款目要素及名称倒置部分外的名称部分 | 不可重复 |
| $4 | 关系代码 | 可重复 |
| | | |
| $j | 形式复分 | 可重复 |
| $x | 论题复分 | 可重复 |
| $y | 地理复分 | 可重复 |
| $z | 时代复分 | 可重复 |

控制子字段

| | | |
|---|---|---|
| $0 | 说明语 | 不可重复 |
| $2 | 系统代码 | 不可重复 |

| | | |
|---|---|---|
| $3 | 规范记录标识号 | 不可重复 |
| $5 | 关系控制 | 不可重复 |
| $6 | 字段连接数据 | 不可重复 |
| $7 | 编目文字和基本检索点文字 | 不可重复 |
| $8 | 编目语种和基本检索点语种 | 不可重复 |

**字段内容注释**

410 中的检索点是 2-- 字段检索点的变异或非首选形式，由创建规范记录的机构根据其所用的著录规则或主题系统建立。

**相关字段**

210 规范检索点——团体名称

**例**

例 1

210 02$aDelaware Racing Commission
410 01$aDelaware.$bRacing Commission

例 2

210 02$aSchweizerisches Rotes Kreuz
410 02$8gerfre$aCroix-Rouge suisse

例 3

210 12$aSymposium on Endocrines and Nutrition$f (1956 ;$eUniversity of Michigan)
410 12$aNutrition Symposium$f (1956 ;$eUniversity of Michigan)

例 4

210 01$aUnited States.$bCongress$xCommittees
410 01$aUnited States.$bCongress$xSubcommittees

例 5

210 02$aD.B. Lister & Associates
410 00$aLister$gD.B.$h& Associates

例 6

210 02$aМеждународный союз по чистой и прикладной химии
410 02$5d$aИЮПАК
410 02$5z$aСоюз по чистой и прикладной химии
410 02$5z$aМеждународный союз по теоретической и прикладной химии
410 02$5d$aЮПАК
410 02$5z$aМеждународный союз теоретической и прикладной химии

例 7

210 02$aВАСХНИЛ$bНаучная сессия$f1980

410 12$5z$a≠NSB≠"≠NSE≠Пути увеличения производства зерна, кормов, повышения эффективности и устойчивости земледелия", научная сессия ВАСХНИЛ$f1980

例 8

215 ##$aKiel-Russee (Allemagne ; camp de concentration)

410 0|$aArbeitserziehungslager Nordmark

410 0|$aKonzentrationslager Hassee

410 0|$aKonzentrationslager Russee

410 0|$aNordmark

410 0|$aRussee

410 0|$aHassee

# 415　变异检索点——行政管辖区或地理名称

**字段定义**

该字段包含行政管辖区或地理名称指向形式的变异检索点。单独的行政管辖区名称或只以从属部分为附加成分的行政管辖区名称被认为是行政管辖区名称（415 字段）；行政管辖区名称后跟随团体从属部分的视为团体名称（410 字段）。

**出现方式**

可选用。可重复。

**指示符**

指示符 1　空（未定义）
指示符 2　空（未定义）

**子字段**

数据子字段

| | | |
|---|---|---|
| $a | 款目要素 | 不可重复 |
| $j | 形式复分 | 可重复 |
| $x | 论题复分 | 可重复 |
| $y | 地理复分 | 可重复 |
| $z | 时代复分 | 可重复 |

控制子字段

| | | |
|---|---|---|
| $0 | 说明语 | 不可重复 |
| $2 | 系统代码 | 不可重复 |
| $3 | 规范记录标识号 | 不可重复 |
| $5 | 关系控制 | 不可重复 |
| $6 | 字段连接数据 | 不可重复 |
| $7 | 编目文字和基本检索点文字 | 不可重复 |
| $8 | 编目语种和基本检索点语种 | 不可重复 |

**字段内容注释**

415 中的检索点是 2-- 字段检索点的变异或非首选形式，由创建规范记录的机构根据其所用的著录规则或主题系统建立。

**相关字段**

215　规范检索点——行政管辖区或地理名称

**例**

例 1

215 ##$aAustralia

415 ##$aCommonwealth of Australia
415 ##$aNew Holland

例 2

215 ##$aMcAlester (Okla.)
415 ##$aMcAlester, Okla.

例 3

250 ##$aВойна в зоне Персидского залива$z1990-1991
415 ##$aПерсидский залив$xВооруженный конфликт$z1990-1991

例 4

215 ##$aМорейский принципат
415 ##$aАхейское княжество

例 5

215 ##$aПа-де-Кале, пролив
415 ##$aДуврский пролив

例 6

250 ##$aФалеристика$yАндропов, г.
415 ##$aАндропов, г.$xФалеристика

例 7

250 ##$aGuerres napoléoniennes (1800-1815)$xCampagnes et batailles$yRussie
415 ##$aFrance$z+* 1812......- 1812......+:1812: (Invasion de la Russie)
415 ##$aRussie$z|* 1812......- 1812......+:1812: (Invasion)
450 ##$aCampagne de Russie (1812)
822 ##$aNapoleonic Wars, 1800-1815 -- Campaigns -- Russia$vLCSH, 1993-09

# 416　变异检索点——商标

**字段定义**

该字段包含商标指向形式的变异检索点。

**出现方式**

可选用。可重复。

**指示符**

指示符 1　空（未定义）
指示符 2　空（未定义）

**子字段**

数据子字段

| | | |
|---|---|---|
| $a | 数据元素 | 不可重复 |
| $f | 日期 | 不可重复 |
| $c | 限定 | 可重复 |
| | | |
| $j | 形式复分 | 可重复 |
| $x | 论题复分 | 可重复 |
| $y | 地理复分 | 可重复 |
| $z | 时代复分 | 可重复 |

控制子字段

| | | |
|---|---|---|
| $0 | 说明语 | 不可重复 |
| $2 | 系统代码 | 不可重复 |
| $3 | 规范记录标识号 | 不可重复 |
| $5 | 关系控制 | 不可重复 |
| $6 | 字段连接数据 | 不可重复 |
| $7 | 编目文字和基本检索点文字 | 不可重复 |
| $8 | 编目语种和基本检索点语种 | 不可重复 |

**字段内容注释**

416 中的检索点是 2-- 字段检索点的变异或非首选形式，由创建规范记录的机构根据其所用的著录规则或主题系统建立。

**相关字段**

216　规范检索点——商标

**例**

例 1

216 ##$aHis Master's Voice

416 ##$aHMV

例 2

216 ##$7ba0yba0a$8frerus$aMelodiâ$cmarque russe

216 ##$7ba0yca0y$8frerus$aМелодия

416 ##$7ba0yba0e$8frerus$aMelodiya

第一个 216 字段包括依据 ISO 音译体系音译的形式。有必要用限定词将俄语商标名称与其他等同的新卡里多尼亚语商标区分开来。第二个 216 字段包含基里尔字母。416 字段中的变异形式出现在法国编辑的产品中，未说明所依据的音译表。

# 417　变异检索点——印刷者 / 出版者标志

## 字段定义

该字段包含印刷者 / 出版者标志指向形式的变异检索点。

## 出现方式

可选用。可重复。

## 指示符

指示符 1　空（未定义）
指示符 2　空（未定义）

## 子字段

数据子字段

| | | |
|---|---|---|
| $a | 印刷者 / 出版者标志描述 | 不可重复 |
| $b | 格言 | 可重复 |
| $c | 标准引证 | 可重复 |
| $d | 尺寸 | 不可重复 |
| $f | 日期 | 不可重复 |
| $g | 图示术语 | 可重复 |
| $j | 形式复分 | 可重复 |
| $x | 论题复分 | 可重复 |
| $y | 地理复分 | 可重复 |
| $z | 时代复分 | 可重复 |

控制子字段

| | | |
|---|---|---|
| $0 | 说明语 | 不可重复 |
| $2 | 系统代码 | 不可重复 |
| $3 | 规范记录标识号 | 不可重复 |
| $5 | 关系控制 | 不可重复 |
| $6 | 字段连接数据 | 不可重复 |
| $7 | 编目文字和基本检索点文字 | 不可重复 |
| $8 | 编目语种和基本检索点语种 | 不可重复 |

## 字段内容注释

417 字段中的检索点是 2-- 字段中检索点的变异或非首选形式，由创建规范记录的机构根据其所用的标准引证规则建立。

## 相关字段

217　规范检索点——印刷者 / 出版者标识

# 420 变异检索点——家族名称

**字段定义**

该字段包含家族名称指向形式的变异检索点。

**出现方式**

可选用。可重复。

**指示符**

指示符 1 空（未定义）
指示符 2 空（未定义）

**子字段**

数据子字段

| | | |
|---|---|---|
| $a | 款目要素 | 不可重复 |
| $f | 日期 | 不可重复 |
| $c | 家族类型 | 不可重复 |
| $d | 与家族有关的地点 | 可重复 |
| $4 | 关系代码 | 可重复 |
| $j | 形式复分 | 可重复 |
| $x | 论题复分 | 可重复 |
| $y | 地理复分 | 可重复 |
| $z | 时代复分 | 可重复 |

控制子字段

| | | |
|---|---|---|
| $0 | 说明语 | 不可重复 |
| $2 | 系统代码 | 不可重复 |
| $3 | 规范记录标识号 | 不可重复 |
| $5 | 关系控制 | 不可重复 |
| $6 | 字段连接数据 | 不可重复 |
| $7 | 编目文字和基本检索点文字 | 不可重复 |
| $8 | 编目语种和基本检索点语种 | 不可重复 |

**字段内容注释**

420 中的检索点是 2-- 字段检索点的变异或非首选形式，由创建规范记录的机构根据其所用的著录规则或主题系统建立。

**相关字段**

220 规范检索点——家族名称

**例**

例 1

220 ##$aMedici$cHouse of

420 ##$aHouse of Medici

例 2

220 ##$aБаратынские$cрод

420 ##$aБоратынские$cрод

例 3

220 ##$aГурко-Ромейко$cрод

420 ##$aРомейко$cрод

420 ##$aГурко$cрод

420 ##$aРомейко-Гурко$cрод

# 430 变异检索点——题名

## 字段定义

该字段包含题名指向来源形式的变异检索点。

## 出现方式

可选用。可重复。

## 指示符

指示符 1 空（未定义）
指示符 2 空（未定义）

## 子字段

数据子字段

| | | |
|---|---|---|
| $a | 款目要素 | 不可重复 |
| $b | 一般资料标识 | 可重复 |
| $h | 分辑或部分号 | 可重复 |
| $i | 分辑或部分名 | 可重复 |
| $k | 出版日期 | 不可重复 |
| $l | 形式副标目 | 不可重复 |
| $m | 语种 | 不可重复 |
| $n | 其他信息 | 可重复 |
| $q | 版本（或版本日期） | 不可重复 |
| $r | 表演介质（音乐） | 可重复 |
| $s | 数字标识（音乐） | 可重复 |
| $u | 调（音乐） | 不可重复 |
| $w | 改编说明（音乐） | 不可重复 |
| | | |
| $j | 形式复分 | 可重复 |
| $x | 论题复分 | 可重复 |
| $y | 地理复分 | 可重复 |
| $z | 时代复分 | 可重复 |

控制子字段

| | | |
|---|---|---|
| $0 | 说明语 | 不可重复 |
| $2 | 系统代码 | 不可重复 |
| $3 | 规范记录标识号 | 不可重复 |
| $5 | 关系控制 | 不可重复 |
| $6 | 字段连接数据 | 不可重复 |
| $7 | 编目文字和基本检索点文字 | 不可重复 |
| $8 | 编目语种和基本检索点语种 | 不可重复 |

**字段内容注释**

430 中的检索点是 2-- 字段检索点的变异或者非首选形式，由创建规范记录的机构根据其所用的著录规则或主题系统建立。

**相关字段**

230　规范检索点——题名

**例**

例 1

230 ##$aNibelungenlied
430 ##$aLied der Nibelungen

例 2

230 ##$aBible$xMusic
430 ##$aBible$iO.T.$iPsalms$xMusic

例 3

230 ##$aSymphonies$zOrgue$sN°. 9$sOp. 70$uDo Mineur
430 ##$aSymphonie gothique$sOp. 70

例 4

230 ##$aСлово о полку Игореве
430 ##$aСлово о походе Игоря Святославовича
430 ##$aСлово о полку Игоревом, Игоря Святославовича внука Олегова
430 ##$aИгорь, Великий князь Северский
430 ##$5z$aИроническая песнь о походе на половцов удельного князя Новагорода Северского Игоря Святославича

例 5

240 ##$1200#1$aПалиашвили$gЗахарий Петрович$bЗ. П.$f1871-1933$1230##$a≠NSB≠"≠NSE≠Абесалом и Этери≠NSB≠"≠NSE≠$lопера
430 ##$a≠NSB≠"≠NSE≠Абесалом и Этери≠NSB≠"≠NSE≠$lопера

# 431 变异检索点——题名（作品）

## 字段定义

本字段包含题名指向来源形式的变异检索点。
本字段用于与 FRBR 模型兼容的目录，并出现在描述作品的记录中。

## 出现方式

可选用。可重复。

## 指示符

指示符 1 空（未定义）
指示符 2 空（未定义）

## 子字段

子字段的完整描述参见 231 字段下的说明。

数据子字段

| | | |
|---|---|---|
| $a | 题名 | 必备 |
| $h | 分辑或部分号 | 对于细分部分可重复 |
| $i | 分辑或部分名 | 对于细分部分可重复 |
| $c | 作品的形式 | 不可重复 |
| $d | 作品的日期 | 不可重复 |
| $e | 作品的来源地 | 不可重复 |
| $f | 作品的原始语种 | 不可重复 |
| $k | 作品的其他区别特征 | 可重复 |
| $r | 表演介质（音乐） | 可重复 |
| $s | 数字标识（音乐） | 可重复 |
| $u | 调（音乐） | 不可重复 |
| $j | 形式复分 | 可重复 |
| $x | 论题复分 | 可重复 |
| $y | 地理复分 | 可重复 |
| $z | 时代复分 | 可重复 |

控制子字段

| | | |
|---|---|---|
| $7 | 编目文字和基本检索点文字 | 不可重复 |
| $8 | 编目语种和基本检索点语种 | 不可重复 |

## 相关字段

231 规范检索点——题名（作品）
531 相关检索点——题名（作品）
731 其他语言和（或）文字的规范检索点——题名（作品）

**例**

例 1

231 ##$8frefre$aProphéties de la Sibylle érythréenne$fcatalan

431 ##$8frecat$aCant de la Sibil·la

例 2

231 ##$8freger$a≠NSB≠Der ≠NSE≠Struwwelpeter

431 ##$8freger$aLustige Geschichte und drollige Bilder für Kinder von 3-6 Jahren

431 ##$8frefre$aPierre l'Ébouriffé

431 ##$8frefre$aPierre l'Embroussaillé

431 ##$8freeng$aSlovenly Peter

431 ##$8frelat$aPetrus Hirsutus

# 432　变异检索点——题名（内容表达）

## 字段定义

该字段包含题名指向来源形式的变异检索点。
本字段用于与 FRBR 模型兼容的目录，并且出现在描述内容表达的记录中。

## 出现方式

可选用。可重复

## 指示符

指示符 1　空（未定义）
指示符 2　空（未定义）

## 子字段

关于子字段的完整说明可以见 232 字段。

数据子字段

| | | |
|---|---|---|
| $a | 题名 [ 作品 ] | 必备 |
| $h | 分辑或部分号 [ 作品 ] | 对于细分部分可重复 |
| $i | 分辑或部分名 [ 作品 ] | 对于细分部分可重复 |
| $c | 作品的形式 [ 作品 ] | 不可重复 |
| $d | 作品的日期 [ 作品 ] | 不可重复 |
| $e | 作品的来源地 [ 作品 ] | 不可重复 |
| $f | 作品的原始语种 [ 作品 ] | 不可重复 |
| $k | 作品的其他区别特征 [ 作品 ] | 可重复 |
| $r | 表演介质（音乐）[ 作品 ] | 可重复 |
| $s | 数字标识（音乐）[ 作品 ] | 可重复 |
| $u | 调（音乐）[ 作品 ] | 不可重复 |
| $l | 内容表达的形式 [ 内容表达 ] | 不可重复 |
| $m | 内容表达的语种 [ 内容表达 ] | 不可重复 |
| $n | 内容类型 [ 内容表达 ] | 不可重复 |
| $o | 内容表达的日期 [ 内容表达 ] | 不可重复 |
| $v | 表演介质（音乐）[ 内容表达 ] | 可重复 |
| $w | 内容表达的其他特征 [ 内容表达 ] | 可重复 |
| $4 | 关系代码 | 可重复 |
| $j | 形式复分 | 可重复 |
| $x | 论题复分 | 可重复 |
| $y | 地理复分 | 可重复 |
| $z | 时代复分 | 可重复 |

控制子字段

| | | |
|---|---|---|
| $7 | 编目文字和基本检索点文字 | 不可重复 |
| $8 | 编目语种和基本检索点语种 | 不可重复 |

**相关字段**

232　规范检索点——题名（内容表达）
532　相关检索点——题名（内容表达）
732　其他语言和（或）文字的规范检索点——题名（内容表达）

**例**

例 1

232 ##$aОткровение Баруха$wГреческий вариант
432 ##$aАпокалипсис Баруха$wГреческий вариант
希腊语巴录启示录 (Apocalypse of Baruch)（据传是 Baruch ben Neriah 写的一二种犹太伪经）。

例 2

232 ##$aКнига Еноха$wЭфиопская версия
432 ##$aБиблия$iВ.З.$iПсевдоэпиграфы$iКнига Еноха$wЭфиопская версия
埃塞俄比亚版的《以诺书》(The Book of Enoch), 古代犹太宗教著作之一。

# 440　变异检索点——名称 / 题名

**字段定义**

该字段包含名称 / 题名指向来源形式的变异检索点。数据根据 240 字段的描述方式记录在合适的子字段。

**出现方式**

可选用。可重复。

**指示符**

指示符 1　空（未定义）
指示符 2　空（未定义）

**A）子字段：嵌入字段技术**

数据子字段

| | | |
|---|---|---|
| $1 | 连接数据 | 可重复 |

控制子字段

| | | |
|---|---|---|
| $0 | 说明语 | 不可重复 |
| $2 | 系统代码 | 不可重复 |
| $3 | 规范记录标识号 | 不可重复 |
| $5 | 关系控制 | 不可重复 |
| $6 | 字段连接数据 | 不可重复 |
| $7 | 编目文字和基本检索点文字 | 不可重复 |
| $8 | 编目语种和基本检索点语种 | 不可重复 |

**字段内容注释**

每一个单元依据该单元所适用的 2-- 字段编码：名称为 200（规范检索点——个人名称），210（规范检索点——团体名称），215（规范检索点——行政管辖区或地理名称）或 220（规范检索点——家族名称）；题名为 230（规范检索点——题名）。名称和题名的字段、指示符和数据子字段记录在 440 字段中，位于子字段标识符 $1 后面。

必须用控制子字段时，它们应在包含嵌入数据的第一个 $1 子字段之前。

**B）子字段：标准子字段技术**

数据子字段

| | | |
|---|---|---|
| $a | 名称 | 不可重复 |
| $t | 题名 | 不可重复 |
| | | |
| $j | 形式复分 | 可重复 |
| $x | 论题复分 | 可重复 |
| $y | 地理复分 | 可重复 |

$z　时代复分　可重复

控制子字段

$7　编目文字和基本检索点文字　不可重复

$8　编目语种和基本检索点语种　不可重复

**相关字段**

240　规范检索点——名称 / 题名

**例**

例 1

240 ##$1200#1$aShakespeare,$bWilliam,$f1564-1616.$1230##$aHamlet

440 ##$1200#1$aShakespeare,$bWilliam,$f1564-1616$1230##$aTragedy of Hamlet, Prince of Denmark

嵌入字段技术的例子。

例 2

240 ##$aShakespeare, William, 1564-1616$tHamlet

440 ##$aShakespeare, William, 1564-1616$tTragedy of Hamlet, Prince of Denmark

标准子字段技术的例子。

例 3

240 ##$1200#0$aУ Чэнъэнь$fок.1500-1582$1230##$a≠NSB≠"≠NSE≠Путешествие на Запад≠NSB≠" ≠NSE≠

440 ##$1200#0$aУ Чэнъэнь$fок.1500-1582$1430##$a≠NSB≠"≠NSE≠Си ю цзи≠NSB≠"≠NSE≠

例 4

240 ##$1200#0$aСаксон Грамматик$fок.1140 - ок.1208$1230##$a"Деяния датчан"

430 ##$a"Gesta Danorum"

440 ##$1200#0$aСаксон Грамматик$fок.1140 - ок.1208$1230##$a"Gesta Danorum"

# 441　变异检索点——名称 / 题名（作品）

## 字段定义

本字段包含名称 / 题名指向来源形式的变异检索点。数据根据 241 字段描述的技术记录在合适的子字段。

本字段用于与 FRBR 模型兼容的目录，并出现在描述作品的记录中。

## 出现方式

可选用。可重复。

## 指示符

指示符 1　空（未定义）

指示符 2　结构指示符

　　#　不适用（嵌入字段技术）或没有可获得的信息（标准子字段技术）

　　0　非结构化题名（标准子字段技术）

　　1　结构化题名（标准子字段技术）

## A）子字段：嵌入字段技术

数据子字段

| | | |
|---|---|---|
| $1 | 连接数据 | 可重复 |

控制子字段

| | | |
|---|---|---|
| $0 | 说明语 | 不可重复 |
| $2 | 系统代码 | 不可重复 |
| $3 | 规范记录标识号 | 不可重复 |
| $5 | 关系控制 | 不可重复 |
| $6 | 字段连接数据 | 不可重复 |
| $7 | 编目文字和基本检索点文字 | 不可重复 |
| $8 | 编目语种和基本检索点语种 | 不可重复 |

## 字段内容注释

每一个单元依据单元所适用的 2-- 字段编码：200（规范检索点——个人名称），210（规范检索点——团体名称），215（规范检索点——行政管辖区或地理名称）或针对于名称的 220（规范检索点——家族名称），及针对题名的 231[ 规范检索点——题名（作品）]。441 字段用 $1 子字段嵌入字段标识符、字段指示符以及名称和题名数据子字段。主题复分置于嵌入题名字段中。

必须用控制子字段时，它们应在包含嵌入数据的第一个 $1 子字段之前。（为 200, 210, 215, 220, 230, 231 或 232 字段定义的控制子字段不嵌入在 $1 子字段中。）

关于嵌入字段的更详细的说明见《UNIMARC 手册：书目格式》，包含在 4-- 字段块中。

### B）子字段：标准子字段技术

数据子字段

关于子字段的完整说明可以见字段 241。

| | | |
|---|---|---|
| $a | 名称 | 可选用。不可重复 |
| $t | 题名 | 必备 |
| $h | 分辑或部分号 | 对于细分部分可重复 |
| $i | 分辑或部分名 | 对于细分部分可重复 |
| $c | 作品的形式 | 不可重复 |
| $d | 作品的日期 | 不可重复 |
| $e | 作品的来源地 | 不可重复 |
| $f | 作品的原始语种 | 不可重复 |
| $k | 作品的其他区别特征 | 可重复 |
| $r | 表演介质（音乐） | 可重复 |
| $s | 数字标识（音乐） | 可重复 |
| $u | 调（音乐） | 不可重复 |

控制子字段

| | | |
|---|---|---|
| $3 | 相关作品的规范记录标识号 | 不可重复 |
| $7 | 编目文字和基本检索点文字 | 不可重复 |
| $8 | 编目语种和基本检索点语种 | 不可重复 |

### 相关字段

241　规范检索点——名称 / 题名（作品）

541　相关检索点——名称 / 题名（作品）

741　其他语言和（或）文字的规范检索点——名称 / 题名（作品）

### 例

241 ##$1200#1$aVerdi$bGiuseppe$f1813-1901$4070$1231##$aNabucco$sH39

441 ##$1200#1$aVerdi$bGiuseppe$f1813-1901$4070$1231##$aNabucodonosor$sH39

*Nabucodonosor* 是 Verdi（威尔第）歌剧的原题名，该剧最著称的题名为 *Nabucco*（纳布科）。

# 442　变异检索点——名称 / 题名（内容表达）

**字段定义**

该字段包含名称 / 题名指向来源形式的变异检索点。数据根据 242 字段描述的技术记录在合适的子字段。

本字段用于与 FRBR 模型兼容的目录，并且出现在描述内容表达的记录中。

**出现方式**

可选用。可重复

**指示符**

指示符 1　空（未定义）
指示符 2　结构指示符
　　#　不适用（嵌入字段技术）或信息不可获得（标准子字段技术）
　　0　非结构化题名（标准子字段技术）
　　1　结构化题名（标准子字段技术）

**A）子字段：嵌入字段技术**

数据子字段

| | | |
|---|---|---|
| $1 | 连接数据 | 可重复 |

控制子字段

| | | |
|---|---|---|
| $0 | 说明语 | 不可重复 |
| $2 | 系统代码 | 不可重复 |
| $3 | 规范记录标识号 | 不可重复 |
| $5 | 关系控制 | 不可重复 |
| $6 | 字段连接数据 | 不可重复 |
| $7 | 编目文字和基本检索点文字 | 不可重复 |
| $8 | 编目语种和基本检索点语种 | 不可重复 |

**字段内容注释**

每一个单元依据单元所适用的 2-- 字段编码：200（规范检索点——个人名称），210（规范检索点——团体名称），215（规范检索点——行政管辖区或地理名称）或针对于名称的 220（规范检索点——家族名称），及针对题名的 232[ 规范检索点——题名（内容表达）]。442 字段用 $1 子字段嵌入字段标识符、字段指示符以及名称和题名数据子字段。主题复分置于嵌入题名字段中。

必须用控制子字段时，它们应在包含嵌入数据的第一个 $1 子字段之前。（为 200, 210, 215, 220, 230, 231 或 232 字段定义的控制子字段不嵌入在 $1 子字段中。）

关于嵌入字段的更详细的说明见《UNIMARC 手册：书目格式》，包含在 4-- 字段块中。

**B）子字段：标准子字段技术**

关于子字段的完整说明可以见字段 242。

数据子字段

| | | |
|---|---|---|
| $a | 名称 [ 作品 ] | 必备。不可重复 |
| $t | 题名 [ 作品 ] | 必备 |
| $h | 分辑或部分号 [ 作品 ] | 对于细分部分可重复 |
| $i | 分辑或部分名 [ 作品 ] | 对于细分部分可重复 |
| $c | 作品的形式 [ 作品 ] | 不可重复 |
| $d | 作品的日期 [ 作品 ] | 不可重复 |
| $e | 作品的来源地 [ 作品 ] | 不可重复 |
| $f | 作品的原始语种 [ 作品 ] | 不可重复 |
| $k | 作品的其他区别特征 [ 作品 ] | 可重复 |
| $r | 表演介质（音乐）[ 作品 ] | 可重复 |
| $s | 数字标识（音乐）[ 作品 ] | 可重复 |
| $u | 调（音乐）[ 作品 ] | 不可重复 |
| $l | 内容表达的形式 [ 内容表达 ] | 不可重复 |
| $m | 内容表达的语种 [ 内容表达 ] | 不可重复 |
| $n | 内容类型 [ 内容表达 ] | 不可重复 |
| $o | 内容表达的日期 [ 内容表达 ] | 不可重复 |
| $v | 表演介质（音乐）[ 内容表达 ] | 可重复 |
| $w | 内容表达的其他特征 [ 内容表达 ] | 可重复 |
| $4 | 关系代码 | 可重复 |
| $j | 形式复分 | 可重复 |
| $x | 论题复分 | 可重复 |
| $y | 地理复分 | 可重复 |
| $z | 时代复分 | 可重复 |

控制子字段

| | | |
|---|---|---|
| $3 | 相关作品的规范记录标识号 | 不可重复 |
| $7 | 编目文字和基本检索点文字 | 不可重复 |
| $8 | 编目语种和基本检索点语种 | 不可重复 |

**相关字段**

242　规范检索点——名称 / 题名（内容表达）

542　相关检索点——名称 / 题名（内容表达）

742　其他语言和（或）文字的规范检索点——名称 / 题名（内容表达）

**例**

242 ##$1001< 作品的规范记录标识号 >$1200#1$aBrontë,$bEmily,$f1818-1848.$4070$1232##$aWuthering heights$mfrançais$wMonod

442 ##$1200#1$aBrontë,$bEmily,$f1818-1848.$4070$1232##$aHurlemont

嵌入字段技术的例子。Emily Brontë 的 Wuthering Heights 有很多法语译本，其中包括 Sylvère Monod 的译本，其题名为 *Hurlemont*. 其他译本有不同的题名。

# 443　变异检索点——法律和宗教文本惯用名称 / 题名

## 字段定义

该字段是法律和宗教文本惯用名称 / 题名指向来源形式的变异检索点。

## 出现方式

可选用。可重复。

## 指示符

指示符 1　空（未定义）
指示符 2　指示惯用名称 / 题名形式
　　1　国家或其他地理名称下的名称
　　　用作管辖权地理名称。
　　2　其他形式下的名称
　　　用作教会名称。

## 子字段

数据子字段

| | | |
|---|---|---|
| $a | 款目要素 | 不可重复 |
| $b | 从属部分 | 可重复 |
| $c | 名称附加或限定 | 可重复 |
| $e | 其他方名称 | 不可重复 |
| $f | 法律发布或版本的日期，或签署的日期 | 可重复 |
| $i | 分辑名 | 可重复 |
| $l | 形式副标目 | 可重复 |
| $n | 其他信息 | 可重复 |
| $t | 惯用题名 | 不可重复 |
| | | |
| $j | 形式复分 | 可重复 |
| $x | 论题复分 | 可重复 |
| $y | 地理复分 | 可重复 |
| $z | 时代复分 | 可重复 |

控制子字段

| | | |
|---|---|---|
| $0 | 说明语 | 可重复 |
| $2 | 系统代码 | 不可重复 |
| $3 | 规范记录标识号 | 不可重复 |
| $5 | 关系控制 | 不可重复 |
| $6 | 字段连接数据 | 可重复 |
| $7 | 编目文字和基本检索点文字 | 不可重复 |
| $8 | 编目语种和基本检索点语种 | 不可重复 |

**字段内容注释**

443 中的检索点是 2-- 字段检索点的变异或非首选形式，由创建规范记录的机构根据其所用的著录规则或主题系统建立。

**相关字段**

243　规范检索点——法律和宗教文本惯用名称 / 题名

# 445 变异检索点——名称 / 作品集题名

**字段定义**

该字段包含名称 / 作品集题名指向来源形式的变异检索点。数据根据 245 字段的描述技术记录在合适的子字段。

**出现方式**

可选用。可重复。

**指示符**

指示符 1 空（未定义）
指示符 2 空（未定义）

**A）子字段：嵌入字段技术**

数据子字段

| | | |
|---|---|---|
| $1 | 连接数据 | 可重复 |

控制子字段

| | | |
|---|---|---|
| $0 | 说明语 | 不可重复 |
| $2 | 系统代码 | 不可重复 |
| $3 | 规范记录标识号 | 不可重复 |
| $5 | 关系控制 | 不可重复 |
| $6 | 字段连接数据 | 不可重复 |
| $7 | 编目文字和基本检索点义字 | 不可重复 |
| $8 | 编目语种和基本检索点语种 | 不可重复 |

**字段内容注释**

每一个单元依据单元所适用的 2-- 字段编码：名称为 200（规范检索点——个人名称）、210（规范检索点——团体名称）、215（规范检索点——行政管辖区或地理名称）或 220（规范检索点——家族名称），作品集题名为 235（规范检索点——作品集题名）。名称和题名的字段标识符、指示符和数据嵌入在 445 字段中，前置子字段标识符 $1。

必须用控制子字段时，它们应在包含嵌入数据的第一个 $1 子字段之前。

**B）子字段：标准子字段技术**

数据子字段

| | | |
|---|---|---|
| $a | 名称 | 不可重复 |
| $t | 题名 | 不可重复 |
| | | |
| $j | 形式复分 | 可重复 |
| $x | 论题复分 | 可重复 |
| $y | 地理复分 | 可重复 |

$z　时代复分　可重复

控制子字段
$7　编目文字和基本检索点文字　不可重复
$8　编目语种和基本检索点语种　不可重复

**相关字段**

245　规范检索点——名称 / 作品集题名

**例**

例 1

245 ##$1200#1$aShakespeare,$bWilliam,$f1564-1616.$12350#$aWorks.$mRussian
445 ##$1200#1$aShakespeare,$bWilliam,$f1564-1616.$12350#$aWorks.$mUkranian
嵌入字段技术的例子。

例 2

245 ##$aShakespeare, William, 1564-1616$tWorks. Russian
445 ##$aShakespeare, William, 1564-1616$tWorks. Ukranian
标准子字段技术的例子。

例 3

245 ##$1200#0$aРафаэль Санти$f1483-1520$12350#$aФрески
445 ##$1400#0$aРафаэль Санцио$f1483-1520$12350#$aФрески

# 450　变异检索点——论题主题

## 字段定义

该字段包含论题主题检索点或主题范畴以代码和（或）文本形式表现的指向来源形式的变异检索点。

## 出现方式

可选用。可重复。

## 指示符

指示符 1　空（未定义）
指示符 2　空（未定义）

## 子字段

数据子字段

| | | |
|---|---|---|
| $a | 论题主题 | 不可重复 |
| $n | 主题范畴代码 | 可重复 |
| $m | 主题范畴复分代码 | 可重复 |
| | | |
| $j | 形式复分 | 可重复 |
| $x | 论题复分 | 可重复 |
| $y | 地理复分 | 可重复 |
| $z | 时代复分 | 可重复 |

控制子字段

| | | |
|---|---|---|
| $0 | 说明语 | 不可重复 |
| $2 | 系统代码 | 不可重复 |
| $3 | 规范记录标识号 | 不可重复 |
| $5 | 关系控制 | 不可重复 |
| $6 | 字段连接数据 | 不可重复 |
| $7 | 编目文字和基本检索点文字 | 不可重复 |
| $8 | 编目语种和基本检索点语种 | 不可重复 |

## 字段内容注释

450 中的检索点是 2-- 字段检索点的变异或非首选形式，由创建规范记录的机构根据所用的主题系统或主题范畴系统建立。

## 相关字段

250　规范检索点——论题主题

例

例 1

250 ##$aFederal aid to education

450 ##$aEducation$xFederal aid

例 2

152 ##$bnlr_sh

250 ##$aМультикультурное образование

450 ##$aОбразование мультикультурное

450 ##$aПоликультурное образование

450 ##$aИнтеркультурное образование

例 3

250 ##$aВойна в зоне Персидского залива$z1990-1991

450 ##$aИрако-Кувейтский конфликт$z1990-1991

例 4

250 ##$aЧелдоны

300 1#$aСоциальная группа старожильческого населения Сибири

450 ##$aЧалдоны

例 5

250 ##$aЗаповеди библейские

430 ##$aДекалог

450 ##$aБиблейские заповеди

例 6

210 ||$aRussie$cTerritoire sous le contrôle des armées blanches$c1918-1920

330 ##$aSous cette vedette on trouve les documents sur les gouvernements russes blancs constitués à Omsk puis à Irkoutsk en 1918-1920, dirigés par A.V. Koltchak, puis A.I. Denikine (04-01-1920), enfin par P.N. Wrangel (04-04-1920)

410 ||$aRussie$cGouvernements russes blancs$c1918-1920

450 ##$aBlancs, Russes

450 ##$7ba0yba0y$8fre $9 $aRusses blancs

515 ##$5g$311939739$aURSS$z1917-1921 (Révolution)

# 460 变异检索点——出版者、演出和出处等的地点和日期

**字段定义**

该字段包含出版、生产、演出、录制或出处等的地点和日期等指向来源形式的变异检索点。

**出现方式**

可选用。可重复。

**指示符**

指示符 1 空（未定义）
指示符 2 空（未定义）

**子字段**

数据子字段

| | | |
|---|---|---|
| $a | 国家（民族国家） | 不可重复 |
| $b | 州或省等 | 不可重复 |
| $c | 中级行政管辖区 | 可重复 |
| $d | 城市等 | 不可重复 |
| $e | 场所 | 可重复 |
| $f | 日期 | 可重复 |
| $g | 季节 | 不可重复 |
| $h | 场合 | 不可重复 |
| $i | 最终日期 | 不可重复 |
| $k | 城市的区划等 | 可重复 |
| $m | 其他地理区域或特征 | 可重复 |
| $n | 地球外区域 | 可重复 |
| $o | 世界、半球、大陆等地理区域 | 可重复 |

控制子字段

| | | |
|---|---|---|
| $0 | 说明语 | 不可重复 |
| $2 | 系统代码 | 不可重复 |
| $3 | 规范记录标识号 | 不可重复 |
| $5 | 关系控制 | 不可重复 |
| $6 | 字段连接数据 | 不可重复 |
| $7 | 编目文字和基本检索点文字 | 不可重复 |
| $8 | 编目语种和基本检索点语种 | 不可重复 |

**字段内容注释**

460 中的检索点是 2-- 字段中的检索点的变异或非首选形式，由创建规范记录的机构根据所使用的规则建立。

**相关字段**

260 规范检索点——出版、演出和出处等的地点和日期

**例**

例 1

260 ## $8hrvita$aItalija$dVenezia
460 ## $8hrvscr$aItalija$dBenetki
460 ## $8hrvlat$aItalija$dVinegia

例 2

260 ##$8hrvscr$aHrvatska$dOsijek
460 ##$8hrvlat$aHrvatska$dMursa
460 ##$8hrvlat$aHrvatska$dEssekinum
460 ##$8hrvhun$aHrvatska$dEssek

# 480　变异检索点——形式、体裁或物理特征

**字段定义**

该字段是形式、体裁和（或）物理特征检索点指向来源形式的变异检索点。

**出现方式**

可选用。可重复。

**指示符**

指示符 1　空（未定义）
指示符 2　指示实体类型
　　#　未定义
　　0　作品
　　2　载体表现
　　3　单件

**子字段**

数据子字段

| | | |
|---|---|---|
| $a | 款目要素 | 不可重复 |
| $j | 形式复分 | 可重复 |
| $x | 论题复分 | 可重复 |
| $y | 地理复分 | 可重复 |
| $z | 时代复分 | 可重复 |

控制子字段

| | | |
|---|---|---|
| $0 | 说明语 | 不可重复 |
| $2 | 系统代码 | 不可重复 |
| $3 | 规范记录标识号 | 不可重复 |
| $5 | 关系控制 | 不可重复 |
| $6 | 字段连接数据 | 不可重复 |
| $7 | 编目文字和基本检索点文字 | 不可重复 |
| $8 | 编目语种和基本检索点语种 | 不可重复 |

**字段内容注释**

480 中的检索点是 2-- 字段中检索点的变异或非首选形式，由创建规范记录的机构根据所使用的检索点形式的体系的规定建立。

**相关字段**

280　规范检索点——形式、体裁或物理特征

**例**

例 1

152 ##$brbpap

280 ##$aMarbled papers

480 ##$aMarble papers

根据《ACRL 论文术语：善本与特藏编目用主题词表》(*ACRL Paper Terms: a Thesaurusfor Use in Rare Book and Special Collections Cataloging*)，首选 "Marbled papers"，而不是 "Marble papers"。

例 2

152 ##$bgsafd

280 ##$aErotic stories

480 ##$aAdult fiction

依据《小说、戏剧等单独作品主题检索指南》(*Guidelines on subject access to individual works of fiction, drama, etc.*)，首选 Erotic Stories 而不是 Adult Fiction。

# 5--　相关检索点块

## 字段定义和范围

本功能块包含相关检索点，它们构成了记录 2-- 字段中检索点的相关参照结构。定义了以下字段：

500　相关检索点——个人名称
501　相关检索点——对作品负有责任的个人名称
502　相关检索点——与内容表达相关的贡献者的个人名称
510　相关检索点——团体名称
511　相关检索点——对作品负有责任的团体名称
512　相关检索点——与内容表达相关的贡献者的团体名称
515　相关检索点——行政管辖区或地理名称
516　相关检索点——商标
517　相关检索点——印刷者 / 出版者标志
520　相关检索点——家族名称
521　相关检索点——对作品负有责任的家族名称
522　相关检索点——与内容表达相关的贡献者的家族名称

530　相关检索点——题名
531　相关检索点——题名（作品）
532　相关检索点——题名（内容表达）
540　相关检索点——名称 / 题名
541　相关检索点——名称 / 题名（作品）
542　相关检索点——名称 / 题名（内容表达）
543　相关检索点——法律和宗教文本惯用名称 / 题名
545　相关检索点——名称 / 作品集题名

550　相关检索点 ——论题主题
560　相关检索点 ——出版、演出和出处等的地点和日期
580　相关检索点 ——形式、体裁或物理特征

## 字段内容注释

2-- 字段规范检索点和 5-- 字段相关检索点有相同的指示符和子字段标识符。5-- 功能块使用的子字段分别与 2-- 字段下规定的子字段相同，下面将不再详细说明。

以下是 5-- 字段中可能用到的控制子字段：

$0　说明语
$1　连接数据
$2　系统代码
$3　规范记录标识号
$4　关系代码
$5　关系控制
$6　字段连接数据

$7　编目文字和基本检索点文字

$8　编目语种和基本检索点语种

控制子字段的使用在 2-- 规范检索点块前面的阐述中有专门的描述。

# 500　相关检索点——个人名称

## 字段定义

本字段包含与 2-- 字段检索点相关或者与记录所描述的作品关联的个人名称规范形式的检索点。在后一种情况下，应包括 $5 子字段，且其字符 3 应该取值“a”。

## 出现方式

可选用。可重复，除非该字段用于记录与作品关联的创作者的名称。任何后续创作者的名称均应记录在 501、511 和 522 字段，视该名称是个人名称、团体名称或家族名称而定。

## 指示符

指示符 1　空（未定义）

指示符 2　指明名称著录方式

　0　用名或直序方式著录的名称

　1　用姓著录的名称

## 子字段

数据子字段

| | | |
|---|---|---|
| $a | 款目要素 | 不可重复 |
| $b | 除款目要素外的名称其余部分 | 不可重复 |
| $c | 除日期外的名称附加 | 可重复 |
| $d | 罗马数字 | 不可重复 |
| $f | 日期 | 不可重复 |
| $g | 缩写名的扩展形式 | 不可重复 |
| $4 | 关系代码 | 可重复 |
| | | |
| $j | 形式复分 | 可重复 |
| $x | 论题复分 | 可重复 |
| $y | 地理复分 | 可重复 |
| $z | 时代复分 | 可重复 |

控制子字段

| | | |
|---|---|---|
| $0 | 说明语 | 不可重复 |
| $2 | 系统代码 | 不可重复 |
| $3 | 规范记录标识号 | 不可重复 |
| $5 | 关系控制 | 不可重复 |
| $6 | 字段连接数据 | 不可重复 |
| $7 | 编目文字和基本检索点文字 | 不可重复 |
| $8 | 编目语种和基本检索点语种 | 不可重复 |

**字段内容注释**

本字段包含根据记录创建机构所使用的描述性编目规则或主题系统表示的个人名称，同 2-- 字段的检索点相关。

**相关字段**

200　规范检索点——个人名称

**例**

例 1

200 #1$aEdwards,$bP.$g (Paul)
500 #1$aEdwards,$bPaul

例 2

200 #0$aPseudo-Brutus
500 #1$aBrutus,$bMarcus Junius,$f85?-42 B.C.

例 3

200 #0$aKumbel
500 #1$5f$aHein,$bPiet

例 4

200 #1$aRossi$bJean-Baptiste
500 #1$5e$aJaprisot$bSébastien

例 5

200 #1$aMorris,$bJohn
300 0#$aJoint pseudonym of Morris Cargill and John Hearne
500 #1$5f$aCargill,$bMorris
500 #1$5f$aHearne,$bJohn,$f1925-

例 6

200 #0$aКукрыниксы$cхудожники
305 1#Коллективный псевдоним художников$bКуприянов Михаил Васильевич$bКрылов Порфирий Никитич$bСоколов Николай Александрович
400 #1$5f$aКуприянов$bМ. В.$gМихаил Васильевич$f1903-
500 #1$5f0$aКрылов$bП. Н.$gПорфирий Никитич$f1902-
500 #1$5f0$aСоколов$bН. А.$gНиколай Александрович$f1903-

例 7

215 ##$aЕлец, город（Липецкая область）$xИстория
500 #1$3RU\NLR\AUTH\661417544$5h$aЗаусайлов$bА. Н.$gАлександр Николаевич$f1860-1915
500 #1$3RU\NLR\AUTH\661426748$5h$aСтахович$bМ. А.$gМихаил Александрович$f1861-1923

例 8

215 ##$aРоссия$xИстория$z1-я пол. 19 в.

500 #1$3RU\NLR\AUTH\661471681$5h$aКарамзин$bA. H.$gАндрей Николаевич$f1814-1854

例 9

241 #1$3FRBNF138930724$aDebussy, Claude (1862-1918)$4230$tPelléas et Mélisande$sFL 93

500 #1$3FRBNF138930724$5xxxxa$aDebussy$bClaude$f1862-1918$4230

501 #1$3FRBNF119138653$aMaeterlinck$bMaurice$f1862-1949$4480

Debussy 的歌剧 Pelléas et Mélisande, 台本作者是 Maurice Maeterlinck。241 字段描述了标准子字段技术。

例 10

241 ##$8itaita$1001< 名称的规范记录标识号 >$1200#1$aMonti$bElvio$4230$1230##$a≠NSB≠La ≠NSE≠canzone di Marinella

500 #1$3< 名称的规范记录标识号 >$8itaita$5xxxxa$aMonti$bElvio$4230

501 #1$3< 名称的规范记录标识号 >$8itaita$aDe André$bFabrizio$f1940-1999$4520

一首歌曲，Fabrizio De André 作词，Elvio Monti 作曲。241 字段描述嵌入字段技术。

# 501　相关检索点——对作品负有责任的个人名称

## 字段定义

本字段包含与记录所描述的作品相关的个人名称规范形式的检索点。

本字段用于与 FRBR 模型兼容的目录，出现于描述至少一个创作者名称已知的作品的记录中。在描述这种实体的记录中，创作者必须录在 500、510 或 520 字段中，根据其是个人名称、团体名称还是家族名称而定。

## 出现方式

可选用。可重复。

## 指示符

指示符 1　空（未定义）
指示符 2　指明名称著录方式
　　0　用名或直序方式著录的名称
　　1　用姓著录的名称

## 子字段

数据子字段

| | | |
|---|---|---|
| $a | 款目要素 | 必备。不可重复 |
| $b | 除款目要素外的名称其余部分 | 不可重复 |
| $c | 除日期外的名称附加 | 可重复 |
| $d | 罗马数字 | 不可重复 |
| $f | 日期 | 不可重复 |
| $g | 缩写名的扩展形式 | 不可重复 |
| $4 | 关系代码 | 可重复 |

控制子字段

| | | |
|---|---|---|
| $0 | 说明语 | 不可重复 |
| $2 | 系统代码 | 不可重复 |
| $3 | 规范记录标识号 | 不可重复 |
| $5 | 关系控制 | 不可重复 |
| $6 | 字段连接数据 | 不可重复 |
| $7 | 编目文字和基本检索点文字 | 不可重复 |
| $8 | 编目语种和基本检索点语种 | 不可重复 |

## 字段内容注释

本字段包含根据记录创建机构所使用的描述性编目规则表示的个人名称，与 241 字段的检索点相关。

**相关字段**

154 编码数据字段：题名
241 规范检索点——名称 / 题名（作品）
500 相关检索点——个人名称
510 相关检索点——团体名称
520 相关检索点——家族名称
511 相关检索点——对作品负有责任的团体
521 相关检索点——对作品负有责任的家族

**例（241 字段出现“名称”部分）**

例 1

241 #1$aDebussy, Claude (1862-1918)$4230$tPelléas et Mélisande
500 #1$3FRBNF138930724$5xxxxa$aDebussy$bClaude$f1862-1918$4230
501 #1$3FRBNF119138653$aMaeterlink$bMaurice$f1862-1949$4480
Debussy 的歌剧 *Pelléas et Mélisande*, 其台本作者为 Maurice Maeterlinck。字段 241 表明了标准子字段技术。

例 2

241 #1$1200#1$aFerrão,$bRaúl,$f1890-1953$4230$1231##$aNoite de Santo António
500 #1$3<Authority Record Identifier>$5xxxxa$aFerrão,$bRaúl,$f1890-1953$4230
501 #1$3<Authority Record Identifier>$aAraújo,$bNorberto de,$f1889-1952$4520
*Noite de Santo António* 是一首歌曲，Raúl Ferrão 作曲，Norberto de Araújo 作词。241 字段表明了嵌入字段技术。

**例（241 字段不出现“名称”部分）**

例 1

241 #1$tPelléas et Mélisande
500 #1$3FRBNF138930724$5xxxxa$aDebussy$bClaude$f1862-1918$4230
501 #1$3FRBNF119138653$aMaeterlink$bMaurice$f1862-1949$4480
Debussy 的歌剧 *Pelléas et Mélisande*, 其台本作者为 Maurice Maeterlinck。字段 241 表明了标准子字段技术。

例 2

241 #1$1231##$aNoite de Santo António
500 #1$3<Authority Record Identifier>$5xxxxa$aFerrão,$bRaúl,$f1890-1953$4230
501 #1$3<Authority Record Identifier>$aAraújo,$bNorberto de,$f1889-1952$4520
*Noite de Santo António* 是一首歌曲，Raúl Ferrão 作曲，Norberto de Araújo 作词。241 字段表明了嵌入字段技术。

# 502 相关检索点——与内容表达相关的贡献者的个人名称

## 字段定义

本字段包含与作品的内容表达相关的贡献者的个人名称规范形式的检索点。
本字段用于与 FRBR 模型兼容的目录，出现于描述内容表达的记录中。

## 出现方式

可选用。可重复。

## 指示符

指示符 1 空（未定义）
指示符 2 指明名称著录方式
　　0 用名或直序方式著录的名称
　　1 用姓著录的名称

数据子字段

| | | |
|---|---|---|
| $a | 款目要素 | 必备。不可重复 |
| $b | 除款目要素外的名称其余部分 | 不可重复 |
| $c | 除日期外的名称附加 | 可重复 |
| $d | 罗马数字 | 不可重复 |
| $f | 日期 | 不可重复 |
| $g | 缩写名的扩展形式 | 不可重复 |
| $r | 声部或角色（歌剧、戏剧演出等） | 可重复 |
| $4 | 关系代码 | 可重复 |

控制子字段

| | | |
|---|---|---|
| $0 | 说明语 | 不可重复 |
| $2 | 系统代码 | 不可重复 |
| $3 | 规范记录标识号 | 不可重复 |
| $5 | 关系控制 | 不可重复 |
| $6 | 字段连接数据 | 不可重复 |
| $7 | 编目文字和基本检索点文字 | 不可重复 |
| $8 | 编目语种和基本检索点语种 | 不可重复 |

## 字段内容注释

本字段包含根据记录创建机构所使用的描述性编目规则表示的个人名称，与所连接规范记录的 2-- 字段的检索点相关，除了 $r 子字段之外（见《UNIMARC 手册：书目格式》对字段 702、712 和 722 的详细说明）。

## 相关字段

154 编码数据字段：题名

242 规范检索点——名称 / 题名（内容表达）
232 规范检索点——题名（内容表达）
512 相关检索点——与内容表达相关的贡献者的团体名称
522 相关检索点——与内容表达相关的贡献者的家族名称

**例**

242 #1$3 FRBNF147158759$aBizet, Georges (1838-1875)$tCarmen$hActe 2, n° 17$i≠NSB≠La ≠ NSE≠fleur que tu m’avais jetée$nMusique interprétée$o1995$wAlagna$wArmstrong$wLondon Philharmonic

502 #1$3FRBNF139819374$aAlagna$bRoberto$f1963-....$rDon José $4721$4vte

502 #1$3FRBNF138908852$aArmstrong$bRichard$f1943-....$4250

512 02$3FRBNF139047022$aLondon philharmonic orchestra$4545$4oun

# 510　相关检索点——团体名称

## 字段定义

本字段包含与 2-- 字段检索点相关或者与记录所描述的作品关联的团体名称规范形式的检索点。在后一种情况下，应包括 $5 子字段，且其字符 3 应该取值“a”。行政管辖区名称开头，后接一个团体名称从属部分，按团体名称处理（510 字段）；仅有行政管辖区名称或仅有主题复分作为附加成分，则按行政管辖区名称处理（515 字段）。

## 出现形式

可选用。可重复，除非该字段用于记录与作品关联的创作者的名称。任何后续创作者的名称均应记录在 501、511 和 522 字段，视该名称是个人名称、团体名称或家族名称而定。

## 指示符

指示符 1　指示团体类型

指示符 1，指示该团体是否是会议。会议包括大会、报告会等。如果会议名称是一个团体名称的从属部分，该名称被视为一个团体名称。

0　团体名称

1　会议名称

如果源格式没有从其他团体名称中区分出会议名称，本指示符位上应包含一个填充字符。

指示符 2　指明名称著录方式

0　名称以倒序形式著录

1　名称以地点或辖区开始著录

2　名称以直序形式著录

## 子字段

数据子字段

| | | |
|---|---|---|
| $a | 款目要素 | 不可重复 |
| $b | 从属部分 | 可重复 |
| $c | 名称附加或限定 | 可重复 |
| $d | 会议的届次和（或）会议部分的届次 | 不可重复 |
| $e | 会议地点 | 不可重复 |
| $f | 会议日期 | 不可重复 |
| $g | 名称倒置部分 | 不可重复 |
| $h | 除了款目要素及名称倒置部分外的名称部分 | 不可重复 |
| $4 | 关系代码 | 可重复 |

| | | |
|---|---|---|
| $j | 形式复分 | 可重复 |
| $x | 论题复分 | 可重复 |
| $y | 地理复分 | 可重复 |
| $z | 时代复分 | 可重复 |

控制子字段

$0 说明语 不可重复
$2 系统代码 不可重复
$3 规范记录标识号 不可重复
$5 关系控制 不可重复
$6 字段连接数据 不可重复
$7 编目文字和基本检索点文字 不可重复
$8 编目语种和基本检索点语种 不可重复

**字段内容注释**

本字段包含根据记录创建机构所使用的描述性编目规则或主题系统表示的团体名称，与所连接的 2--字段检索点相关。

**相关字段**

210 规范检索点——团体名称

**例**

例 1

210 01$aGreat Britain.$bBoard of Trade
510 01$5b$aGreat Britain.$bDepartment of Trade and Industry
510 01$5b$aGreat Britain.$bDepartment of Trade

例 2

210 02$aAmerican Material Handling Society
510 02$5b$aInternational Material Management Society

例 3

210 12$aMeeting in the Matter of Pollution of Lake Erie and Its Tributaries
510 12$5a$aConference in the Matter of Pollution of Lake Erie and Its Tributaries

例 4

216 ##$aDanone$cmarque
510 02$3< 规范记录标识号 >$aDanone
510 02$3< 规范记录标识号 >$aCompagnie Gervais Danone
300 0#$aMarque des différentes firmes du groupe Gervais
本记录有商标（字段 216 表示）和 Gervais 集团的两个公司之间的相关检索点。
本记录通过建立相关检索点，表达商标（字段 216 表示）和 Gervais 集团两个公司（510 字段表示）之间的相关关系。

例 5

210 02$aРоссийская государственная библиотека
510 02$5a$aГосударственная библиотека СССР им. В.И.Ленина

例 6

210 02$aВсероссийский НИИ растениеводства им. Н. И. Вавилова$cСанкт-Петербург

305 0#$aС 1930 по 1992 гг. см. в каталоге:$bВНИИ растениеводства им. Н. И. Вавилова (Ленинград)

305 0#$aДо 1930 г. см. в каталоге:$bВсесоюзный институт прикладной ботаники и новых культур (Ленинград)

410 02$5z$aИнститут растениеводства им. Н. И. Вавилова$cСанкт-Петербург

510 02$5a0$aВсесоюзный институт прикладной ботаники и новых культур$cЛенинград

510 02$5a0$aВНИИ растениеводства им. Н. И. Вавилова$cЛенинград

例 7

250 ##$aБереговые батареи$yГермания

510 02$5h$a≠NSB≠"≠NSE≠Мирус≠NSB≠"≠NSE≠, батарея

# 511 相关检索点——对作品负有责任的团体名称

## 字段定义

本字段包含与记录所描述的作品相关的团体名称规范形式的检索点。

本字段用于与 FRBR 模型兼容的目录，出现于描述作品的记录中。在描述这种实体的记录中，创作者名称必须录在 500、510 或 520 字段中，根据其是个人名称、团体名称还是家族名称而定。

511 字段还可包含与作品相关的后续团体名称的检索点。

## 出现方式

可选用。可重复。

## 指示符

指示符 1　指示团体类型
　　0　团体名称
　　1　会议名称
指示符 2　指明名称著录方式
　　0　名称以倒序形式著录
　　1　名称以地点或辖区开始著录
　　2　名称以直序形式著录

## 子字段

数据子字段

| | | |
|---|---|---|
| $a | 款目要素 | 必备。不可重复 |
| $b | 从属部分 | 可重复 |
| $c | 名称附加成分或限定 | 可重复 |
| $d | 会议的届次和（或）会议的部分届次 | 不可重复 |
| $e | 会议地点 | 不可重复 |
| $f | 会议日期 | 不可重复 |
| $g | 名称倒置部分 | 不可重复 |
| $h | 除了款目要素及名称倒置部分外的名称部分 | 不可重复 |
| $4 | 关系代码 | 可重复 |

控制子字段

| | | |
|---|---|---|
| $0 | 说明语 | 不可重复 |
| $2 | 系统代码 | 不可重复 |
| $3 | 规范记录标识号 | 不可重复 |
| $5 | 关系控制 | 不可重复 |
| $6 | 字段连接数据 | 不可重复 |
| $7 | 编目文字和基本检索点文字 | 不可重复 |
| $8 | 编目语种和基本检索点语种 | 不可重复 |

### 字段内容注释

本字段包含根据记录创建机构所使用的描述性编目规则表示的团体名称，与所连接的 2-- 字段检索点相关。

### 相关字段

154 编码数据字段：题名
241 规范检索点——名称 / 题名（作品）
500 相关检索点——个人名称
510 相关检索点——团体名称
520 相关检索点——家族名称
501 相关检索点——对作品负有责任的个人名称
521 相关检索点——对作品负有责任的家族名称

**例（241 字段出现“名称”部分）**

241 ##$3FRBNF138930724$8frefre$aMousseigne, Alain (1946-....)$4070$tBarceló avant Barceló, 1973-1982
500 #1$3 FRBNF140457673$5xxxxa$8frefre$aMousseigne$bAlain$f1946-....$4070
511 02$3FRBNF124940968$8frecat$aFundació Pilar i Joan Miró a Mallorca$4070
511 02$3FRBNF125470329$8frefre$a≠NSB≠Les≠NSE≠Abattoirs$cToulouse$4070
511 02$3FRBNF125024348$8frecat$aCentre d'art Santa Mònica$cBarcelone, Espagne$4070
多个创作者（一个个人和三个团体）的展览目录。241 字段表明标准子字段技术。

# 512　相关检索点——与内容表达相关的贡献者的团体名称

## 字段定义

本字段包含与记录所描述作品的内容表达相关的贡献者的团体名称规范形式的检索点。本字段用于与 FRBR 模型兼容的目录，出现于描述内容表达的记录中。

## 出现方式

可选用。可重复。

## 指示符

指示符 1　指示团体类型
　　0　团体名称
　　1　会议名称
指示符 2　指明名称著录方式
　　0　名称以倒序形式著录
　　1　名称以地点或辖区开始著录
　　2　名称以直序形式著录

## 子字段

数据子字段

| | | |
|---|---|---|
| $a | 款目要素 | 必备。不可重复 |
| $b | 从属部分 | 可重复 |
| $c | 名称附加成分或限定 | 可重复 |
| $d | 会议的届次和（或）会议的部分届次 | 不可重复 |
| $e | 会议地点 | 不可重复 |
| $f | 会议日期 | 不可重复 |
| $g | 名称倒置部分 | 不可重复 |
| $h | 除了款目要素及名称倒置部分外的名称部分 | 不可重复 |
| $r | 声部或角色（歌剧、戏剧演出等） | 可重复 |
| $4 | 关系代码 | 可重复 |

控制子字段

| | | |
|---|---|---|
| $0 | 说明语 | 不可重复 |
| $2 | 系统代码 | 不可重复 |
| $3 | 规范记录标识号 | 不可重复 |
| $5 | 关系控制 | 不可重复 |
| $6 | 字段连接数据 | 不可重复 |
| $7 | 编目文字和基本检索点文字 | 不可重复 |
| $8 | 编目语种和基本检索点语种 | 不可重复 |

**字段内容注释**

本字段包含根据记录创建机构所使用的描述性编目规则表示的团体名称，与所连接的 2-- 字段检索点相关，除了 $r 子字段之外（见《UNIMARC 手册：书目格式》对字段 702、712 和 722 的详细说明）。

**相关字段**

154　编码数据字段：题名
242　规范检索点——名称 / 题名（内容表达）
502　相关检索点——与内容表达相关的贡献者的个人名称
522　相关检索点——与内容表达相关的贡献者的家族名称

**例**

242 #1$3<作品的规范记录标识号>$aDebussy, Claude (1862-1918)$tPelléas et Mélisande$sFL 93$nMusique interprétée$qAuberson$qSuisse romande$k1969
502 #1$3FRBNF138909534$aAuberson$bJean-Marie$f1920-....$4250
502 #1$3FRBNF13900289$aTappy$bÉric$f 1931-....$4721$4vbr$rPelléas
[……]
512 02$3FRBNF139056167$aOrchestre de la Suisse romande$4545$4oun
512 02$3FRBNF13903781$aGrand Théâtre$cGenève$bCh?urs$4721$4cmi
Debussy 的歌剧 *Pelléas et Mélisande* 的解释，显示了贡献者的一些款目。242 字段表明了标准子字段技术。

# 515　相关检索点——行政管辖区或地理名称

## 字段定义

本字段包含与 2-- 字段检索点相关的行政管辖区或地理名称规范形式的检索点。仅有行政管辖区名称或仅有主题复分作为附加成分，按行政管辖区名称处理（515 字段）；以行政管辖区名称开头，后接一个团体复分，则按团体名称处理（510 字段）。

## 出现形式

可选用。可重复。

## 指示符

指示符 1　空（未定义）
指示符 2　空（未定义）

## 子字段

数据子字段

| | | |
|---|---|---|
| $a | 款目要素 | 不可重复 |
| | | |
| $j | 形式复分 | 可重复 |
| $x | 论题复分 | 可重复 |
| $y | 地理复分 | 可重复 |
| $z | 时代复分 | 可重复 |

控制子字段

| | | |
|---|---|---|
| $0 | 说明语 | 不可重复 |
| $2 | 系统代码 | 不可重复 |
| $3 | 规范记录标识号 | 不可重复 |
| $5 | 关系控制 | 不可重复 |
| $6 | 字段连接数据 | 不可重复 |
| $7 | 编目文字和基本检索点文字 | 不可重复 |
| $8 | 编目语种和基本检索点语种 | 不可重复 |

## 字段内容注释

本字段包含根据记录创建机构所使用的描述性编目规则或主题系统表示的行政管辖区或地理名称，与 2-- 字段的检索点相关。

## 相关字段

215　规范检索点——行政管辖区或地理名称

**例**

例 1

215 ##$aSri Lanka

515 ##$aCeylon

例 2

215 ##$aKabwe (Zambia)

515 ##$5a$aBrokes Hill (Zambia)

例 3

215 ##$aШри Ланка

515 ##$5a$aЦейлон

例 4

220 ##$aРамессиды$cдинастия$f1206-ок.1070 до н.э.

515 ##$5g$aЕгипет Древний$xИстория

例 5

250 ##$aВойна в зоне Персидского залива$z1990-1991

515 ##$5g$aИрак$xВзаимоотношения с Кувейтом

515 ##$5g$aКувейт$xВзаимоотношения с Ираком

# 516 相关检索点——商标

## 字段定义

本字段包含与 2-- 字段检索点相关的商标名称规范形式的检索点。

## 出现方式

可选用。可重复。

## 指示符

指示符 1 空（未定义）
指示符 2 空（未定义）

## 子字段

数据子字段

| | | |
|---|---|---|
| $a | 数据元素 | 不可重复 |
| $f | 日期 | 不可重复 |
| $c | 限定 | 可重复 |
| | | |
| $j | 形式复分 | 可重复 |
| $x | 论题复分 | 可重复 |
| $y | 地理复分 | 可重复 |
| $z | 时代复分 | 可重复 |

控制子字段

| | | |
|---|---|---|
| $0 | 说明语 | 不可重复 |
| $2 | 系统代码 | 不可重复 |
| $3 | 规范记录标识号 | 不可重复 |
| $5 | 关系控制 | 不可重复 |
| $6 | 字段连接数据 | 不可重复 |
| $7 | 编目文字和基本检索点文字 | 不可重复 |
| $8 | 编目语种和基本检索点语种 | 不可重复 |

## 字段内容注释

本字段包含根据记录创建机构所使用的描述性编目规则或主题系统表示的一个商标名称，与 2-- 字段的检索点相关。

## 相关字段

216 规范检索点——商标

**例**

例 1

216 ##$aColumbia$cmarque américaine

516 ##$3< 规范记录标识号 >$5h$aColumbia Masterworks

例 2

210 02$aDanone

516 ##$3< 规范记录标识号 >$aDanone$cmarque

在本记录中，516 字段用于在一个团体检索点（210 $aDanone）和一个商标检索点（516 $aDanone $cmarque）之间建立相关关系。

# 517　相关检索点——印刷者 / 出版者标志

## 字段定义

本字段包含一个与 2-- 字段检索点相关的印刷者 / 出版者标志名称规范形式的检索点。

## 出现方式

可选用。可重复。

## 指示符

指示符 1　空（未定义）
指示符 2　空（未定义）

## 子字段

数据子字段

| | | |
|---|---|---|
| $a | 印刷者 / 出版者标志描述 | 不可重复 |
| $b | 格言 | 可重复 |
| $c | 标准引证 | 可重复 |
| $d | 大小 | 不可重复 |
| $f | 日期 | 不可重复 |
| $g | 图示术语 | 可重复 |
| $j | 形式复分 | 可重复 |
| $x | 论题复分 | 可重复 |
| $y | 地理复分 | 可重复 |
| $z | 时代复分 | 可重复 |

控制子字段

| | | |
|---|---|---|
| $0 | 说明语 | 不可重复 |
| $2 | 系统代码 | 不可重复 |
| $3 | 规范记录标识号 | 不可重复 |
| $5 | 关系控制 | 不可重复 |
| $6 | 字段连接数据 | 不可重复 |
| $7 | 编目文字和基本检索点文字 | 不可重复 |
| $8 | 编目语种和基本检索点语种 | 不可重复 |

## 字段内容注释

本字段包含根据记录创建机构所使用的识别标志的标准引证规则所表示的印刷者 / 出版者标志名称，与 2-- 字段的检索点相关。

## 相关字段

217　规范检索点——印刷者 / 出版者标志

**例**

152 ## $aRICA

210 00$aSermartelli,$g Bartolomeo$c<1>

340 ##$aTipografo e libraio attivo a Firenze, figlio di Michelangelo de' Libri. Aggiunse al proprio nome il cognome del suo mecenate, che apparteneva alla famiglia Martelli. Cominciò a stampare nel 1553, ma fino al 1563 lavorò poco. Nel 1553 aveva casa e bottega presso il Castello, dal 1559 si spostò nelle vicinanze del Vescovado. M. l'11.4.1604. Dal 1591 gli successe nella direzione dell'Officina il figlio Michelangelo, che stampò fino al 1608.

341 ##$aFirenze$b1553-1591$c In la via nuova da San Giuliano presso al Castello$cpresso il Vescovado$dTestuggine

341 ##$aVenezia, 1574

410 00$aSermartellius$gBartholomaeus$c<1>$3IT\Edit16\CNCT005648

410 02$aBartolomeo di Michelagnuolo S. M.$3IT\Edit16\CNCT004089

517 ##$3IT\Edit16\CNCM001081$aTartaruga che tiene sul guscio una vela con giglio fiorentino. In cornice figurata$cU132

517 ##$3IT\Edit16\CNCM000202$aTartaruga che tiene sul guscio una vela con giglio fiorentino. In cornice figurata$cV78$cZ1153

517 ##$3IT\Edit16\CNCM000083$aTartaruga che tiene sul guscio una vela con giglio fiorentino. In cornice figurata$cV78$cZ1153

517 ##$3IT\Edit16\CNCM000084$aTartaruga che tiene sul guscio una vela con giglio fiorentino. In cornice figurata$cZ1152

517 ##$3IT\Edit16\CNCM001267$aTartaruga che tiene sul guscio una vela. In cornice figurata$cU255

517 ##$3IT\Edit16\CNCM000082$aTartaruga che tiene una vela con giglio fiorentino$cZ1154

517 ##$3IT\Edit16\CNCM000614$aTartaruga che tiene una vela con giglio fiorentino. In cornice figurata$cA58$cZ1155

801 ##3$aIT$bICCU$c2004108

810 ##$aIndex Aureliensis Catalogus Librorum sedecimo saeculo impressorum. Tertia pars. Tomus III. Clavis typographorum librariorumque saeculi sedecimi, 1992. – IACLA$bSermartelli, Bartolomeo

810 ##$aMaracchi Biagiarelli, Berta. I Sermartelli, discendenti di Bartolomeo de' Libri. In: La Bibliofilia, 63 (1961), 3, p. 281-288. – MBSDB$bSermartelli, Bartolomeo

810 ##$aBorsa, Gedeon Clavis typographorum librariorumque italiae, 1465-1600., 1980. – BORSA$bSermartelli, Bartolomeo

810 ##$aShort-title Catalogue of Books printed in Italy and of Italian Books printed in other countries from 1465 to 1600 now in the British Library, 1986. – BMSTC$bSermartelli, Bartolomeo

810 ##$aCatalogue of Books printed on the Continent of Europe, 1501-1600 in Cambridge Libraries. Compiled by H. M. Adams, 1967 – ADCAM$bSermartelli, Bartolomeo

810 ##$aAscarelli, Fernanda – Menato, Marco. La tipografia del '500 in Italia, 1989 – AMTCI$bSermartelli Bartolomeo sen.

810 ##$aEDIT16$uhttp://edit16.iccu.sbn.it$bSermartelli, Bartolomeo$c<1>

856 4#$uhttp://edit16.iccu.sbn.it/scripts/iccu_ext.dll?fn=13&i=160

# 520　相关检索点——家族名称

**字段定义**

本字段包含一个与 2-- 字段检索点相关或者与记录所描述的作品关联的家族名称规范形式的检索点。在后一种情况下，应包括 $5 子字段，且其字符 3 应该取值“a”。

**出现方式**

可选用。可重复，除非该字段用于记录与作品关联的创作者的名称。任何后续创作者的名称均应记录在 501、511 和 522 字段，视该名称是个人名称、团体名称或家族名称而定。

**指示符**

指示符 1　空（未定义）
指示符 2　空（未定义）

**子字段**

数据子字段

| | | |
|---|---|---|
| $a | 款目要素 | 不可重复 |
| $c | 家族类型 | 不可重复 |
| $d | 与家族有关的地点 | 可重复 |
| $f | 日期 | 不可重复 |
| $4 | 关系代码 | 可重复 |
| | | |
| $j | 形式复分 | 可重复 |
| $x | 论题复分 | 可重复 |
| $y | 地理复分 | 可重复 |
| $z | 时代复分 | 可重复 |

控制子字段

| | | |
|---|---|---|
| $0 | 说明语 | 不可重复 |
| $2 | 系统代码 | 不可重复 |
| $3 | 规范记录标识号 | 不可重复 |
| $5 | 关系控制 | 不可重复 |
| $6 | 字段连接数据 | 不可重复 |
| $7 | 编目文字和基本检索点文字 | 不可重复 |
| $8 | 编目语种和基本检索点语种 | 不可重复 |

**字段内容注释**

本字段包含根据记录创建机构所使用的描述性编目规则或主题系统表示的家族名称，与 2-- 字段的检索点相关。

**相关字段**

220　规范检索点——家族名称

**例**

例 1

220 ##$aDuecker family
520 ##$aDruecker family

例 2

215 ##$aЮгославия$xИстория$z20 в.
520 ##$3RU\NLR\AUTH\661336492$5g$aКарагеоргиевич$cдинастия

例 3

200 #0$aКонстантин Николаевич$cвеликий князь$f1827-1892
520 ##$3RU\NLR\AUTH\661238026$5g$aРомановы$cсемья

# 521　相关检索点——对作品负有责任的家族名称

**字段定义**

本字段包含与记录所描述的作品相关的家族名称规范形式的检索点。

本字段用于与 FRBR 模型兼容的目录，出现于描述作品的记录中。在描述这种实体的记录中，创作者名称必须录在 500、510 或 520 字段中，根据其是个人名称、团体名称还是家族名称而定。

**出现方式**

可选用。可重复。

**指示符**

指示符 1　空（未定义）
指示符 2　空（未定义）

**子字段**

数据子字段

| | | |
|---|---|---|
| $a | 款目要素 | 必备。不可重复 |
| $c | 家族类型 | 不可重复 |
| $d | 与家族有关的地点 | 可重复 |
| $f | 日期 | 不可重复 |
| $4 | 关系代码 | 可重复 |

控制子字段

| | | |
|---|---|---|
| $0 | 说明语 | 不可重复 |
| $2 | 系统代码 | 不可重复 |
| $3 | 规范记录标识号 | 不可重复 |
| $5 | 关系控制 | 不可重复 |
| $6 | 字段连接数据 | 不可重复 |
| $7 | 编目文字和基本检索点文字 | 不可重复 |
| $8 | 编目语种和基本检索点语种 | 不可重复 |

**字段内容注释**

本字段包含根据记录创建机构所使用的描述性编目规则表示的家族名称，与所连接规范记录的 241 字段的检索点相关。

**相关字段**

154　编码数据字段：题名
241　规范检索点——名称 / 题名（作品）
500　相关检索点——个人名称
510　相关检索点——团体名称

520　相关检索点——家族名称
501　相关检索点——对作品负有责任的个人名称
511　相关检索点——对作品负有责任的团体名称

# 522　相关检索点——与内容表达相关的贡献者的家族名称

**字段定义**

本字段包含与作品的内容表达相关的贡献者家族名称规范形式的检索点。
本字段用于与 FRBR 模型兼容的目录，出现于描述内容表达的记录中。

**出现方式**

可选用。可重复。

**指示符**

指示符 1　空（未定义）
指示符 2　指明名称著录方式
　　0　用名或直序方式著录的名称
　　1　用姓著录的名称

数据子字段

| | | |
|---|---|---|
| $a | 款目要素 | 必备。不可重复 |
| $c | 家族类型 | 不可重复 |
| $d | 与家族有关的地点 | 可重复 |
| $f | 日期 | 不可重复 |
| $r | 声部或角色（歌剧、戏剧演出等） | 可重复 |
| $4 | 关系代码 | 可重复 |

控制子字段

| | | |
|---|---|---|
| $0 | 说明语 | 不可重复 |
| $2 | 系统代码 | 不可重复 |
| $3 | 规范记录标识号 | 不可重复 |
| $5 | 关系控制 | 不可重复 |
| $6 | 字段连接数据 | 不可重复 |
| $7 | 编目文字和基本检索点文字 | 不可重复 |
| $8 | 编目语种和基本检索点语种 | 不可重复 |

**字段内容注释**

本字段包含根据记录创建机构所使用的描述性编目规则表示的家族名称，与所连接规范记录的 2-- 字段的检索点相关，除了 $r 子字段之外（见《UNIMARC 手册：书目格式》对字段 702、712 和 722 的详细说明）。

**相关字段**

154　编码数据字段：题名
242　规范检索点——名称 / 题名（内容表达）
512　相关检索点——与内容表达相关的贡献者的团体名称
522　相关检索点——与内容表达相关的贡献者的家族名称

# 530　相关检索点——题名

## 字段定义

本字段包含一个与 2-- 字段检索点相关的题名规范形式的检索点。

## 出现方式

可选用。可重复。

## 指示符

指示符 1　空（未定义）
指示符 2　空（未定义）

## 子字段

数据子字段

| | | |
|---|---|---|
| $a | 款目要素 | 不可重复 |
| $b | 一般资料标识 | 可重复 |
| $h | 分辑或部分号 | 可重复 |
| $i | 分辑或部分名 | 可重复 |
| $k | 出版日期 | 不可重复 |
| $l | 形式副标目 | 不可重复 |
| $m | 语种 | 不可重复 |
| $n | 其他信息 | 可重复 |
| $q | 版本（或版本日期） | 不可重复 |
| $r | 表演介质（音乐） | 可重复 |
| $s | 数字标识（音乐） | 可重复 |
| $u | 调（音乐） | 不可重复 |
| $w | 改编说明（音乐） | 可重复 |
| | | |
| $j | 形式复分 | 可重复 |
| $x | 论题复分 | 可重复 |
| $y | 地理复分 | 可重复 |
| $z | 时代复分 | 可重复 |

控制子字段

| | | |
|---|---|---|
| $0 | 说明语 | 不可重复 |
| $2 | 系统代码 | 不可重复 |
| $3 | 规范记录标识号 | 不可重复 |
| $5 | 关系控制 | 不可重复 |
| $6 | 字段连接数据 | 不可重复 |
| $7 | 编目文字和基本检索点文字 | 不可重复 |
| $8 | 编目语种和基本检索点语种 | 不可重复 |

**字段内容注释**

本字段包含根据记录创建机构所使用的描述性编目规则或主题系统表示的作品的题名或作品 / 载体表现的题名，与 2-- 字段的检索点相关。

**相关字段**

230 规范检索点——题名

**例**

例 1

230 ##$aCaedmon manuscripts
530 ##$aDaniel (Anglo-Saxon poem)

例 2

230 ##$aKoran$xReadings
530 ##$aKoran$xCriticism, Textual

例 3

230 ##$aAbschied$sD 957 n° 7
530 ##$5h$aSchwanengesang$sD957 et 965 A

例 4

230 ##$aБиблия$iВетхий завет
305 0#$aОдин из разделов Библии, издания которой см. в каталоге:$bБиблия
430 ##$aБиблия$iВосемь книг Ветхого Завета
430 ##$aВетхий Завет
430 ##$aКниги Священного писания Ветхого Завета в русском переводе
530 ##$aБиблия
530 ##$aБиблия$iВетхий Завет$iПятикнижие
530 ##$aПророки
530 ##$aИезикиль

例 5

200 #1$aЛютер$bM.$gМартин$f1483-1546
530 ##$aБиблия Мартина Лютера

例 6

200 #0$aИов (библейский персонаж)
530 ##$3RU\NLR\AUTH\6674151$aБиблия$iВетхий Завет

例 7

230 ##$a≠NSB≠"≠NSE≠Легенды о Граале≠NSB≠"≠NSE≠$lсредневековый рыцарский роман
530 ##$3RU\NLR\AUTH\66332490$aГрааль$lзападноевропейская средневековая легенда о таинственной чаше
550 ##$3RU\NLR\AUTH\66417440$aСредневековая литература

例 8

250 ##$aЛетописи русские$z15-16 вв.

530 ##$3RU\NLR\AUTH\661311133$aТверская летопись

例 9

215 ##$aВеликое княжество Литовское

530 ##$3RU\NLR\AUTH\661310904$5z$aЛитовский статут$z1529

# 531 相关检索点——题名（作品）

## 字段定义

本字段包含一个与 231 字段检索点相关的题名规范形式的检索点。
本字段用于与 FRBR 模型兼容的目录，并出现在描述作品的记录中。

## 出现方式

可选用。可重复。

## 指示符

指示符 1　空（未定义）
指示符 2　空（未定义）

## 子字段

子字段的完整描述参见 231 字段下的说明。

数据子字段

| | | |
|---|---|---|
| $a | 题名 | 必备 |
| $h | 分辑或部分号 | 对于细分部分可重复 |
| $i | 分辑或部分名 | 对于细分部分可重复 |
| $c | 作品的形式 | 不可重复 |
| $d | 作品的日期 | 不可重复 |
| $e | 作品的来源地 | 不可重复 |
| $f | 作品的原始语种 | 不可重复 |
| $k | 作品的其他区别特征 | 可重复 |
| $r | 表演介质（音乐） | 可重复 |
| $s | 数字标识（音乐） | 可重复 |
| $u | 调（音乐） | 不可重复 |
| $j | 形式复分 | 可重复 |
| $x | 论题复分 | 可重复 |
| $y | 地理复分 | 可重复 |
| $z | 时代复分 | 可重复 |

控制子字段

| | | |
|---|---|---|
| $5 | 关系控制 | 不可重复 |
| $7 | 编目文字和基本检索点文字 | 不可重复 |
| $8 | 编目语种和基本检索点语种 | 不可重复 |

## 相关字段

231　规范检索点——题名（作品）
431　变异检索点——题名（作品）

731 其他语言和（或）文字的规范检索点——题名（作品）

**例**

231 ##$7ba0yba0a$8fresan$aMahābhārata$iVanaparva$iNalopākhyāna

531 ##$5xxe$3FRBNF12271283$7ba0yba0a$8fresan$aMahābhārata$iVanaparva

*Mahābhārata. Vanaparva. Nalopākhyāna*（231 字段）是 *Mahābhārata. Vanaparva*（531 字段）的一部分。531 字段 $5 子字段字符位 2 取值“e”，“更大作品的部分”。

# 532 相关检索点——题名（内容表达）

## 字段定义

本字段包含一个与 232 字段检索点相关的题名规范形式的检索点。
本字段用于与 FRBR 模型兼容的目录，并且出现在描述内容表达的记录中。

## 出现方式

可选用。可重复

## 指示符

指示符 1　空（未定义）
指示符 2　空（未定义）

## 子字段

关于子字段的完整说明可以见 232 字段。

数据子字段

| | | |
|---|---|---|
| $a | 题名 [ 作品 ] | 必备 |
| $h | 分辑或部分号 [ 作品 ] | 对于细分部分可重复 |
| $i | 分辑或部分名 [ 作品 ] | 对于细分部分可重复 |
| $c | 作品的形式 [ 作品 ] | 不可重复 |
| $d | 作品的日期 [ 作品 ] | 不可重复 |
| $e | 作品的来源地 [ 作品 ] | 不可重复 |
| $f | 作品的原始语种 [ 作品 ] | 不可重复 |
| $k | 作品的其他区别特征 [ 作品 ] | 可重复 |
| $r | 表演介质（音乐）[ 作品 ] | 可重复 |
| $s | 数字标识（音乐）[ 作品 ] | 可重复 |
| $u | 调（音乐）[ 作品 ] | 不可重复 |
| $l | 内容表达的形式 [ 内容表达 ] | 不可重复 |
| $m | 内容表达的语种 [ 内容表达 ] | 不可重复 |
| $n | 内容类型 [ 内容表达 ] | 不可重复 |
| $o | 内容表达的日期 [ 内容表达 ] | 不可重复 |
| $v | 表演介质（音乐）[ 内容表达 ] | 可重复 |
| $w | 内容表达的其他特征 [ 内容表达 ] | 可重复 |
| $4 | 关系代码 | 可重复 |
| $j | 形式复分 | 可重复 |
| $x | 论题复分 | 可重复 |
| $y | 地理复分 | 可重复 |
| $z | 时代复分 | 可重复 |

控制子字段

| | | |
|---|---|---|
| $5 | 关系控制 | 不可重复 |
| $7 | 编目文字和基本检索点文字 | 不可重复 |
| $8 | 编目语种和基本检索点语种 | 不可重复 |

**相关字段**

232 规范检索点——题名（内容表达）
432 变异检索点——题名（内容表达）
732 其他语言和（或）文字的规范检索点——题名（内容表达）

**例**

232 ## $3< 作品的规范记录标识号 >$aСиндбад-мореход$mрус.$wБ.Д. Порозовская
532 ## $3< 内容表达的规范记录标识号 >$aСиндбад-мореход$mфранц.
"Синдбад-мореход"（航海者辛巴达）的俄语译者 B. Porozovskaya 并非从原文翻译，而是根据法语译本翻译的。该关系建立于同一种作品的两种内容表达（译本）之间。532 字段中的子字段 $3 包含内容表达（法语译本）的规范记录标识号。

# 540　相关检索点——名称 / 题名

## 字段定义

本字段包含一个与 2-- 字段检索点相关的名称 / 题名规范形式的检索点。数据根据 240 字段的描述方式记录在合适的子字段。

## 出现方式

可选用。可重复。

## 指示符

指示符 1　空（未定义）
指示符 2　空（未定义）

## A）子字段：嵌入字段技术

数据子字段

| | | |
|---|---|---|
| $1 | 连接数据 | 可重复 |

控制子字段

| | | |
|---|---|---|
| $0 | 说明语 | 不可重复 |
| $2 | 系统代码 | 不可重复 |
| $3 | 规范记录标识号 | 不可重复 |
| $5 | 关系控制 | 不可重复 |
| $6 | 字段连接数据 | 不可重复 |
| $7 | 编目文字和基本检索点文字 | 不可重复 |
| $8 | 编目语种和基本检索点语种 | 不可重复 |

## 字段内容注释

每一个单元依据该单元所适用的 2-- 字段编码：200（规范检索点——个人名称）， 210（规范检索点——团体名称），215（规范检索点——行政管辖区或地理名称）或 220（规范检索点——家族名称）和 230（规范检索点——题名）。名称和题名的字段标识符、指示符、数据子字段，分别由 $1 子字段引导，被嵌入 540 字段。

必须用控制子字段时，它们应在包含嵌入数据的第一个 $1 子字段之前。

## B）子字段：标准子字段技术

数据子字段

| | | |
|---|---|---|
| $a | 名称 | 不可重复 |
| $t | 题名 | 不可重复 |
| | | |
| $j | 形式复分 | 可重复 |
| $x | 论题复分 | 可重复 |

$y　地理复分　可重复
$z　时代复分　可重复

控制子字段
$7　编目文字和基本检索点文字　不可重复
$8　编目语种和基本检索点语种　不可重复

**相关字段**

240　规范检索点——名称 / 题名

**例**

例 1

240 ##$1200#1$aFauré,$bGabriel,$f1845-1924.$1230##$aBallades,$rpiano,$sop.19

540 ##$385023456$1200#1$aFauré,$bGabriel,$f1845-1924.$1230##$aBallades,$rpiano and orchestra,$sop.19

例 2

240 ##$1200#1$aЧайковский$gПетр Ильич$bП. И.$f1840-1893$1230##$a≠NSB≠"≠NSE≠Ромео и Джульетта≠NSB≠"≠NSE≠

540 ##$3RU\NLR\AUTH\661390050$1200#1$aШекспир$bУ.$gУильям$f1564 – 1616$1230##$a≠NSB≠"≠NSE≠Ромео и Джульетта≠NSB≠"≠NSE≠$xМузыкальные интерпретации

例 3

250 ##$aМонументальная скульптура русская$yВеликий Новгород, город

540 ##$3RU\NLR\AUTH\66744978$5h$1200#1$aМикешин$bM. O.$gМихаил Осипович$f1836-1896$1230##$a≠NSB≠"≠NSE≠Тысячелетию России≠NSB≠"≠NSE≠, памятник$yВеликий Новгород, город

例 4

245 ##$1200#1$aГорький$bM.$gМаксим$f1868-1936$12352#$aАвтобиографические повести

305 1#$a$aСм. также под названиями отдельных повестей$bГорький, Максим, 1868-1936. Детство$bГорький, Максим, 1868-1936. В людях$bГорький, Максим, 1868-1936. Мои университеты

540 ##$1200#1$aГорький$bM.$gМаксим$f1868-1936$1230##$aДетство

540 ##$1200#1$aГорький$bM.$gМаксим$f1868-1936$1230##$aВ людях

540 ##$1200#1$aГорький$bM.$gМаксим$f1868-1936$1230##$aМои университеты

# 541 相关检索点——名称 / 题名（作品）

## 字段定义

本字段包含一个与 2-- 字段检索点相关的名称 / 题名规范形式的检索点。数据根据 241 字段描述的技术记录在合适的子字段。

本字段用于与 FRBR 模型兼容的目录，并出现在描述作品的记录中。

## 出现方式

可选用。可重复。

## 指示符

指示符 1　空（未定义）
指示符 2　结构指示符
　　#　不适用（嵌入字段技术）或没有可获得的信息（标准子字段技术）
　　0　非结构化题名（标准子字段技术）
　　1　结构化题名（标准子字段技术）

## A）子字段：嵌入字段技术

数据子字段

| | | |
|---|---|---|
| $1 | 连接数据 | 可重复 |

控制子字段

| | | |
|---|---|---|
| $0 | 说明语 | 不可重复 |
| $2 | 系统代码 | 不可重复 |
| $3 | 规范记录标识号 | 不可重复 |
| $5 | 关系控制 | 不可重复 |
| $6 | 字段连接数据 | 不可重复 |
| $7 | 编目文字和基本检索点的文字 | 不可重复 |
| $8 | 编目语种和基本检索点语种 | 不可重复 |

## 字段内容注释

每一个单元依据单元所适用的 2-- 字段编码：200（规范检索点——个人名称），210（规范检索点——团体名称），215（规范检索点——行政管辖区或地理名称）或针对于名称的 220（规范检索点——家族名称），及针对题名的 231[ 规范检索点——题名（作品）]。541 字段用 $1 子字段嵌入字段标识符、字段指示符以及名称和题名数据子字段。主题复分置于嵌入题名字段中。

必须用控制子字段时，它们应在包含嵌入数据的第一个 $1 子字段之前。（为 200, 210, 215, 220, 230, 231 或 232 字段定义的控制子字段不嵌入在 $1 子字段中。）

关于嵌入字段的更详细的说明见《UNIMARC 手册：书目格式》，包含在 4-- 字段块中。

## B）子字段：标准子字段技术

关于子字段的完整说明可以见字段 241。

数据子字段

| | | |
|---|---|---|
| $a | 名称 | 可选用。不可重复 |
| $t | 题名 | 必备 |
| $h | 分辑或部分号 | 对于细分部分可重复 |
| $i | 分辑或部分名 | 对于细分部分可重复 |
| $c | 作品的形式 | 不可重复 |
| $d | 作品的日期 | 不可重复 |
| $e | 作品的来源地 | 不可重复 |
| $f | 作品的原始语种 | 不可重复 |
| $k | 作品的其他区别特征 | 可重复 |
| $r | 表演介质（音乐） | 可重复 |
| $s | 数字标识（音乐） | 可重复 |
| $u | 调（音乐） | 不可重复 |

控制子字段

| | | |
|---|---|---|
| $3 | 相关作品的规范记录标识号 | 不可重复 |
| $7 | 编目文字和基本检索点文字 | 不可重复 |
| $8 | 编目语种和基本检索点语种 | 不可重复 |

**相关字段**

241 规范检索点——名称 / 题名（作品）
441 变异检索点——名称 / 题名（作品）
741 其他语言和（或）文字的规范检索点——名称 / 题名（作品）

**例**

例 1 嵌入字段技术

241 ## $3001RU\NLR\AUTH\7752996$1200#1$aДаргомыжский$bA. C.$f1813-1869$gАлександр Сергеевич$1231##$aБог помочь вам!...$cроманс

541 ## $5xxa$1200#1$aПушкин$bA. C.$f1799-1837$gАлександр Сергеевич$1231##$a19 октября 1827

Alexander Dargomyzhsky 的浪漫曲 “Бог помочь вам!...” 根据 Alexander Pushkin 的诗歌 “19 октября 1827” 而创作。

例 2 嵌入字段技术

241 ## $1001RU\NLR\AUTH\773529$1200#1$aБулгаков$gМихаил Афанасьевич$bM. A.$f1891–1940$1231##$aМастер и Маргарита$cроман

541 ## $3< 作品的规范记录标识号 >$5xxc$1200#1$aПетров$bA. П.$cкомпозитор$f1930-2006$gАндрей Павлович$1231##$aМастер и Маргарита$cсимфония-фантазия

541 ## $3< 作品的规范记录标识号 >$5xxc$1200#1$aВиктюк$bP.Г.$f1936-$gРоман Григорьевич$4300$1231##$aМастер и Маргарита, или Сны Ивана Бездомного$cспектакль

541 ## $3< 作品的规范记录标识号 >$5xxc$1200#1$aВайда$bA.$f1926-$gАнджей $4300$1231##$aПилат и другие$cкинофильм

Mikhail Bulgakov 的小说 “Мастер и Маргарита” 以及根据该小说创作的另三种作品 ——Andrey Petrov 的交响曲 «Мастер и Маргарита»、Roman Viktyuk 的话剧 «Мастер и Маргарита, или Сны Ивана Бездомного» 和 Andrzej Wajda 的电影 «Пилат и другие»。

# 542　相关检索点——名称 / 题名（内容表达）

## 字段定义

该字段包含与 2-- 字段中的检索点相关的名称 / 题名规范形式的检索点。数据根据 242 字段描述的技术记录在合适的子字段。

本字段用于与 FRBR 模型兼容的目录，并且出现在描述内容表达的记录中。

## 出现方式

可选用。可重复。

## 指示符

指示符 1　空（未定义）
指示符 2　结构指示符
　　# 　不适用（嵌入字段技术）或信息不可获得（标准子字段技术）
　　0 　非结构化题名（标准子字段技术）
　　1 　结构化题名（标准子字段技术）

## A）子字段：嵌入字段技术

数据子字段

| | | |
|---|---|---|
| $1 | 连接数据 | 可重复 |

控制子字段

| | | |
|---|---|---|
| $0 | 说明语 | 不可重复 |
| $2 | 系统代码 | 不可重复 |
| $3 | 规范记录标识号 | 不可重复 |
| $5 | 关系控制 | 不可重复 |
| $6 | 字段连接数据 | 不可重复 |
| $7 | 编目文字和基本检索点文字 | 不可重复 |
| $8 | 编目语种和基本检索点语种 | 不可重复 |

## 字段内容注释

每一个单元依据单元所适用的 2-- 字段编码：200（规范检索点——个人名称），210（规范检索点——团体名称），215（规范检索点——行政管辖区或地理名称）或针对于名称的 220（规范检索点——家族名称），及针对题名的 232[ 规范检索点——题名（内容表达）]。542 字段用 $1 子字段嵌入字段标识符、字段指示符以及名称和题名数据子字段。主题复分置于嵌入题名字段中。

必须用控制子字段时，它们应在包含嵌入数据的第一个 $1 子字段之前。（为 200, 210, 215, 220, 230, 231 或 232 字段定义的控制子字段不嵌入在 $1 子字段中。）

关于嵌入字段的更详细的说明见《UNIMARC 手册：书目格式》，包含在 4-- 字段块中。

## B）子字段：标准子字段技术

关于子字段的完整说明可以见字段 242。

数据子字段

| | | |
|---|---|---|
| $a | 名称 [ 作品 ] | 必备。不可重复 |
| $t | 题名 [ 作品 ] | 必备 |
| $h | 分辑或部分号 [ 作品 ] | 对于细分部分可重复 |
| $i | 分辑或部分名 [ 作品 ] | 对于细分部分可重复 |
| $c | 作品的形式 [ 作品 ] | 不可重复 |
| $d | 作品的日期 [ 作品 ] | 不可重复 |
| $e | 作品的来源地 [ 作品 ] | 不可重复 |
| $f | 作品的原始语种 [ 作品 ] | 不可重复 |
| $k | 作品的其他区别特征 [ 作品 ] | 可重复 |
| $r | 表演介质（音乐）[ 作品 ] | 可重复 |
| $s | 数字标识（音乐）[ 作品 ] | 可重复 |
| $u | 调（音乐）[ 作品 ] | 不可重复 |
| $l | 内容表达的形式 [ 内容表达 ] | 不可重复 |
| $m | 内容表达的语种 [ 内容表达 ] | 不可重复 |
| $n | 内容类型 [ 内容表达 ] | 不可重复 |
| $o | 内容表达的日期 [ 内容表达 ] | 不可重复 |
| $v | 表演介质（音乐）[ 内容表达 ] | 可重复 |
| $w | 内容表达的其他特征 [ 内容表达 ] | 可重复 |
| $4 | 关系代码 | 可重复 |
| $j | 形式复分 | 可重复 |
| $x | 论题复分 | 可重复 |
| $y | 地理复分 | 可重复 |
| $z | 时代复分 | 可重复 |

控制子字段

| | | |
|---|---|---|
| $3 | 相关作品的规范记录标识号 | 不可重复 |
| $7 | 编目文字和基本检索点文字 | 不可重复 |
| $8 | 编目语种和基本检索点语种 | 不可重复 |

**相关字段**

242 规范检索点——名称 / 题名（内容表达）
442 变异检索点——名称 / 题名（内容表达）
742 其他语言和（或）文字的规范检索点——名称 / 题名（内容表达）

**例**

242 ## $1001< 作品的规范记录标识号 >$1200#1$aМусоргский$bМ. П.$f1839-1881$gМодест Петрович $1241##$aБорис Годунов$cлибретто$o1872

542 ## $3< 内容表达的规范记录标识号 >$1200#1$aМусоргский$bМ. П.$f1839-1881 $gМодест Петрович$1241##$aБорис Годунов$cлибретто$mфранц.$wЛ. Лалуа

542 ## $3< 内容表达的规范记录标识号 >$1200#1$aМусоргский$bМ. П.$f1839-1881 $gМодест Петрович$1241##$aБорис Годунов$cопера$wН.А.Римский-Корсаков

内容表达（242 字段）是 M. Musorgsky 歌剧 “Boris Godunov” (1872 年修订版）的台本。第一个 542 字段包含内容表达（台本的法语翻译版，译者 Lui Lalua）的检索点，该关系建立在同一作品的不同内容表达之间。第二个 542 字段包含内容表达（N. Rimsky-Korsakov 改编的歌剧版本）的检索点，该关系建立在不同作品的内容表达之间。在两种情况下，542 字段都有 $3 子字段，包括内容表达的规范记录标识号。

# 543　相关检索点——法律和宗教文本惯用名称 / 题名

**字段定义**

本字段包含与 2-- 字段检索点相关的法律和宗教文本惯用名称 / 题名规范形式的检索点。

**出现方式**

可选用。可重复。

**指示符**

指示符 1　空（未定义）
指示符 2　指示惯用名称 / 题名的形式
　　1　国名或其他地理名称前置形式著录的名称
　　　用于行政管辖区地理名称。
　　2　其他形式著录的名称
　　　用于教会名称。

**子字段**

数据子字段

| | | |
|---|---|---|
| $a | 款目要素 | 不可重复 |
| $b | 从属部分 | 可重复 |
| $c | 名称附加或限定 | 可重复 |
| $e | 其他方名称 | 不可重复 |
| $f | 法律发布或版本的日期，或签署的日期 | 可重复 |
| $i | 分辑或部分名 | 可重复 |
| $l | 形式副标目 | 可重复 |
| $n | 其他信息 | 可重复 |
| $t | 惯用题名 | 不可重复 |
| | | |
| $j | 形式复分 | 可重复 |
| $x | 论题复分 | 可重复 |
| $y | 地理复分 | 可重复 |
| $z | 时代复分 | 可重复 |

控制子字段

| | | |
|---|---|---|
| $0 | 说明语 | 可重复 |
| $2 | 系统代码 | 不可重复 |
| $3 | 规范记录标识号 | 不可重复 |
| $5 | 关系控制 | 不可重复 |
| $6 | 字段连接数据 | 可重复 |
| $7 | 编目文字和基本检索点文字 | 不可重复 |
| $8 | 编目语种和基本检索点语种 | 不可重复 |

**字段内容注释**

本字段包含根据记录创建机构所使用的描述性编目规则或主题系统表示的惯用名称 / 题名，与 2-- 字段的检索点相关。

**相关字段**

243 规范检索点——法律和宗教文本的惯用名称 / 题名

# 545　相关检索点——名称 / 作品集题名

**字段定义**

本字段包含一个与 2-- 字段检索点相关的名称 / 作品集题名规范形式的检索点。数据根据 240 字段的描述方式记录在合适的子字段。

**出现方式**

可选用。可重复。

**指示符**

指示符 1　空（未定义）
指示符 2　空（未定义）

**A）子字段：嵌入字段技术**

数据子字段

| | | |
|---|---|---|
| $1 | 连接数据 | 可重复 |

控制子字段

| | | |
|---|---|---|
| $0 | 说明语 | 不可重复 |
| $2 | 系统代码 | 不可重复 |
| $3 | 规范记录标识号 | 不可重复 |
| $5 | 关系控制 | 不可重复 |
| $6 | 字段连接数据 | 不可重复 |
| $7 | 编目文字和基本检索点文字 | 不可重复 |
| $8 | 编目语种和基本检索点语种 | 不可重复 |

**字段内容注释**

每一个单元依据该单元所适用的 2-- 字段编码：200（规范检索点——个人名称），210（规范检索点——团体名称），215（规范检索点——行政管辖区或地理名称）或 220（规范检索点——家族名称）；和 235（规范检索点——作品集题名）。名称和题名的字段标识符、指示符、数据，分别由 $1 子字段引导，被嵌入 545 字段。

必须用控制子字段时，它们应在包含嵌入数据的第一个 $1 子字段之前。

**B）子字段：标准子字段技术**

数据子字段

| | | |
|---|---|---|
| $a | 名称 | 不可重复 |
| $t | 题名 | 不可重复 |
| | | |
| $j | 形式复分 | 可重复 |
| $x | 论题复分 | 可重复 |
| $y | 地理复分 | 可重复 |

$z 时代复分 可重复

控制子字段

$7 编目文字和基本检索点文字 不可重复

$8 编目语种和基本检索点语种 不可重复

**相关字段**

245 规范检索点——名称 / 作品集题名

**例**

例 1

245 ##$1200#1$aShakespeare,$bWilliam,$f1564-1616.$12350#$aPlays

545 ##$1200#1$aShakespeare,$bWilliam,$f1564-1616.$12350#$aWorks

例 2

240 ##$1200#1$aГорький$bM.$gМаксим$f1868-1936$1230##$aДетство

545 ##$1200#1$aГорький$bM.$gМаксим$f1868-1936$12351#$aАвтобиографические повести

例 3

250 ##$aКнижная иллюстрация$yГермания$z16 в.

545 ##$3RU\NLR\AUTH\66314598$1200#1$aГольбейн$gГанс$bГ.$f1497-1543$12351#$aИллюстрации к Ветхому Завету

545 ##$3RU\NLR\AUTH\661309695$1200#1$aАльтдорфер$bЭ.$gЭрхард$f1490-1562$12351#$a Иллюстрации к Библии

例 4

250 ##$aХоровая музыка русская$z18 в.

545 ##$3RU\NLR\AUTH\66156841$1200#1$aБортнянский$gДмитрий Степанович$bД. С.$f1751-1825$12351#$aХоровая музыка

# 550　相关检索点——论题主题

**字段定义**

本字段包含一个与 2-- 字段检索点相关的论题主题或主题范畴规范形式的检索点。

**出现方式**

可选用。可重复。

**指示符**

指示符 1　空（未定义）
指示符 2　空（未定义）

**子字段**

数据子字段

| | | |
|---|---|---|
| $a | 论题主题 | 不可重复 |
| $n | 主题范畴代码 | 可重复 |
| $m | 主题范畴复分代码 | 可重复 |
| | | |
| $j | 形式复分 | 可重复 |
| $x | 论题复分 | 可重复 |
| $y | 地理复分 | 可重复 |
| $z | 时代复分 | 可重复 |

控制子字段

| | | |
|---|---|---|
| $0 | 说明语 | 不可重复 |
| $2 | 系统代码 | 不可重复 |
| $3 | 规范记录标识号 | 不可重复 |
| $5 | 关系控制 | 不可重复 |
| $6 | 字段连接数据 | 不可重复 |
| $7 | 编目文字和基本检索点文字 | 不可重复 |
| $8 | 编目语种和基本检索点语种 | 不可重复 |

**字段内容注释**

本字段包含根据记录创建机构所使用的描述性编目规则或主题系统表示的论题主题或较高级的主题范畴系统，与 2-- 字段的检索点相关。

**相关字段**

250　规范检索点——论题主题

**例**

例 1

250 ##$aElectronic data processing$xData preparation

550 ##$aInput design, Computers

例 2

200 #0$aВильгельм$dI Молчаливый$спринц Оранский$f1533-1584

550 ##$3RU\NLR\AUTH\66254765$aНидерландская буржуазная революция$z1566-1609

例 3

250 ##$aТабасаранский язык

550 ##$3RU\NLR\AUTH\6612121$5g$aИберийско-кавказские языки

例 4

210 02$a≠NSB≠"≠NSE≠St.Petersburger Zeitung≠NSB≠"≠NSE≠, газета$cСанкт-Петербург, город

550 ##$3RU\NLR\AUTH\66765267$5g$aНемецкие газеты$yРоссия

例 5

215 ##$aКударо I, палеолитическая стоянка (Грузия)

550 ##$3RU\NLR\AUTH\66871997$5g$aПалеолит$yКавказ

例 6

220 ##$aВоронцовы-Дашковы$cрод

550 ##$3RU\NLR\AUTH\66341021$5g$aДворянские роды$yРоссия

# 560　相关检索点——出版、演出和出处等的地点和日期

**字段定义**

本字段包含一个与 2-- 字段检索点相关的出版、演出和出处等的地点和日期规范形式的检索点。

**出现方式**

可选用。可重复。

**指示符**

指示符 1　空（未定义）
指示符 2　空（未定义）

**子字段**

数据子字段

| | | |
|---|---|---|
| $a | 国家（民族国家） | 不可重复 |
| $b | 州或省等 | 不可重复 |
| $c | 中级行政管辖区 | 可重复 |
| $d | 城市等 | 不可重复 |
| $e | 场所 | 可重复 |
| $f | 日期 | 可重复 |
| $g | 季节 | 不可重复 |
| $h | 场合 | 不可重复 |
| $i | 最终日期 | 不可重复 |
| $k | 城市的区划等 | 可重复 |
| $m | 其他地理区域或特征 | 可重复 |
| $n | 地球外区域 | 可重复 |
| $o | 世界、半球、大陆等地理区域 | 可重复 |

控制子字段

| | | |
|---|---|---|
| $0 | 说明语 | 不可重复 |
| $2 | 系统代码 | 不可重复 |
| $3 | 规范记录标识号 | 不可重复 |
| $5 | 关系控制 | 不可重复 |
| $6 | 字段连接数据 | 不可重复 |
| $7 | 编目文字和基本检索点文字 | 不可重复 |
| $8 | 编目语种和基本检索点语种 | 不可重复 |

**字段内容注释**

本字段包含根据记录创建机构所使用的描述性编目规则或主题系统表示的地点，与 2-- 字段的检索点相关。

**相关字段**

260 规范检索点——出版、演出和出处等的地点和日期

# 580　相关检索点——形式、体裁或物理特征

## 字段定义

本字段包含一个与 2-- 字段检索点相关的形式、体裁或物理特征规范形式的检索点。

## 出现方式

可选用。可重复。

## 指示符

指示符 1　空（未定义）
指示符 2　表示实体的类型
　　0　作品
　　2　载体表现
　　3　单件
　　#　未定义

## 子字段

数据子字段

| | | |
|---|---|---|
| $a | 款目要素 | 不可重复 |
| $j | 形式复分 | 可重复 |
| $x | 主题复分 | 可重复 |
| $y | 地理复分 | 可重复 |
| $z | 时代复分 | 可重复 |

控制子字段

| | | |
|---|---|---|
| $0 | 说明语 | 不可重复 |
| $2 | 系统代码 | 不可重复 |
| $3 | 规范记录标识号 | 不可重复 |
| $5 | 关系控制 | 不可重复 |
| $6 | 字段连接数据 | 不可重复 |
| $7 | 编目文字和基本检索点文字 | 不可重复 |
| $8 | 编目语种和基本检索点语种 | 不可重复 |

## 字段内容注释

本字段包含根据记录创建机构所用的形成检索点的系统规定表示的形式、体裁或物理特征，与 2-- 字段的检索点相关。

## 相关字段

280　规范检索点——形式、体裁或物理特征

**例**

例 1

152 ##$brbpap
280 ##$aMarbled papers
480 ##$aMarble papers
580 ##$5g$a[Surface applications of paper]
580 ##$5h$aAntique marbled papers
580 ##$5h$aBritish marbled papers
580 ##$5h$aCocoa marbled papers

在 ACRL 的《纸张术语词表》(*Thesaurus of Paper Terms*)里，"Marbled papers"有广义词 "Surface applications or paper"和若干狭义词，例如 Antique marbled papers 等。

例 2

152 ##$bgsafd
280 ##$aAdventure stories
480 ##$aSuspense novels
480 ##$aSwashbucklers
580 ##$aThrillers
580 ##$5h$aDetective and mystery stories
580 ##$5h$aPicaresque literature
580 ##$5h$aRobinsonades
580 ##$5h$aRomantic suspense novels

在《小说、戏剧等单独作品主题检索指南》(*Guidelines on subject access to individual works of fiction, drama, etc.*)中，"Adventure stories"有相关术语"Thrillers"和许多狭义词，包括"Robinsonades"。

例 3

152 ##$bnlr_sh
230 ##$7ca0yba0y$8ruseng$a≠NSB≠"≠NSE≠Harry Potter and the Philosopher's Stone≠NSB≠"≠NSE≠$lкомпьютерная игра
580 ##$3RU\NLR\AUTH\661388068$5g$aПриключенческие компьютерные игры

例 4

152 ##$bnlr_sh
280 ##$aВидеокомпакт-диски
480 ##$aКомпакт-диски видео
580 ##$3RU\NLR\AUTH\661370327$5g$aКомпакт-диски

# 6-- 主题分析和实体历史块

## 字段定义和范围

本功能块包含与记录的 2-- 规范检索点对应的主题信息字段，这些主题数据根据各种系统构造，可以是文字性的系统，也可以是符号性的系统。

本功能块也包含与被描述实体相关的地点和日期信息字段，这个实体可以是个人、机构、家族、作品或内容表达。

定义了以下字段：

600 主题检索点——个人名称
601 主题检索点——团体名称
602 主题检索点——家族名称
606 主题检索点——论题名称
607 主题检索点——地理名称
610 主题检索点——非控主题词
616 主题检索点——商标
617 主题检索点——分级地理名称
631 主题检索点——题名（作品）
632 主题检索点——题名（内容表达）

640 与实体有关的地点和日期

641 主题检索点——名称 / 题名（作品）
642 主题检索点——名称 / 题名（内容表达）

675 国际十进分类法（UDC）
676 杜威十进分类法（DDC）
680 美国国会图书馆分类法（LCC）
686 其他分类号

## 字段内容注释

以下是 6-- 字段中可能用到的控制子字段：

$0 说明语
$2 系统代码（在 686 其他分类号字段中使用）
$3 规范记录标识号

控制子字段的使用在 2--“规范检索点块”前面的阐述中有专门的描述。

# 600　主题检索点——个人名称

## 字段定义

本字段包含作为作品主题之一的个人的名称，以检索点形式，可选用附加额外的主题信息。

## 出现方式

可选用。可重复。

## 指示符

指示符 1　空（未定义）
指示符 2　名称形式指示符
　　本指示符说明名称是按首先出现的名称（名）或直序方式的名称开始，还是按姓、家族名、父姓等开始，后者通常是倒序的。
　　0　用名或直序方式著录的名称
　　1　用姓（家族名、父姓等）著录的名称

## 子字段

$a　款目要素
在检索点中作为款目要素的名称的一部分；此部分在索引列表中按序排列。当本字段存在时该子字段是必备的。不可重复。

$b　除款目要素外的名称其余部分
当款目要素是姓或家族名称时，名称中的剩余部分。它包括名和其他教名。用本子字段时，名称形式指示符用 1。不可重复。

$c　除日期外的名称附加
任何不是名称主要构成部分的名称的附加（除日期外），它包含了头衔、称号、职务。对于第二个或其后出现的此类附加可重复。

$d　罗马数字
罗马数字与特定的教皇、王族及教士名称结合在一起（例 2）。如果一个称号（或名）是和数字结合在一起，它也包含此数字。用本子字段时，名称形式指示符用 0。不可重复。

$f　日期
附属于个人名称的日期，它和简称或其他日期性质的指示连在一起。任何日期类型的指示（例如创作旺盛期、出生、死亡）可用完整的或简称的形式录入本子字段（例 5）。在本字段中指定的个人的所有日期都可录入 $f。不可重复。

$g　缩写名的扩展形式
当首字母作为首选形式录入在 $b 子字段且首字母和完整形式都必须时，本子字段著录名的完整形式。不可重复。

$p　机构 / 地址
本子字段包括作品在准备时个人所归属的机构。不可重复。

$j　形式复分
附加于主题检索点的一个词语，进一步描述资料的类型或体裁。不使用此复分的机构可用 $x 替代。可重复。

$x　论题复分
附加于主题检索点的一个词语，进一步描述主题检索点所体现的论题。可重复。

$y　地理复分
附加于主题检索点的一个词语，主题检索点体现个人时，描述与该个人有关的地点。可重复。

$z　时代复分
附加于主题检索点的一个词语，主题检索点体现个人时，描述与该个人有关的时期。可重复。

$2　系统代码
主题检索点来源的系统或词表的代码形式标识。建议在本字段每次出现时都用 $2 子字段。见《UNIMARC 手册：书目格式》附录 G。不可重复。

$3　规范记录号
在作品的记录中确立主题检索点的个人的规范记录控制号。如果标引系统使用先组句法，当需要多个规范记录号来表示检索点的各个部分时，本子字段可重复。

**字段内容注释**

本字段用于记录用作作品主题的个人名称检索点。这些检索点的结构与记录在 50- 字段中对作品或内容表达的内容负责的个人检索点的形式相同。$a, $b, $c, $d, $f, $g 和 $p 子字段遵循的形式与 50- 字段相同，这些子字段的范围和内容的见那里的说明。

与 50- 字段不同之处是，本字段不仅包含个人名称和名称附加。可以在主题检索点后附加一些术语，以进一步说明其形式、论题、地点或时间。这些术语和子字段的顺序根据制作记录的机构所使用的主题系统或叙词表的规则。

**相关字段**

601　主题检索点——团体名称
如果不是个人作为主题，而是团体作为主题，则用 601 字段。

602　主题检索点——家族名称
如果不是团体而是家族作为主题，则用 602 字段。

607　主题检索点——地名
用地名表示的行政管辖区，如果它们单独出现，或者只被主题词复分，则应录在 607 字段。

**例**

例 1

241 ## $1200#1$aДонован$gДжеймс$1231##$aНезнакомцы на мосту

600 1#$3RU\NLR\AUTH\661191908$aАбель$bР. И.$f1903 - 1971$gРудольф Иванович$2nlr_sh

这是分配给作品 *Донован Д. Незнакомцы на мосту*（James B. Donovan 的《桥上陌生人》）的记录的主题标目。该作品关于苏联上校 Rudolf Abel 在美国审判一事。

例 2

241 ## $1001RU\NLR\AUTH\77104297$1200#1$aВейр$bX. де$f1570-ок.1598$gХерритде$4070$1231 ##$aАрктические плавания Виллема Баренца, 1594-1597 гг.

600 #1$3RU\NLR\AUTH\66163782$aБаренц$bB.$gВиллем$f1550-1597$xЭкспедиции$z1594-1597$2nlr_sh

这是分配给作品 *Вейр, X. Арктические плавания Виллема Баренца, 1594-1597 гг.* (Gerrit De Veer 的《William Barentsz 北极之行》) 的记录的主题标目。

例 3

241 ## $1001RU\NLR\AUTH\7728031$1200#1$aБыков$bД. Л.$f1967-$cпублицист$gДмитрий Львович$4070$1231##$aБулат Окуджава

600 #1$3RU\NLR\AUTH\661499710$aОкуджава$bБ. Ш.$gБулат Шалвович$f1924-1997 $xБиография$2nlr_sh

这是分配给作品 *Быков, Д. Л. Булат Окуджава* 的记录的主题标目。该作品关于 Bulat Okudzhava——苏联和俄罗斯诗人、作家、音乐家、小说家。

# 601　主题检索点——团体名称

**字段定义**

本字段包含作为作品主题之一的团体的名称，以检索点形式，可选用附加额外的主题信息。

**出现方式**

可选用。可重复。

**指示符**

指示符 1　会议指示符
第一指示符指明团体是否为会议。会议包含大会、报告会等。如果会议名称是一个团体名称的从属部分，该名称应作为团体。
0　团体名称
1　会议名称
如果源格式不能将会议与其他团体名称区别，指示符位置可包含填充符。

指示符 2　名称形式指示符
第二指示符表示团体名称的形式。
0　名称以倒序形式著录
如果团体名称或会议名称的第一个词开始是与个人名称相关的首字母或名，可用倒序形式。
1　名称以地点或辖区开始著录
用于与政府或其他辖区机构有关，录在地名之下的团体名称。根据有些编目规则，与地名相关的其他类型机构（例如大学、学会、艺术画廊）也录在地名之下。
2　名称以直序形式著录
用于所有其他类型的团体名称。

**子字段**

$a　款目要素
在检索点中作为款目要素的名称的一部分；此部分在索引列表中按序排列；也就是说，名称的第一个归档部分。本子字段不可重复，但是当本字段存在时该子字段是必备的。

$b　从属部分（或名称，如果是录在地名之下的话）
当名称包含层次时，指在层次中较低一级的名称；或者入口词是地名时的一个团体名称。本子字段不包括由编目员为区分其他的相同团体名称而附加的成分（见 $c, $g, $h）。在层次中有多个较低层次的情况下，本子字段可重复。

$c　名称附加或限定
任何由编目员对团体名称的附加，除了会议届次、地点和日期。可重复。

$d　会议的届次和（或）会议部分的届次
当会议属于编号的系列会议时，著录会议的届次。不可重复。

$e 会议地点
当地点为检索点的必需部分时，著录会议举行的地点。不可重复。

$f 会议日期
当日期为检索点的必需部分时，著录会议的日期。不可重复。

$g 名称倒置部分
团体名称任何一部分，为了用一个查询词作检索入口，而将它从名称开头部分移开。不可重复。

$h 除了款目要素及名称倒置部分外的名称部分
在一个名称倒置检索点中，倒置部分随后的名称部分。不可重复。

$j 形式复分
附加于主题检索点的一个词语，进一步描述资料的类型或体裁。不使用此复分的机构可用 $x 替代。可重复。

$x 论题复分
附加于主题检索点的一个词语，进一步描述主题检索点所体现的论题。可重复。

$y 地理复分
附加于主题检索点的一个词语，主题检索点体现团体时，描述与该团体有关的地点。可重复。

$z 时代复分
附加于主题检索点的一个词语，主题检索点体现团体时，描述与该团体有关的时期。可重复。

$2 系统代码
主题检索点来源的系统的代码形式标识。建议在本字段每次出现时都用 $2 子字段。见《UNIMARC 手册：书目格式》附录 G。不可重复。

$3 规范记录号
在作品的记录中确立主题检索点的团体的规范记录控制号。如果标引系统使用先组句法，当需要多个规范记录号来表示检索点的各个部分时，本子字段可重复。

**字段内容注释**

本字段用于记录用作作品主题的团体名称检索点。这些检索点的结构与记录在 51- 字段中对作品或内容表达的内容负责的个人检索点的形式相同。$a, $b, $c, $d, $f, $g 和 $p 子字段遵循的形式与 51- 字段相同，这些子字段的范围和内容的见那里的说明。

与 51- 字段不同之处是，本字段不仅包含团体名称和名称附加。可以在主题检索点后附加一些术语，以进一步说明其形式、论题、地点或时间。这些术语和子字段的顺序根据制作记录的机构所使用的主题系统或叙词表的规则。

**相关字段**

600 主题检索点——个人名称
如果不是团体作为主题，而是个人作为主题，则用 600 字段。

602 主题检索点——家族名称

如果不是团体作为主题，而是家族作为主题，则用 602 字段。

604 主题检索点——名称和题名

如果主题是著者 / 题名，则用 604 字段。

607 主题检索点——地名

如果主题是地名，则应用 607 字段。

**例**

例 1

241 ## $1001RU\NLR\AUTH\7729912$1200#1$aПетухов$bЮ. Д.$f1951-2009$gЮрий Дмитриевич$4070$1231##$aЧетвертая Мировая. Вторжение. Хроника оккупации

601 02$3RU\NLR\AUTH\661404743$aОрганизация Североатлантического договора$xВоенная политика$z21 в.$2nlr_sh

主题标目 (*North Atlantic Treaty Organization – Military politics – 21 cent.*) 被分配给作品 *Петухов, Ю. Д. Четвертая Мировая. Вторжение. Хроника оккупации* 的记录。该作品关于 1999 年的南斯拉夫战争。

例 2

241 ## $1200#1$aГервиц$bM. B.$gМайя Владимировна$4070$1231##$aЛео фон Кленце и Новый Эрмитаж в контексте европейского музейного строительства

600 #1$3RU\NLR\AUTH\6674789$aКленце$gЛео фон$bЛ. фон$f1784 - 1864$2nlr_sh

601 02$3RU\NLR\AUTH\661356710$aГосударственный Эрмитаж$cСанкт-Петербург, город$xАрхитектура$2nlr_sh

作品 *Гервиц, М. В. Лео фон Кленце и Новый Эрмитаж в контексте европейского музейного строительства* 关于 Leo von Klenze 这位博物馆设计大师，他曾经从事 New Hermitage 这个俄罗斯第一个公共艺术博物馆项目。该记录被分配有两个主题标目，表示建筑师 的名字 *Leo von Klenze (1784—1864)* 以及作为主题的团体名称 *State Hermitage (Saint-Petersburg) -- Architecture*。

# 602 主题检索点——家族名称

**字段定义**

本字段包含作为作品主题之一的家族的名称，以检索点形式，可选用附加额外的主题信息。

**出现方式**

可选用。可重复。

**指示符**

指示符 1 空（未定义）
指示符 2 空（未定义）

**子字段**

$a 款目要素
检索点形式的家族名称。不可重复。

$f 日期
被要求成为检索点一部分的家族的日期。不可重复。

$j 形式复分
附加于主题检索点的一个词语，进一步描述资料的类型或体裁。不使用此复分的机构可用 $x 替代。可重复。

$x 论题复分
附加于主题检索点的一个词语，进一步描述主题检索点所体现的论题。可重复。

$y 地理复分
附加于主题检索点的一个词语，主题检索点体现家族时，描述与该家族有关的地点。可重复。

$z 时代复分
附加于主题检索点的一个词语，主题检索点体现家族时，描述与该家族有关的时期。可重复。

$2 系统代码
主题检索点来源的系统的代码形式标识。建议在本字段每次出现时都用 $2 子字段。见《UNIMARC 手册：书目格式》附录 G 中的系统代码表。不可重复。

$3 规范记录号
在作品的记录中确立主题检索点的家族的规范记录控制号。可重复。

**字段内容注释**

本字段用于记录用作作品主题的家族名称检索点。这些检索点的结构与记录在 52- 字段中对作品或内容表达的内容负责的家族检索点的形式相同。$a 子字段包括家族的名称以及诸如“( 家族 )” 或 “( 氏族 )”这样的限定。此类限定应保留其在子字段中的标识符。

本字段可在 $a 字段中包含不仅仅是家族名称。另外，可以在主题检索点后附加一些术语，以进一步说明其形式、论题、地点或时间。这些遵循制作记录的机构所使用的主题系统的规则。

**相关字段**

600　主题检索点——个人名称
　　如果不是家族作为主题，而是个人作为主题，则用 600 字段。
601　主题检索点——团体名称
　　如果不是家族作为主题，而是团体作为主题，则用 601 字段。
604　主题检索点——名称和题名主题
　　如果主题是著者 / 题名，则用 604 字段。

**例**

例 1

241 ## $1001RU\NLR\AUTH\7735973$1200#1$aКлимкова$bM. A.$gМарина Александровна$4070$1231##$a"Край отеческий..."

602 ##$3RU\NLR\AUTH\661439993$aБаратынские$cрод$2nlr_sh

主题标目 *Баратынские (род) (Baratynskiye (family))* 被分配给作品 *Климкова, М. А. "Край отеческий..."*. 该作作品关于 *Baratynsky's family*（家族）的历史和家族在 Mara 村的地产。

例 2

241 ## $1200#1$aБлагово$bH. B.$gНикита Владимирович$4070$1231##$aСемья Рерихов в гимназии К.И. Мая

601 02$3RU\NLR\AUTH\661465837$aСанкт-Петербургская мужская гимназия и реальное училище К.И. Мая$2nlr_sh

602 ##$3RU\NLR\AUTH\661347942$aРерихи$cрод$2nlr_sh

作品关于 Nicholas Roerich、他的两个兄弟和儿子们在圣彼得堡 Karl May 私立健身学校学生时代的生活。该作品被分配两个主题标目，一个是用作主题的团体名称（学校的名称），还有一个是用作主题的家族名称 – *Рерихи (род) (Roerichs (family))*。

# 606 主题检索点——论题名称

### 字段定义

本字段包含作为主题检索点的一个普通名词或名词短语。

### 出现方式

可选用。可重复。

### 指示符

指示符 1 主题词层级

第一指示符用于区分主要叙词和次要叙词。如果一个词覆盖资料的主要论点或主题，则被认为是主要词（取值“1”）。覆盖不太重要方面的词被认为是次要词（取值“2”）。如果不决定哪个是主要词哪个是次要词，则取值“0”。

0 未指定层级

1 主要词

2 次要词

# 无适用信息

指示符 2 空（未定义）

### 子字段

$a 款目要素

以所用主题检索点的系统所规定形式的词。不可重复。

$j 形式复分

附加于主题检索点的一个词语，进一步描述资料的类型或体裁。不使用此复分的机构可用 $x 替代。可重复。

$x 论题复分

附加于论题检索点的一个词语，进一步描述主题检索点所体现的论题。可重复。

$y 地理复分

附加于论题检索点的一个词语，主题检索点体现论题时，描述与该论题有关的地点。可重复。

$z 时代复分

附加于论题检索点的一个词语，主题检索点体现论题时，描述与该论题有关的时期。可重复。

$2 系统代码

主题检索点来源的系统的代码形式标识。建议在本字段每次出现时都用 $2 子字段。见《UNIMARC 手册：书目格式》附录 G 中的系统代码表。不可重复。

$3　　规范记录号

在作品的记录中确立主题检索点的论题主题的规范记录控制号。如果标引系统使用先组句法，当需要多个规范记录号来表示检索点的各个部分时，本子字段可重复。

**字段内容注释**

本字段包含根据所用主题检索点系统的规定所录的数据。

**相关字段**

607　主题检索点——地理名称

如果主题检索点是地理名称，则用 607 字段，而不是 606 字段。

**例**

例 1

241 ## $1200#1$aШаманов$bН. П.$4070$gНиколай Павлович $1231##$aЦивилизация, энергетика, климат в XXI веке

606 0#$3RU\NLR\AUTH\66175552$aКлимат$xВлияние антропических факторов$2nlr_sh

606 0#$3RU\NLR\AUTH\66623030$aКлимат$xВлияние Мирового океана$2nlr_sh

论题性主题标目 *(Climate – Human impact and Climate – Impact of the World Ocean)* 被分配给作品 *Шаманов, Н. П. Цивилизация, энергетика, климат в XXI веке*（沙曼诺夫的《20 世纪的文明、能量和气候》。

例 2

241 ## $1001RU\NLR\AUTH\7723650$1200#1$aШолохов$bМ. А.$списатель$f1905-1984$gМихаил Александрович$1231##$aТихий Дон$сроман

606 1#$3RU\NLR\AUTH\661431401$aДонское казачество$xИстория$z20 в.$2nlr_sh

606 1#$3RU\NLR\AUTH\6659821$aПервая мировая война$z1914 - 1918$yРоссия$2nlr_sh

论题性主题标目 *(Don Cossacks – History – 20 cent.* 和 *World War I – 1914 – 1918 – Russia)* 被分配给作品 *Шолохов, М.А. Тихий Дон*（肖洛霍夫的《静静的顿河》）。

# 607　主题检索点——地理名称

## 字段定义

本字段包含作为主题检索点的一个地理名称。

## 出现方式

可选用。可重复。

## 指示符

指示符 1　空（未定义）
指示符 2　空（未定义）

## 子字段

$a　款目要素
以所用规范检索点的系统所规定形式的地理名称。不可重复。

$j　形式复分
附加于主题检索点的一个词语，进一步描述资料的类型或体裁。不使用此复分的机构可用 $x 替代。可重复。

$x　论题复分
附加于地理名称的一个词语，进一步描述主题检索点所体现的论题。可重复。

$y　地理复分
附加于地理名称的一个词语，主题检索点体现地点时，描述与该论题有关的地点。可重复。

$z　时代复分
附加于地理名称的一个词语，主题检索点体现地理名称时，描述与该名称有关的时期。可重复。

$2　系统代码
主题检索点来源的系统的代码形式标识。建议在本字段每次出现时都用 $2 子字段。见《UNIMARC 手册：书目格式》附录 G 中的系统代码表。不可重复。

$3　规范记录号
在作品的记录中确立主题检索点的地理名称的规范记录控制号。如果标引系统使用先组句法，当需要多个规范记录号来表示检索点的各个部分时，本子字段可重复。

## 字段内容注释

本字段包含根据所用主题检索点系统的规定所录的数据。

**相关字段**

601　主题检索点——团体名称
　　作为主题的行政辖区录在 601 字段。
617　主题检索点——分级地理名称
　　如果主题检索点是结构化的地理名称，则用 617 字段。

**例**

例 1

241 ## $1001RU\NLR\AUTH\7735973$1200#1$aКлимкова$bM. A.$gМарина Александровна$4070$1231##$a"Край отеческий..."

602 ##$3RU\NLR\AUTH\661439993$aБаратынские (род)$2nlr_sh

607 ##$3RU\NLR\AUTH\661439994$aМара, усадьба (Тамбовская область)$xИстория$2nlr_sh

地理主题标目 *Мара, усадьба (Тамбовская область) – История (Mara, estate (Tambov region) – History)* 被分配给作品 *Климкова, М. А. "Край отеческий..."*。该作作品关于 *Baratynsky's family*（家族）的历史和家族在 Mara 村的地产。

例 2

241 ## $1001RU\NLR\AUTH\7786976$aФедоров$bA. B.$cполитолог$gАндрей Владимирович$4070$1231##$aПравовой статус Крыма. Правовой статус Севастополя

607 ##$3RU\NLR\AUTH\661284579$aКрым (Украина)$xПравовой статус$2nlr_sh

607 ##$3RU\NLR\AUTH\661284580$aСевастополь, город (Крым)$xПравовой статус$2nlr_sh

地理主题标目 *Крым (Украина) – Правовой статус (Crimea (Ukraine) – Legal status)* 和 *Севастополь, город (Крым) – Правовой статус (Sevastopol, town (Crimea) – Legal status)* 被分配给作品 *Федоров, А. В. Правовой статус Крыма. Правовой статус Севастополя* (A. 菲奥多罗夫的《科里米亚的法律地位、塞瓦斯托波尔的法律地位》)。

例 3

241 ## $1001RU\NLR\AUTH\7752751$aСоколова$bT.$cисторик-краевед$gТатьяна$4070$1231##$aСуздаль. Кидекша

607 ##$3RU\NLR\AUTH\661068678$aСуздаль, город (Владимирская область)$xИстория$2nlr_sh

607 ##$3RU\NLR\AUTH\661469314$aКидекша, село (Владимирская область)$xИстория$2nlr_sh

地理主题标目 *Суздаль, город (Владимирская область) – История (Suzdal, town (Vladimir region) – History)* 和 *Кидекша, село (Владимирская область) – История (Kideksha, village (Vladimir region) – History)* 被分配给作品 *Соколова, Т. Суздаль. Кидекша (Suzdal. Kideksha, by T. Sokolova)*. 该作品关于弗拉基米尔地区两个小镇的历史。

# 610 主题检索点——非控主题词

## 字段定义

本字段用于记录非取自受控主题检索点列表的主题词。

## 出现方式

可选用。可重复。

## 指示符

指示符 1 主题词层级

第一指示符用于区分主要叙词和次要叙词。如果一个词覆盖资料的主要论点或主题，则被认为是主要词（取值“1”）。覆盖不太重要方面的词被认为是次要词（取值“2”）。如果不决定哪个是主要词哪个是次要词，则取值“0”。

0 未指定层级

1 主要词

2 次要词

指示符 2 空（未定义）

## 子字段

$a 主题词

如果有多个词赋予文献，可重复。

## 字段内容注释

属于结构化主题词表的主题词应该在 600—607 字段中编码，并在 $2 子字段加适当的系统代码。

## 相关字段

600—607 作品的主题检索点字段

## 例

例 1

241 ## $1001RU\NLR\AUTH\772621$1200#1$aФрейд$bЗ.$f1856-1939$gЗигмунд$1231##$aПо ту сторону принципа удовольствия

610 0# $aПсихология$aПсихика$aПсихические процессы$aУдовольствия (психол.)$aМассовидные явления психики$aПсихоанализ

被分配给作品 *Фрейд, З. По ту сторону принципа удовольствия (Beyond the Pleasure Principle, by Sigmund Freud)* 的主题词—— *Psychology; Mentality; Mental processes; Pleasures (psych.),* 等。

例 2

241 ## $1200#1$aПинкер$bС.$gСтивен$4070$1231##$aЯзык как инстинкт

610 1#$aанглийский язык$aязыковые системы$aкогнитивистика$aкоммуникация$aповеденческая теория$aбихевиоризм$aХомский Ноам$aонтогенез речи$aязыковой механизм$aпиджин$aпсих

олингвистика$алингвистическая прагматика

610 2# $аорфография$аграмматика$ачасти речи$алексикология$аморфология$асинтаксис$афонетика

被分配给作品 *Пинкер, С. Язык как инстинкт (The Language Instinct, by Steven Pinker)* 的主题词。第一指示符用于区分是主要词还是次要词。主要词包括：*English language, Language systems, Cognitive science, Communication, Behavioral theory, Behaviorism* 等。次要词包括：*Orthography; Parts of speech; Lexicology* 等。

# 616　主题检索点——商标

**字段定义**

本字段包含作为作品主题之一的商标，以检索点形式，可选用附加额外的主题信息。

**出现方式**

可选用。可重复。

**指示符**

指示符 1　空（未定义）
指示符 2　空（未定义）

**子字段**

$a　款目要素
检索点形式的商标。不可重复。

$f　日期
被要求成为检索点一部分的特定商标使用日期，例如可以作为限定。不可重复。

$c　限定
编目员附加的除日期以外的任何商标名称附加。可重复。

$j　形式复分
附加于主题检索点的一个词语，进一步描述资料的类型或体裁。不使用此复分的机构可用 $x 替代。可重复。

$x　论题复分
附加于主题检索点的一个词语，进一步描述主题检索点所体现的论题。可重复。

$y　地理复分
附加于主题检索点的一个词语，主题检索点体现商标时，描述与该商标有关的地点。可重复。

$z　时代复分
附加于主题检索点的一个词语，主题检索点体现商标时，描述与该商标有关的时期。可重复。

$2　系统代码
主题检索点来源的系统的代码形式标识。建议在本字段每次出现时都用 $2 子字段。见《UNIMARC 手册：书目格式》附录 G。不可重复。

$3　规范记录号

在作品的记录中确立主题检索点的商标的规范记录控制号。不可重复。

**字段内容注释**

本字段用于记录用作作品主题的商标检索点。可以在主题检索点后附加一些术语，以进一步说明其形式、论题、地点或时间。这些术语和子字段的顺序根据制作记录的机构所使用的主题系统或叙词表的规则。

# 617 主题检索点——分级地理名称

**字段定义**

本字段包含作为主题检索点的一个结构化地理名称。

**出现方式**

可选用。可重复。

**指示符**

指示符 1 空（未定义）
指示符 2 空（未定义）

**子字段**

$a 国家（民族国家）
国家。多层级著录时可重复，从最高层到最低层排序。

$b 州或省等
国家以下的第一级行政辖区。不可重复。

$c 中级行政辖区
二级或更低级的行政辖区，但不包括城市等。多层级著录时可重复，从最高层到最低层排序。

$d 城市等
城市、集镇、公社、村庄或其他不定义为更大区域之区划（见 $k）的明确的人口居住区。不可重复。

$e 场所
有名称的建筑、城市空间、交通工具等。可重复。

$f 日期
如果录有多个演出日期则可重复。日期必须采用 ISO 8601 的标准化格式，可以包括时间和时期格式。

$g 季节
不可重复。

$h 场合
不可重复。

$i 最后日期
不可重复。

$k　城市的区划等

人口居住区的较小单位，例如区、社区、街道。多层级著录时可重复，从最高层到最低层排序。

$m　其他地理区域或特征

地球上非行政辖区地理实体，例如海洋、岛屿、山脉等。多层级著录时可重复，从最高层到最低层排序。

$n　地球外区域

任何外星实体或空间以及此类实体的地理特征。多层级著录时可重复，从最高层到最低层排序。

$o　诸如世界、半球、大陆等比国家大的地理区域。多层级著录时可重复，从最高层到最低层排序。只要使用本子字段，它通常出现在字段开始。

$2　系统代码

如果 $a—$d 和 $k—$n 子字段所用词取自出版的地名词典或者词表，此即这些词的来源。建议使用 *MARC Code Lists for Relators, Sources, Description Conventions* 中的代码。如果没有现成的代码，可以使用来源完整题名的缩写。如果适用则必备。不可重复。

$3　规范记录号

在作品的记录中确立主题检索点的分级地理名称的规范记录控制号。可重复。

### 字段内容注释

本字段的内容可以是分级形式的，例如国家、省、县、市，也可以是不分级的，例如只有市，这取决于各个机构的做法和可获得信息的完整程度。

如果所录的词取自分级的词表或地名词典，则 $a, $c, $k, $m, $n 和 $o 子字段可重复，例如：$oAmericas$oNorth America$aCanada。$e 子字段如果使用，通常是最后一个字母子字段。

对于 $2 子字段，如果没有现成认可的词表代码，可以使用 ISO 4:1997 – *Rules for the abbreviation of title words and titles of publications* 标准缩略其名称。

### 相关字段

607　主题检索点——地理名称

该字段包含根据所用主题检索点系统的规定而录的数据，包括论题、地理和时代复分。

### 例

例 1

241 ## $1001RU\NLR\AUTH\7794142$1200#1$aПирютко$bЮ. М.$f1946-$gЮрий Минаевич $4070$1231##$aПо Малой Садовой: путь через три столетия

617 ## $dСанкт-Петербург, город$kМалая Садовая улица

分配给作品 *Пирютко, Ю. М. По Малой Садовой: путь через три столетия* 的结构化检索点。该作品关于圣彼得堡 Malaya Sadovaya 大街的历史。

例 2

241 ## $1200#1$aКоротков$bЮ. Т.$gЮрий Терентьевич$1231##$aВарманкасси - Атыково -

Большое Маклашкино при корабельной роще

617 ## $aРоссия$bЧувашская Республика$cМариинско-Посадский район$dБольшое Маклашкино, деревня

617 ## $aРоссия$bЧувашская Республика$cМариинско-Посадский район$dМалое Маклашкино, деревня

分配给作品 *Коротков, Ю. Т. Варманкасси - Атыково - Большое Маклашкино при корабельной роще* 的结构化检索点。该作品关于俄罗斯 Chuvashia 的 Marrinsko-Posadsky 地区的 Bolshoye Maklashkino 和 Maloye Maklashkino 两个村庄的历史。

# 631　主题检索点——题名（作品）

**字段定义**

本字段包含作品的题名检索点，它是记录为之建立的作品的主题之一。该题名可以是作品以任何形式媒介（例如舞台剧、广播节目等）的题名。

631 字段的结构类似于 231 字段“规范检索点——题名（作品）”。

本字段用于与 FRBR 模型兼容的目录，并出现在著录作品的记录中。

**出现方式**

可选用。可重复。

**指示符**

指示符 1　空（未定义）
指示符 2　空（未定义）

**子字段**

$a　题名
作品所为人熟知的题名。不可重复。

$h　分辑或部分号
当主题检索点针对的文献只是 $a 子字段中作品名称的一部分时，记录它的分辑号。对于更低层次的部分可重复。

$i　分辑或部分名
当主题检索点针对的文献只是 $a 子字段中作品名称的一部分时，记录它的分辑名。对于更低层次的部分可重复。

$c　作品的形式
表示作品所属类别或体裁的标准短语。不可重复。

$d　作品的日期
如果为了区分作品有必要作为题名的一部分，此即作品的日期。作品的日期是与作品相关的最早日期。作品的日期可以是作品创作的日期，或者是作品第一次出版或发行的日期。不可重复。

$e　作品的来源地
如果为了区分作品有必要作为题名的一部分，此即作品的来源地。作品的来源地是作品起源的国家或其他领土辖区。不可重复。如果需要记录多个地名，应把它们都录在同一个子字段 $e 中。

$f　作品的原始语种
如果有必要作为作品题名的一部分，此即作品的原始语种。不可重复。如果作品用多种语言，应把它们都录在同一个子字段 $f 中。

$k 作品的其他区别特征
除了作品的形式、作品的日期、作品的来源地以外任何用于区分同题名作品或者区分同名个人、家族、团体的其他特征。可重复。

$r 表演介质（音乐）
作品的配器等。可重复。

$s 数字标识（音乐）
作曲家或其他人为区分作品所给予的号码。该号码可以是顺序号、作品编号、主题索引号、或者是用作号码的日期。不可重复。

$u 调（音乐）
用作题名一部分的音乐调号。不可重复。

$j 形式复分
附加于主题检索点的一个词语，进一步描述资料的类型或体裁。不使用此复分的机构可用 $x 替代。可重复。

$x 论题复分
附加于主题检索点的一个词语，进一步描述主题检索点所体现的论题。可重复。

$y 地理复分
附加于主题检索点的一个词语，描述与主题检索点所体现的题名有关的地点。可重复。

$z 时代复分
附加于主题检索点的一个词语，描述与主题检索点所体现的题名有关的时期。可重复。

$2 系统代码
主题检索点来源的系统的代码形式标识。建议在本字段每次出现时都用 $2 子字段。见《UNIMARC 手册：书目格式》附录 G 中的系统代码表。不可重复。

$3 规范记录号
在作品的记录中确立主题检索点的作品的规范记录控制号。如果标引系统使用先组句法，当需要多个规范记录号来表示检索点的各个部分时，本子字段可重复。

**字段内容注释**

本字段通常包含统一题名的规范检索点，因为大多数其他作为主题的其他题名将分别处理为 641 主题检索点——名称和题名（作品）或 642 主题检索点——名称和题名（内容表达）。任何记录为之创建的作品的主题如果是无名氏作品，就录在此处。关于统一题名规范检索点子字段内容的进一步信息和例子，见 231 和 232 字段。正题名如果要录在该字段，应该录在 $a 子字段，并且如果必要也在该子字段包括任何其他题名信息。

**相关字段**

604　主题检索点——名称和题名
641　主题检索点——名称和题名（作品）
642　主题检索点——名称和题名（内容表达）
　　如果主题是著者 / 题名，641 或 642 字段用于与 FRBR 模型兼容的目录，不然用 604 字段。

**例**

例 1

241 ## $1001RU\NLR\AUTH\7746589$1200#1$aКулиев$bЭ. Р. оглы$f1975-$gЭльмир Рафаэль оглы$4070$1231##$aНа пути к Корану

631 ##$aКоран$xИсследование текста$2nlr_sh

作品的题名（古兰经）和论题复分（文本分析）用作如下作品的主题标目：*Кулиев, Э. Р. На пути к Корану* (E. Kuliev 的《古兰经之路》)。

例 2

241 ## $1001RU\NLR\AUTH\771622$1200#0$aОшо$f1931-1990$4070$1231##$aСияние луны

631 ## $aУпанишады$xТолкование$2nlr_sh

例 3

241 ## $1200#1$aИмаева$bГ. З.$gГульнара Зайнетдиновна$4070$1231##$aНародная сказка и ее литературные переложения

631 ## $aШемякин суд$cсказка$xСравнительное изучение$2nlr_sh

631 ## $aЕрш Ершович$cсказка$xСравнительное изучение$2nlr_sh

606 1#$3RU\NLR\AUTH\66106988$aРусский фольклор и литература$2nlr_sh

作品的题名（俄罗斯童话 *Shemyakin court* 和 *Yorsh Yershovich*), 以及论题复分 *Comparative studies*（比较研究）用作如下作品的主题标目：*Имаева, Г. З. Народная сказка и ее литературные переложения (Folk tale and its literary adaptation, by G. Imayeva)*。

# 632　主题检索点——题名（内容表达）

**字段定义**

本字段包含作品的内容表达的题名检索点，它是记录为之建立的作品的主题之一。本字段的结构类似 232 字段“规范检索点——题名（内容表达）”和书目的 4-- 连接款目字段（嵌入字段技术或标准子字段技术）。

本字段用于与 FRBR 模型兼容的目录，并出现在著录作品记录中。

**出现方式**

可选用。可重复。

**指示符**

指示符 1　空（未定义）
指示符 2　结构指示符
　#　不适用（嵌入字段技术）或无可获得的信息（标准子字段技术）
　0　非结构化题名（标准子字段技术）
　1　结构化题名（标准子字段技术）

**指示符**

数据子字段
在如下子字段列表中，涉及相关作品的子字段标以“[ 作品 ]”字样。涉及内容表达的子字段标以“[ 内容表达 ]”字样。

$a　题名 [ 作品 ]
作品所为人熟知的题名。如果 $a 由多个标准子字段复合而成，则用 ISBD 标识符分隔各个著录单元。必备。不可重复。

$h　分辑或部分号 [ 作品 ]
当题名所涉及的文献只是题名中作品的一部分时，记录它的分辑号。对于更低层次的部分可重复。

$i　分辑或部分名 [ 作品 ]
当题名所涉及的文献只是题名中作品的一部分时，记录它的分辑名。对于更低层次的部分可重复。

$c　作品的形式 [ 作品 ]
表示作品所属类别或体裁的标准短语。不可重复。

$d　作品的日期 [ 作品 ]
如果为了区分作品有必要作为题名的一部分，此即作品的日期。作品的日期是与作品相关的最早日期。作品的日期可以是作品创作的日期，或者是作品第一次出版或发行的日期。不可重复。

$e　作品的来源地 [ 作品 ]
如果为了区分作品有必要作为题名的一部分，此即作品的来源地。作品的来源地是作品起源的国家或其他领土辖区。不可重复。如果需要记录多个地名，应把它们都录在同一个子字段 $e 中。

$f　作品的原始语种 [ 作品 ]
如果有必要作为作品题名的一部分，此即作品的原始语种。不可重复。如果作品用多种语言，应把它们都录在同一个子字段 $f 中。

$k　作品的其他区别特征 [ 作品 ]
除了作品的形式、作品的日期、作品的来源地以外任何用于区分同题名作品或者区分同名个人、家族、团体的其他特征。可重复。

$r　表演介质（音乐）[ 作品 ]
作品的配器等。可重复。

$s　数字标识（音乐）[ 作品 ]
作曲家或其他人为区分作品所给予的号码。该号码可以是顺序号、作品编号、主题索引号、或者是用作号码的日期。可重复。

$u　调（音乐）[ 作品 ]
用作题名一部分的音乐调号。不可重复。

$l　内容表达的形式 [ 内容表达 ]
表示内容表达所属类别或体裁的标准短语。不可重复。

$m　内容表达的语种 [ 内容表达 ]
内容表达的语种。不可重复。如果内容表达用多种语言，应把它们都录在同一个子字段 $m 中。

$n　内容类型 [ 内容表达 ]
表示内容被表达的基本交流形式以及设想由此被感知的人类感觉的类别。内容类型通过一个标准短语来表达。不可重复。

$o　内容表达的日期 [ 内容表达 ]
如果要求作为识别内容表达的手段，此即作品的内容表达的原始日期。内容表达的原始日期是与内容表达有关的最早的日期。体现内容表达的最早载体表现的日期可以作为内容表达的日期。不可重复。

$v　表演介质（音乐）[ 内容表达 ]
内容表达的配器等。可重复。

$w　内容表达的其他特征 [ 内容表达 ]
除了内容类型、内容表达的语种、内容表达的日期或内容表达的形式以外任何用于区分同作品不同内容表达其他特征。它可以是版本说明、对该内容表达负责的个人或团体名称。可重复。

$j　形式复分
附加于主题检索点的一个词语，进一步描述资料的类型或体裁。不使用此复分的机构可用 $x 替代。可重复。

$x　论题复分
附加于主题检索点的一个词语，进一步描述检索点所体现的论题。可重复。

$y　地理复分
附加于主题检索点的一个词语，描述与主题检索点所体现的题名有关的地点。可重复。

$z　时代复分
附加于主题检索点的一个词语，描述与主题检索点所体现的题名有关的时期。可重复。

$2　系统代码
主题检索点来源的系统的代码形式标识。建议在本字段每次出现时都用 $2 子字段。见《UNIMARC 手册：书目格式》附录 G 中的系统代码表。不可重复。

$3　规范记录号
在作品的记录中确立主题检索点的作品的规范记录控制号。如果标引系统使用先组句法，当需要多个规范记录号来表示检索点的各个部分时，本子字段可重复。

**字段内容注释**

本字段用于记录作为主题（且该主题通过名称 / 题名检索点来表示）的作品的内容表达的名称。如果使用嵌入字段技术，作品的题名记录在嵌入 231 字段 [ 规范检索点——题名（作品）] 中。如果主题不是作品而是内容表达，则嵌入 232 字段 [ 规范检索点——题名（内容表达）]。主题系统代码（$2）、规范记录号（$3）和要求的任何主题复分（$j, $x, $y, $z）也应该录在嵌入 231 或 232 字段里。著者的名称录在嵌入 2-- 字段中。

如果使用标准子字段技术，则作品的题名、著者的名称和任何主题复分都应录在不同的子字段里。

**相关字段**

600　主题检索点——个人名称
601　主题检索点——团体
602　主题检索点——家族
631　主题检索点——题名（作品）
如果个人名称、团体、家族或题名单独作为主题，则使用以上的 6-- 字段。如果主题是著者 / 题名，则对于 FRBR 模型兼容的目录使用 641 或 642 字段，否则使用 604 字段。

**例**

241 ## $10013RU\NLR\AUTH\7772895$1200#1$aГилемшин$bФ. Ф.$gФлер Фоатович$4070$1231## $aОсобенности перевода "Тысяча и одной ночи" на татарский язык (язык и стиль)
632 ## $aТысяча и одна ночь$mтатарский$wФ.Х.Халиди$2nlr_sh
一种内容表达的题名（《一千零一夜》的鞑靼语译本）是作品 *Гилемшин, Ф. Ф. Особенности перевода "Тысяча и одной ночи" на татарский язык (язык и стиль) (Tatar translation of "One Thousand and One Nights" (Language and Style), by F. Gilemshin)* 的主题之一。

# 640　与实体有关的地点和日期

**字段定义**

本字段包含与 2-- 字段定义的实体有关的地点和日期。

**出现方式**

可选用。可重复。

**指示符**

指示符 1　指示信息的类型

#　空（未定义）
　适用于论题主题。

1　存在的开始（或出生）
　适用于个人、团体、行政管辖区或地理、家族名称、商标和题名。

2　存在的结束（或死亡）
　适用于个人、团体、行政管辖区或地理、家族名称、商标和题名。

3　活动
　适用于个人、团体和家族名称。

4　居住地、驻地
　适用于个人、团体和家族名称。

5　知识或艺术内容创作
　适用于题名。

6　首次向公众呈现
　适用于题名。

0　其他

如果该指示符为 0，该字段应包含 $0 子字段，以文字形式指定同名称或题名相关的地点或日期类型。

指示符 2　空（未定义）

**子字段**

数据子字段

$a　国家
国家可以是取自 ISO 3166 两位字符编码的国家代码（例 1），也可以是文字形式（例 4）。不可重复。

$b　州或地区等
不可重复。

$c　县
不可重复。

$d　市
不可重复。

$e　场所
可重复。

$f　开始日期或唯一的日期
不可重复。

$g　季节
不可重复。

$h　场合
不可重复。

$i　最终日期
不可重复。

$f 和 $i 子字段定长数据元素列表：

| 数据元素名称 | 字符数 | 字符位置 |
|---|---|---|
| 纪元（必备） | 1 | 0 |
| 日期 | 8 | 1—8 |
| 日期可靠性 | 1 | 9 |

0　纪元（必备）
一位字符编码表示与所描述实体相关的纪元。
# = 公元
- = 公元前

1—8　日期
用 ISO 标准形式 8 位数字字符（ISO 8601）表示的日期：YYYYMMDD，YYYY 表示年，MM 表示月（必要时首位加 0），DD 表示日（必要时首位加 0）。
如果年、月、日中任何数字未知，该字符位为空。

9　日期可靠性
一位字符编码表示日期的可靠性。
# = 确定日期
? = 不确定日期

控制子字段
$0　说明语
见上文控制子字段的详细说明。不可重复。

**字段内容注释**

本字段适用于所有实体类型。能为与所描述实体有关的地点和日期建立检索点。如果有适用于所描述实体的一个或多个不同类型的地点或日期，本字段可重复。但也可以仅包含一个地点，或一个（多个）日期。

本字段包含根据记录创建机构所用的规则表示的分层结构形式的地名，即国家、州和城市，或非分层结构形式的地名，即仅为城市。

**相关字段**

340　传记和活动附注

341　与印刷者 / 出版者相关的活动附注

560　相关检索点——出版、演出和出处等的地点和日期

**例**

例 1

102 ##$aUS$aDE

200 #1$aArendt$bHannah$f1906-1975

340 ##$aGerman by birth. Naturalized American in 1951

640 1#$aDE$dHanover$f#19061014#

640 2#$aUS$dNew York$f#19751204#

例 2

200 #1$aVirgile$f0070-0019 av. J-C.

340 ##$aNé à Andes (aujourd'hui Pietole) en 70 avant J.-C. et mort à Brindisi en 19 avant J-C.

640 1#$aItalie$dPietole$f-00701015#

640 2#$aItalie$dBrindisi$f-00190921#

例 3

200 #1$aLucrèce$f0098?-055 av. J-C.

640 1#$f-0098####?

640 2#$f-0055#####

例 4

200 #1$aBalthus$f1908-2001

300 0#$aPeintre. Directeur de la Villa Médicis à Rome (1961-1978)

640 1#$f#19080229#

640 2#$f#20010218#

640 4#$aItalie$dRome$f#1961#####$i#1978#####

例 5

200 #1$aChevalier$bAndré$f1660?-1747

340 ##$aImprimeur-libraire ; imprimeur ordinaire du Roi [de France] (et du conseil provincial de Luxembourg) (1686-1698) ; de la ville (et du collège de la Compagnie de Jésus) ; de Sa Majesté Impériale et Catholique (1721-1740) ; de Sa Majesté la Reine de Hongrie et de Bohême (1741-1747)$aNatif de Bourg-en-Bresse, il fait son apprentissage chez Jean Antoine, à Metz, où il est reçu maître le 24 mai 1685. Il s'établit à Luxembourg en juin 1686 à l'invitation de l'intendant français

d'occupation et sous garantie d'exclusivité pour 20 ans. À la suite de l'évacuation de Luxembourg par les troupes françaises (janv. 1698), il perd son monopole puis ses titres (décret impérial du 16 mai 1716), mais un privilège d'imprimeur impérial lui est octroyé par décret du 15 janv. 1721. Conserve, jusqu'en 1697 au moins, une boutique de libraire à Metz. Publie, à partir de 1704, la "Clef du cabinet des princes de l'Europe" sous le pseudonyme de "Jacques Le Sincère, à l'enseigne de la Vérité" et sans indication de lieu. Âgé de 87 ans lors de son décès

341 ##$aMetz$b1685-1686

341 ##$aLuxembourg$b1686-1747$cAu carré de (ou : Dans) la rue Neuve (, proche les Révérends pères jésuites)$cPlace Neuve$cPrès la place d'Armes

640 1#$dBourg-en-Bresse$f#1660####?

640 2#$dLuxembourg$f#17470410#

640 3#$dMetz$f#16850524#$i#1686#####

640 3#$dLuxembourg$f#168606###$i#1747#####

例 6

230 ##$aFloire et Blancheflor

300 0#$aPetit récit idyllique en vers du milieu du XIIe s. (ca 1120), d'après le conte des "Mille et une nuits" intitulé "Neema et Noam"

640 5#$f#1120####?

例 7

230 ##$aLettres portugaises

300 0#$aRecueil de cinq lettres parues en 1669 et présentées comme une traduction du portugais. Longtemps attribué à Mariana Alcoforado. Attribué depuis 1962 à Guilleragues

640 6#$f#1669#####

例 8

240 ##$1200#1$aBerlioz$bHector$f1803-1869$1230##$aLes Troyens$sII 133A

300 0#$aOpéra en 5 actes et 9 tableaux, en deux parties : "La Prise de Troie" (actes I et II), "Les Troyens à Carthage" (actes III, IV et V)

300 0#$aDates de composition : avril 1856-1858

300 0#$aDates de révision : nos 33 et 40 (1859), no 44 (1859 ou 1860), no 52 (janvier 1860)

300 0#$a1re éd. privée (chant et piano) : Paris : imprimé par Thierry frères, [1862]

300 0#$a1re représentation ("La Prise de Troie") : Karlsruhe, Hoftheater, 6 décembre 1890. 1re représentation ("Les Troyens à Carthage") : Paris, Théâtre-Lyrique, 4 novembre 1863

640 5#$f#185604###$i#1858#####

640 0#$0Révision$f#1859#####$i#1860#####

640 0#$0Première édition$f#1862#####

640 6#$dKarlsruhe$eHoftheater$f#18901206#

640 6#$dParis$eThéâtre Lyrique$f#18631104#

例 9

240 ##$1200#1$aSchein$bJohann Hermann$f1586-1630$1230##$aBeati omnes qui timent Dominum

300 0#$aComposé à l’occasion du mariage de Heinrich Höpner et Veronica Jordan

300 0#$a1re exécution : Leipzig, 16 octobre 1620

300 0#$a1re éd. : Leipzig : J. Glück, 1620

640 5#$f#1620#####$hMariage de Heinrich Höpner et Veronica Jordan

640 6#$dLeipzig$f#16201016#

640 #$0Première édition$dLeipzig$f#1620#####

例 10

240 ##$1200#1$aCostanzi$bGiovanni Battista$f1704-1778$1230##$aCarlo Magno

300 0#$aFesta teatrale en 3 actes

300 0#$a1re représentation : Rome, Palazzo Ottoboni, octobre 1729, en l'honneur de la naissance de Louis, dauphin de France

640 6#$dRome$ePalazzo Ottoboni$f#172910###$hNaissance de Louis, dauphin de France

例 11

240 ##$1200#1$aBianchi$bFrancesco$f1752?-1810$1230##$a≠NSB≠La≠NSE≠Villanella rapita

300 0#$aOpera giocosa en 2 actes, sur un livret de Giovanni Bertati

300 0#$a1re représentation : Venise, Théâtre San Moisè, automne 1783

300 0#$a1re représentation en France : Paris, Théâtre de Monsieur, 15 juin 1789

640 6#$dVenise$eThéâtre San Moisè$f#1783#####$hautomne

640 6#$0Première représentation en France$dParis$eThéâtre de Monsieur$f#17890615#

# 641 主题检索点——名称和题名（作品）

**字段定义**

本字段包含作品的名称 / 题名检索点，它是记录为之建立的作品的主题之一。本字段的结构类似 241 字段“规范检索点——名称 / 题名（作品）”和书目的 4-- 连接款目字段（嵌入字段技术或标准子字段技术）。

本字段用于与 FRBR 模型兼容的目录，并出现在著录作品的记录中。

**出现方式**

可选用。可重复。

**指示符**

指示符 1　空（未定义）

指示符 2　结构指示符

　# 不适用（嵌入字段技术）或没有可获得的信息（标准子字段技术）

　0 非结构化题名（标准子字段技术）

　1 结构化题名（标准子字段技术）

**子字段**

**A）子字段：嵌入字段技术**

$1（ ）连接数据

（说明见“240 规范检索点——名称 / 题名”）

**B）子字段：标准子字段技术**

$a　名称

对记录在 $t 子字段的作品负有主要知识责任的个人、团体或家族的名称。如果 $a 子字段是多个标准子字段的组合，则用标识符来分隔著录单元。必备。不可重复。

$t　题名

作品为人所知的题名。如果子字段 $t 由多个标准子字段组合而成，用 ISBD 标识符来分隔著录单元。必备。不可重复。

$h　分辑或部分号

如果题名所适用的手头文献只是题名所命名之作品的一部分，此即部分号。对于细分部分可重复。

$i　分辑或部分名

如果题名所适用的手头文献只是题名所命名之作品的一部分，此即部分名。对于细分部分可重复。

$c　作品的形式
表示作品所属类别或体裁的标准短语。不可重复。

$d　作品的日期
如果为了区分作品有必要作为题名的一部分，此即作品的日期。作品的日期是与作品相关的最早日期。作品的日期可以是作品创作的日期，或者是作品第一次出版或发行的日期。
不可重复。

$e　作品的来源地
如果为了区分作品有必要作为题名的一部分，此即作品的来源地。作品的来源地是作品起源的国家或其他领土辖区。不可重复。如果需要记录多个地名，应把它们都录在同一个子字段 $e 中。

$f　作品的原始语种
如果有必要作为作品题名的一部分，此即作品的原始语种。不可重复。如果作品用多种语言，应把它们都录在同一个子字段 $f 中。

$k　作品的其他区别特征
除了作品的形式、作品的日期、作品的来源地以外任何用于区分同题名作品或者区分同名个人、家族、团体的其他特征。可重复。

$r　表演介质（音乐）
作品的配器等。可重复。

$s　数字标识（音乐）
作曲家或其他人为区分作品所给予的号码。该号码可以是顺序号、作品编号、主题索引号或者是用作号码的日期。可重复。

$u　调（音乐）
用作题名一部分的音乐调号。不可重复。

$j　形式复分
附加于主题检索点的一个词语，进一步描述资料的类型或体裁。不使用此复分的机构可用 $x 替代。可重复。

$x　论题复分
附加于主题检索点的一个词语，进一步描述主题检索点所体现的论题。可重复。

$y　地理复分
附加于主题检索点的一个词语，描述与主题检索点所体现的题名有关的地点。可重复。

$z　时代复分
附加于主题检索点的一个词语，描述与主题检索点所体现的题名有关的时期。可重复。

$2　系统代码
主题检索点来源的系统的代码形式标识。建议在本字段每次出现时都用 $2 子字段。见

《UNIMARC 手册：书目格式》附录 G 中的系统代码表。不可重复。

$3　规范记录号
在作品的记录中确立主题检索点的作品的规范记录控制号。可重复。

**字段内容注释**

在用作主题的作品被名称 / 题名检索点体现时，本字段用于记录作为主题的作品的名称。如果使用嵌入字段技术，作品的题名记录在嵌入的 231 字段 [ 规范检索点——题名（作品）]。所要求的主题系统代码（$2）、规范记录号（$3）和任何复分（$j, $x, $y, $z）应该载于嵌入 231 字段。著者的名称载于嵌入的 2-- 字段。

如果要使用标准字段技术，则作品的题名、著者的名称和任何主题复分应记录在不同的子字段中。

**相关字段**

600　主题检索点——个人名称
601　主题检索点——团体
602　主题检索点——家族
如果仅仅是个人名称、团体、家族或题名作为主题，则使用以上 6-- 字段。如果主题是题名，则应在与 FRBR 模型兼容的目录中使用 631 或 632 字段，不然就使用 605 字段。

**例**

例 1

241 ## $1001RU\NLR\AUTH\7717177$1200#1$aДобролюбов$bН. А.$f1836-1861$gНиколай Александрович$1231##$aЛуч света в темном царстве

641 ##$1200#1$aОстровский$gАлександр Николаевич$bА. Н.$f1823 - 1886$1231##$aГроза$2nlr_sh

作品 *Островский, А.Н. Гроза* (*The Storm, by N. Ostrovsky*) 的题名用作作品 *Добролюбов, Н. А. Луч света в темном царстве (A Ray of Light in the Dark Kingdom, by N. Dobrolyubov)* 的主题。

例 2

241 ## $1200#1$aТелетова$bН.К.$gНаталья Константиновна$1231##$aСвятогорская повесть и отражснис сс в "Борисс Годуновс" Пушкина

631 ## $aСвятогорская повесть$2nlr_sh

641 ## $1200#1$aПушкин$bА. С.$f1799-1837$gАлександр Сергеевич$1231##$aБорис Годунов$2nlr_sh

分配给作品 *Телетова Н.К. Святогорская повесть и отражение ее в "Борисе Годунове" Пушкина (Svyatogorsk novell and its reflection in Pushkin's" Boris Godunov", by N.Telegina)* 的主题标目：作品的题名在 631 字段 *(Svyatogorskaya novell)* 作品的名称 / 题名在 641 字段 *(Pushkin A.S. Boris Godunov)*。

例 3

241 ## $1200#1$aКазанцева$bГ. В.$gГалина Владимировна$4070$1231##$aБеллетризованные биографии В.П. Авенариуса "Пушкин" и "Михаил Юрьевич Лермонтов": история, теория, поэтика жанра

641 ## $1200#1$aАвенариус$bВ. П.$gВасилий Петрович$f1839 - 1919$1231##$aМихаил Юрьевич Лермонтов$2nlr_sh

641 ## $1200#1$aАвенариус$bВ. П.$gВасилий Петрович$f1839 - 1919$1231##$aПушкин$2nlr_sh

作品 *Казанцева, Г. В. Беллетризованные биографии В. П. Авенариуса "Пушкин" и "Михаил Юрьевич Лермонтов": история, теория, поэтика жанра* 包含 V. Avenarius 所作的 A. Pushkin 和 M. Lermontov 的传记分析。641 字段的两个检索点是作品（传记）的名称 / 题名：*Avenarius V.P., Mikhail Yuryevich Lermontov* 和 *Avenarius V.P., Pushkin*。

# 642　主题检索点——名称和题名（内容表达）

**字段定义**

本字段包含作品的内容表达的名称 / 题名检索点，它是记录为之建立的作品的主题之一。本字段的结构类似 242 字段“规范检索点——名称 / 题名（内容表达）”和书目的 4-- 连接款目字段（嵌入字段技术或标准子字段技术）。

本字段用于与 FRBR 模型兼容的目录，并出现在著录作品的记录中。

**出现方式**

可选用。可重复。

**指示符**

指示符 1　空（未定义）
指示符 2　结构指示符
　#　不适用（嵌入字段技术）或没有可获得的信息（标准子字段技术）
　0　非结构化题名（标准子字段技术）
　1　结构化题名（标准子字段技术）

**子字段**

**A）子字段：嵌入字段技术**

$1（一）连接数据
（说明见“240 规范检索点——名称 / 题名”）

**B）子字段：标准子字段技术**

在如下子字段列表中，涉及相关作品的子字段标以“[ 作品 ]”字样。涉及内容表达的子字段标以“[ 内容表达 ]”字样。

$a　名称 [ 作品 ]
对记录在 $t 子字段的作品负有主要知识责任的个人、团体或家族的名称。如果 $a 子字段是多个标准子字段的组合，则用标识符来分隔著录单元。必备。不可重复。

$t　题名 [ 作品 ]
作品为人所知的题名。如果子字段 $t 由多个标准子字段组合而成，用 ISBD 标识符来分隔著录单元。必备。不可重复。

$h　分辑或部分号 [ 作品 ]
如果题名所适用的手头文献只是题名所命名之作品的一部分，此即部分号。对于细分部分可重复。

$i　分辑或部分名 [ 作品 ]
如果题名所适用的手头文献只是题名所命名之作品的一部分，此即部分名。对于细分部分可重复。

$c　作品的形式 [ 作品 ]
表示作品所属类别或体裁的标准短语。不可重复。

$d　作品的日期 [ 作品 ]
如果为了区分作品有必要作为题名的一部分，此即作品的日期。作品的日期是与作品相关的最早日期。作品的日期可以是作品创作的日期，或者是作品第一次出版或发行的日期。不可重复。

$e　作品的来源地 [ 作品 ]
如果为了区分作品有必要作为题名的一部分，此即作品的来源地。作品的来源地是作品起源的国家或其他领土辖区。不可重复。如果需要记录多个地名，应把它们都录在同一个子字段 $e 中。

$f　作品的原始语种 [ 作品 ]
如果有必要作为作品题名的一部分，此即作品的原始语种。不可重复。如果作品用多种语言，应把它们都录在同一个子字段 $f 中。

$k　作品的其他区别特征 [ 作品 ]
除了作品的形式、作品的日期、作品的来源地以外任何用于区分同题名作品或者区分同名个人、家族、团体的其他特征。可重复。

$r　表演介质（音乐）[ 作品 ]
作品的配器等。可重复。

$s　数字标识（音乐）[ 作品 ]
作曲家或其他人为区分作品所给予的号码。该号码可以是顺序号、作品编号、主题索引号或者是用作号码的日期。可重复。

$u　调（音乐）[ 作品 ]
用作题名一部分的音乐调号。不可重复。

$l　内容表达的形式 [ 内容表达 ]
表示内容表达所属类别或体裁的标准短语。不可重复。

$m　内容表达的语种 [ 内容表达 ]
内容表达的语种。不可重复。如果内容表达用多种语言，应把它们都录在同一个子字段 $m 中。

$n　内容类型 [ 内容表达 ]
表示内容被表达的基本交流形式以及设想由此被感知的人类感觉的类别。内容类型通过一个标准短语来表达。不可重复。

$o　内容表达的日期 [ 内容表达 ]
如果要求作为识别内容表达的手段，此即作品的内容表达的原始日期。内容表达的原始日期是与内容表达有关的最早的日期。体现内容表达的最早载体表现的日期可以作为内容表达的日期。不可重复。

$v　表演介质（音乐）[内容表达]
内容表达的配器等。可重复。

$w　内容表达的其他特征[内容表达]
除了内容类型、内容表达的语种、内容表达的日期或内容表达的形式以外任何用于区分同作品不同内容表达其他特征。它可以是版本说明、对该内容表达负责的个人或团体名称。可重复。

$j　形式复分
附加于主题检索点的一个词语，进一步描述资料的类型或体裁。不使用此复分的机构可用 $x 替代。可重复。

$x　论题复分
附加于主题检索点的一个词语，进一步描述检索点所体现的论题。可重复。

$y　地理复分
附加于主题检索点的一个词语，描述与主题检索点所体现的题名有关的地点。可重复。

$z　时代复分
附加于主题检索点的一个词语，描述与主题检索点所体现的题名有关的时期。可重复。

$2　系统代码
主题检索点来源的系统的代码形式标识。建议在本字段每次出现时都用 $2 子字段。见《UNIMARC 手册：书目格式》附录 G 中的系统代码表。不可重复。

$3　规范记录号
在作品的记录中确立主题检索点的内容表达的规范记录控制号。可重复。

**字段内容注释**

在用作主题的作品被名称 / 题名检索点体现时，本字段用于记录作为主题的作品的内容表达的名称。如果使用嵌入字段技术，内容表达的题名记录在嵌入的 232 字段[规范检索点——题名（内容表达）]。所要求的主题系统代码（$2）、规范记录号（$3）和任何复分（$j, $x, $y, $z）应该载于嵌入 232 字段。著者的名称载于嵌入的 2-- 字段。

如果要使用标准字段技术，则作品的题名、著者的名称和任何主题复分应记录在不同的子字段中。

**相关字段**

600　主题检索点——个人名称
601　主题检索点——团体
602　主题检索点——家族
604　主题检索点——名称 / 题名
605　主题检索点——题名

641　主题检索点——名称 / 题名（作品）

如果仅仅是个人名称、团体、家族或题名作为主题，则使用以上 6-- 字段。如果主题是题名，则应在与 FRBR 模型兼容的目录中使用 631 或 632 字段，不然就使用 605 字段。

**例**

241 ## $1200#1$aНикифоровская$gНадежда Алексеевна$1231##$aШекспир Бориса Пастернака

642 ## $1200#1$aШекспир$bУ.$gУильям$f1564 - 1616$1232##$aГамлет$mрус.$wБ.Л. Пастернак $2nlr_sh

642 ## $1200#1$aШекспир$bУ.$gУильям$f1564 - 1616$1232##$aРомео и Джульетта$mрус.$wБ.Л. Пастернак $2nlr_sh

642 ## $1200#1$aШекспир$bУ.$gУильям$f1564 - 1616$1232##$aАнтоний и Клеопатра$mрус.$wБ.Л. Пастернак$2nlr_sh

作品 *Никифоровская, Н. А. Шекспир Бориса Пастернака (Shakespeare of Boris Pasternak, by N. Nikiforovskaya)* 关于 B. Pasternak 的莎士比亚戏剧译本。642 字段中的检索点是内容表达的名称 / 题名 —— 莎士比亚戏剧 *Hamlet, Romeo and Juliet, Antony and Cleopatra* 的 Pasternak 俄语译本。

# 675　国际十进分类法（UDC）

**字段定义**

本字段包含一个与规范检索点相关的 UDC 分类号或分类号范围。UDC 分类号可以带有描述该分类号的文字。

**出现方式**

可选用。可重复。

**指示符**

指示符 1　空（未定义）
指示符 2　空（未定义）

**子字段**

数据子字段

$a　UDC 分类号，单独的号或范围的起始号
取自 UDC 分类表的分类号。不可重复。

$b　UDC 分类号，范围的终止号
取自 UDC 分类表的分类号。不可重复。

$c　说明文字
与 $a 子字段（如适用还有 $b 子字段）中取自 UDC 分类表的分类号有关的说明文字。可重复。

$v　UDC 版本
$a 子字段中分类号取自的版本。不可重复。

$z　版本语种
$a 子字段中分类号取自版本的语种代码。代码见 ISO 639–2 标准，或《UNIMARC 手册：书目格式》附录 A。不可重复。

控制子字段

$3　规范记录标识号
与分类格式记录连接。不可重复。

**字段内容注释**

分类号取自记录制作机构所使用的 UDC 分类表版本。UDC 有大量不同语言版本，时常对每种版本进行修订并出新版。出版的每个 UDC 版本都源自 UDC 联合体核心主文档。

**例**

例 1

152 ##$bnlr_sh

250 ##$aИонный обмен$xПрименение в водоочистке

675 ##$a628.337$cЭлектрические методы очистки$v3$zrus

例 2

152 ##$aRCR

200 #1$aАбдулатипов$bР. Г.$gРамазан Гаджимурадович$f1946-$cГосударственный деятель России, доктор филос. наук, профессор

675 ##$a342.53(470)(092)$v3$zrus

# 676 杜威十进分类法（DDC）

**字段定义**

本字段包含一个与规范检索点相关的 DDC 分类号或分类号范围。DDC 分类号可以带有描述该分类号的文字。

**出现方式**

可选用。可重复。

**指示符**

指示符 1 空（未定义）
指示符 2 空（未定义）

**子字段**

数据子字段

$a DDC 分类号，单独的号或范围的起始号
取自杜威十进分类法类表的分类号。用“/”表示基本类号标志。不可重复。

$b DDC 分类号，范围的终止号
取自杜威十进分类法类表的分类号。用“/”表示基本类号标志。不可重复。

$c 说明文字
与 $a 子字段（如适用还有 $b 子字段）中取自 DDC 分类表的分类号有关的说明文字（例 1）。可重复。

$v DDC 版本
使用的版本号（例 1 至例 2）。数字加“a”表示节缩版。不可重复。

$z 版本语种
$a 子字段中分类号取自版本的语种代码（例 2）。代码见 ISO 639–2 标准，或《UNIMARC 手册：书目格式》附录 A。不可重复。

控制子字段

$3 规范记录标识号
与分类格式记录连接。不可重复。

**字段内容注释**

$a 子字段中分类号采用记录创建机构所使用的分类表规定的形式。类号可以包括基本类号标志（/），表示这个位置是国际认可的分类号节缩位置。类号不包括为单独文献指定唯一书签所做的扩展。

$z 子字段仅用于翻译版本与原始版本存在差异的情况下，例如：为满足本地的需要改写了分类表的某些部分。

**例**

例 1

250 ##$aGold

676 ##$a669.22$cInterdisciplinary$v19

676 ##$a549.23$cMineralogy$v19

676 ##$a553.41$cEconomic geology$v19

例 2

250 ##$aPhilosophy, parapsychology and occultism

676 ##$a153.94001$b153.94999$v21$zeng

# 680　美国国会图书馆分类法（LCC）

**字段定义**

本字段包含一个与规范检索点相关的国会图书馆分类号或分类号范围。国会图书馆分类号可以带有描述该分类号的文字。

**出现方式**

可选用。可重复。

**指示符**

指示符 1　空（未定义）
指示符 2　空（未定义）

**子字段**

数据子字段
$a　LC 分类号，单独的号或范围的起始号
　　取自国会图书馆分类法类表的分类号。不可重复。

$b　LC 分类号，范围的终止号
　　取自国会图书馆分类法类表的分类号。不可重复。

$c　说明文字
　　同 $a 子字段（如适用还有 $b 子字段）中取自 LC 分类表的分类号有关的说明文字（例 2）。可重复。

控制子字段
$3　规范记录标识号
　　与分类格式记录连接。不可重复。

**字段内容注释**

任何拥有国会图书馆分类法的机构都可使用国会图书馆分类法分类号。

**例**

例 1
　250 ##$aScaffolding
　680 ##$aTH5281

例 2
　250 ##$aString quartet
　680 ##$aML1160$cHistory
　680 ##$aMT728$cInstruction and study

# 686　其他分类号

## 字段定义

本字段包含一个与规范检索点相关的分类号或分类号范围（类号取自没有国际性使用但被广泛认可出版的分类体系）。分类表通过 $2 子字段识别。分类表识别代码见《UNIMARC 手册：书目格式》附录 G。

## 出现方式

可选用。可重复。

## 指示符

指示符 1　空（未定义）
指示符 2　空（未定义）

## 子字段

数据子字段

$a　分类号，单独的号或范围的起始号
　　取自分类表的分类号。不可重复。

$b　分类号，范围的终止号
　　指定机构所用的分类号。不可重复。

$c　说明文字
　　取自分类表的分类号的复分。可重复。

控制子字段

$2　系统代码
　　用于表示类号的分类表代码。系统代码列表，见《UNIMARC 手册：书目格式》附录 G。不可重复。

$3　规范记录标识号
　　与分类格式记录连接。不可重复。

## 例

例 1

686 ##$2usnlm$aW1$bRE359
美国国家医学图书馆分类号。

例 2

686 ##$2usnal$a281.9$bC81A
美国国家农业图书馆分类号。

例 3

152 ##$aRCR

200 #1$aАбдулатипов$bР. Г.$gРамазан Гаджимурадович$f1946-$cГосударственный деятель России, доктор филос. наук, профессор

686 ##$2rugasnti$a10.15

686 ##$2rubbk$a67.99(2Рос)06$vLBC/PL

例 4

152 ##$bnlr_sh

215 ##$aЯлта$xНародное хозяйство$z1956

686 ##$2rubbk$aУ03(2Р-4Крм-2Я)74$vLBC/SL

例 5

152 ##$bnlr_sh

240 ##$1210##$aСоединенные Штаты Америки$1230##$aКонституция$xИстория

686 ##$2rubbk$aТ3(7США)0-52$cИстория$vLBC/SL

686 ##$2rubbk$aХ809(7США)1-1$cПраво$vLBC/SL

# 7-- 其他语言和（或）文字的规范检索点块

## 字段的定义和范围

本功能块包含 2-- 功能块中检索点的并列或交替语言和（或）文字的形式，并且连接以 7-- 检索点为第一实体的另一个记录。本功能块定义了以下字段：

700 其他语言和（或）文字的规范检索点——个人名称
710 其他语言和（或）文字的规范检索点——团体名称
715 其他语言和（或）文字的规范检索点——行政管辖区或地理名称
716 其他语言和（或）文字的规范检索点——商标
717 其他语言和（或）文字的规范检索点——印刷者 / 出版者标志
720 其他语言和（或）文字的规范检索点——家族名称
730 其他语言和（或）文字的规范检索点——题名
731 其他语言和（或）文字的规范检索点——题名（作品）
732 其他语言和（或）文字的规范检索点——题名（内容表达）
740 其他语言和（或）文字的规范检索点——名称 / 题名
741 其他语言和（或）文字的规范检索点——名称 / 题名（作品）
742 其他语言和（或）文字的规范检索点——名称 / 题名（内容表达）
743 其他语言和（或）文字的规范检索点——法律和宗教文本惯用名称 / 题名
745 其他语言和（或）文字的规范检索点——名称 / 作品集题名
750 其他语言和（或）文字的规范检索点——论题主题
760 其他语言和（或）文字的规范检索点——出版、演出和出处等的地点和日期
780 其他语言和（或）文字的规范检索点——形式、体裁或物理特征

## 字段内容注释

在特定的实践中，检索点的附加并列形式所使用的语种，若不是 100 字段 9—11 字符位中所规定的合法的编目语种，可以在本功能块中做出专门的规定并予以记录。在每个并列检索点中，与检索点相匹配的目录语种将著录在 $8 子字段内。

当另一个交替文字的检索点和与之相关的参照结构的记录存在，7-- 字段也用于展现 2-- 中所记录的规范检索点的交替形式。对于交替文字检索点，要在 7-- 字段加上说明编目文字和基本检索点文字的 $7 子字段（由于 7-- 字段中的所有检索点都被定义连接到 2-- 字段中的检索点，因此不需要 $6 字段连接数据控制子字段）。本功能块的字段可以重复，以提供多个检索点。

7-- 功能块与 2-- 功能块的子字段定义和详述相同，因此，在以下的字段描述中不再重复详述。

关于这类数据类型的一般性讨论，参见“使用指南”中“（8）并列数据和交替文字数据”。

## 控制子字段

在 7-- 字段中可使用以下控制子字段：

$1 连接数据
$2 系统代码
$4 关系代码

$3　规范记录标识号
$7　编目文字和基本检索点文字
$8　编目语种和基本检索点语种

# 700 其他语言和（或）文字的规范检索点——个人名称

**字段定义**

本字段包含有别于200检索点字段的另一种语言和（或）文字的个人名称规范检索点形式。

**出现方式**

可选用。可重复。

**指示符**

指示符1 空（未定义）
指示符2 指明名称著录方式
　　0 用名或直序方式著录的名称
　　1 用姓著录的名称

**子字段**

数据子字段

| | | |
|---|---|---|
| $a | 款目要素 | 不可重复 |
| $b | 除款目要素外的名称其余部分 | 不可重复 |
| $c | 除日期外的名称附加 | 可重复 |
| $d | 罗马数字 | 不可重复 |
| $f | 日期 | 不可重复 |
| $g | 缩写名的扩展形式 | 不可重复 |
| $4 | 关系代码 | 可重复 |
| | | |
| $j | 形式复分 | 可重复 |
| $x | 论题复分 | 可重复 |
| $y | 地理复分 | 可重复 |
| $z | 时代复分 | 可重复 |

控制子字段

| | | |
|---|---|---|
| $2 | 系统代码 | 不可重复 |
| $3 | 规范记录标识号 | 不可重复 |
| $7 | 编目文字和基本检索点文字 | 不可重复 |
| $8 | 编目语种和基本检索点语种 | 不可重复 |

**字段内容注释**

本字段包含一种个人名称形式，它依照创建记录的编目机构所依据的著录规则或主题体系，并连接到200字段所采用的形式。

**相关字段**

200 规范检索点——个人名称

**例**

例 1

英语目录中的记录

001 e79-392225

100 ##$a19790723aengy0103####ba0

200 #0$aVictoria,$cQueen of Great Britain

700 #0$3f79-034678$8frefre$aVictoria,$creine de Grande-Bretagne

编号 e79-392225 的记录的编目语种是英语，另有一条并列的法语记录，编号为 f79-034678。见下一条记录。

法语目录中的记录

001 f79-034678

100 ##$a19790723afrey0103####ba0

200 #0$aVictoria,$creine de Grande-Bretagne

700 #0$3e79-392225$8engeng$aVictoria,$cQueen of Great Britain

这是法语目录中相应的记录。可以看到，记录中的 $8 控制子字段与前一条记录中的 100 字段相对应。还请注意，200 和 700 字段中的文字都不用 $7 编码。这是因为整条记录的文字的拉丁字符已经在 100/21-22 中用编码说明。

例 2

罗马字符目录中的记录

001 23469

100 ##$a19790723ajpna50######ba0

200 #1$7ba0aba0a$aSuzuki,$bKcnzi

700 #1$7db0ydb0y$a[ 日本汉字个人名称 ]

这是罗马字符目录中的一条记录。编目文字编码在 100/21 22 中。700 字段包含连接到日本汉字目录中相应记录的检索点。编目文字和基本检索点文字都在 700 字段的 $7 控制子字段用编码说明。

日本字符目录

001 36298

100 ##$a19790723ajpny50######db0

200 #1$7db0ydb0y$a[ 日本汉字个人名称 ]

700 #1$7ba0aba0a$aSuzuki,$bKenzi

这是与前一记录相应的日本汉字记录。编目文字编码在 100/21-22 中。这应该是日本汉字，但是用罗马字符表示。700 字段包含来自相应的罗马字符记录的连接检索点。

# 710　其他语言和（或）文字的规范检索点——团体名称

**字段定义**

本字段包含有别于 210 检索点字段的另一种语言和（或）文字形式的团体名称规范检索点。跟随有团体从属部分的行政管辖区名称也视为团体名称（710 字段）；单独的或只有主题复分作为附加成分的行政管辖区名称则应视作行政管辖区名称（715 字段）。

**出现方式**

可选用。可重复。

**指示符**

指示符 1　指明团体种类

指示符 1，指明团体是否为会议。会议包含大会、报告会等。如果会议名称是一个团体名称的从属部分，该名称应视作为团体名称。

0　团体名称

1　会议

如果源格式不能区分会议与其他团体名称，指示符位置可采用填充符。

指示符 2　指明名称著录的方式

0　名称以倒序形式著录

1　名称以地点或辖区开始著录

2　名称以直序形式著录

**子字段**

数据子字段

| | | |
|---|---|---|
| $a | 款目要素 | 不可重复 |
| $b | 从属部分 | 可重复 |
| $c | 名称附加或限定 | 可重复 |
| $d | 会议届次和（或）会议部分的届次 | 不可重复 |
| $e | 会议地点 | 不可重复 |
| $f | 会议日期 | 不可重复 |
| $g | 名称倒置部分 | 不可重复 |
| $h | 除了款目要素及名称倒置部分外的名称部分 | 不可重复 |
| $4 | 关系代码 | 可重复 |
| | | |
| $j | 形式复分 | 可重复 |
| $x | 论题复分 | 可重复 |
| $y | 地理复分 | 可重复 |
| $z | 时代复分 | 可重复 |

控制子字段

| | | |
|---|---|---|
| $2 | 系统代码 | 不可重复 |

| | | |
|---|---|---|
| $3 | 规范记录标识号 | 不可重复 |
| $7 | 编目文字和基本检索点文字 | 不可重复 |
| $8 | 编目语种和基本检索点语种 | 不可重复 |

**字段内容注释**

本字段包含一个团体名称，它依照创建记录的编目机构所依据的著录规则或主题体系，并连接到 210 字段所采用的形式。

**相关字段**

210　规范检索点——团体名称

**例**

英语目录中的记录
001 80-123456
100 ##$a19800723aengy0103####ba0
210 02$aNational Library of Canada
710 02$380-239876$8frefre$aBibliothèque nationale du Canada

法语目录中的记录
001 80-239876
100 ##$a19800723afrey0103####ba0
210 02$aBibliothèque nationale du Canada
710 02$380-123456$8engeng$aNational Library of Canada

# 715　其他语言和（或）文字的规范检索点——行政管辖区或地理名称

**字段定义**

本字段包含有别于 215 检索点字段的另一种语言和（或）文字形式的行政管辖区或地理名称规范检索点。单独的或只有主题复分作为附加成分的行政管辖区名称被视为行政管辖区名称（715 字段）；跟随有团体从属部分的行政管辖区名称应视作团体名称（710 字段）。

**出现方式**

可选用。可重复。

**指示符**

指示符 1　空（未定义）
指示符 2　空（未定义）

**子字段**

数据子字段

| | | |
|---|---|---|
| $a | 款目要素 | 不可重复 |
| | | |
| $j | 形式复分 | 可重复 |
| $x | 论题复分 | 可重复 |
| $y | 地理复分 | 可重复 |
| $z | 时代复分 | 可重复 |

控制子字段

| | | |
|---|---|---|
| $2 | 系统代码 | 不可重复 |
| $3 | 规范记录标识号 | 不可重复 |
| $7 | 编目文字和基本检索点文字 | 不可重复 |
| $8 | 编目语种和基本检索点语种 | 不可重复 |

**字段内容注释**

本字段包含一个行政管辖区或地理名称，它依照创建记录的编目机构所依据的著录规则或主题体系，并连接到 215 字段所采用的形式。

**相关字段**

215　规范检索点——行政管辖区或地理名称

**例**

德语目录中的记录
001 A123456
100 ##$a19790723agery0103####ba0
215 ##$aSchweiz

715 ##$3A234567$8frefre$aSuisse
715 ##$3A345678$8itaita$aSvizzera

法语目录中的记录
001 A234567
100 ##$a19790723afrey0103####ba0
215 ##$aSuisse
715 ##$3A123456$8gerger$aSchweiz
715 ##$3A345678$8itaita$aSvizzera

意大利语目录中的记录
001 A345678
100 ##$a19790723aitay0103####ba0
215 ##$aSvizzera
715 ##$3A123456$8gerger$aSchweiz
715 ##$3A234567$8frefre$aSuisse

# 716　其他语言和（或）文字的规范检索点——商标

## 字段定义

本字段包含有别于 216 检索点字段的另一种语言和（或）文字形式的商标规范检索点。

## 出现方式

可选用。可重复。

## 指示符

指示符 1　空（未定义）
指示符 2　空（未定义）

## 子字段

数据子字段

| | | |
|---|---|---|
| $a | 款目要素 | 不可重复 |
| $f | 日期 | 不可重复 |
| $c | 限定 | 可重复 |
| | | |
| $j | 形式复分 | 可重复 |
| $x | 论题复分 | 可重复 |
| $y | 地理复分 | 可重复 |
| $z | 时代复分 | 可重复 |

控制子字段

| | | |
|---|---|---|
| $2 | 系统代码 | 不可重复 |
| $3 | 规范记录标识号 | 不可重复 |
| $7 | 编目文字和基本检索点文字 | 不可重复 |
| $8 | 编目语种和基本检索点语种 | 不可重复 |

## 字段内容注释

本字段包含一个商标名称，它依照创建记录的编目机构所依据的著录规则或主题体系，并连接到 216 字段所采用的形式。

## 相关字段

216　规范检索点——商标

## 例

216 ##$7ba0yba0a$8frerus$aMelodiâ
716 ##$3< 规范记录标识号 >$7ca0yca0y$8rusrus$aМелодия

# 717　其他语言和（或）文字的规范检索点——印刷者 / 出版者标志

**字段定义**

本字段包含有别于 217 检索点字段的另一种语言和（或）文字形式的印刷者 / 出版者标志规范检索点。

**出现方式**

可选用。可重复。

**指示符**

指示符 1　空（未定义）
指示符 2　空（未定义）

**子字段**

数据子字段

| | | |
|---|---|---|
| $a | 印刷者 / 出版者标志描述 | 不可重复 |
| $b | 格言 | 可重复 |
| $c | 标准引证 | 可重复 |
| $d | 尺寸 | 不可重复 |
| $f | 日期 | 不可重复 |
| $g | 图示术语 | 可重复 |
| $j | 形式复分 | 可重复 |
| $x | 论题复分 | 可重复 |
| $y | 地理复分 | 可重复 |
| $z | 时代复分 | 可重复 |

控制子字段

| | | |
|---|---|---|
| $2 | 系统代码 | 不可重复 |
| $3 | 规范记录标识号 | 不可重复 |
| $7 | 编目文字和基本检索点文字 | 不可重复 |
| $8 | 编目语种和基本检索点语种 | 不可重复 |

**字段内容注释**

本字段包含一个印刷者 / 出版者标志名称，它依照创建记录的编目机构所依据的识别标志的标准引证规则，并连接到 217 字段所采用的形式。

**相关字段**

217　规范检索点——印刷者 / 出版者标志

# 720　其他语言和（或）文字的规范检索点——家族名称

**字段定义**

本字段包含有别于 220 检索点字段的另一种语言和（或）文字形式的家族名称规范检索点。

**出现方式**

可选用。可重复。

**指示符**

指示符 1　空（未定义）
指示符 2　空（未定义）

**子字段**

数据子字段

| | | |
|---|---|---|
| $a | 款目要素 | 不可重复 |
| $c | 家族类型 | 不可重复 |
| $d | 与家族有关的地点 | 可重复 |
| $f | 日期 | 不可重复 |
| $4 | 关系代码 | 可重复 |
| $j | 形式复分 | 可重复 |
| $x | 论题复分 | 可重复 |
| $y | 地理复分 | 可重复 |
| $z | 时代复分 | 可重复 |

控制子字段

| | | |
|---|---|---|
| $2 | 系统代码 | 不可重复 |
| $3 | 规范记录标识号 | 不可重复 |
| $7 | 编目文字和基本检索点文字 | 不可重复 |
| $8 | 编目语种和基本检索点语种 | 不可重复 |

**字段内容注释**

本字段包含一个家族名称，它依照创建记录的编目机构所依据的著录规则或主题体系，并连接到 220 字段所采用的形式。

**相关字段**

220　规范检索点——家族名称

**例**

220 ##$aDuecker family
720 ##$3< 规范记录标识号 >$a Duecker (famille)

# 730　其他语言和（或）文字的规范检索点——题名

## 字段定义

本字段包含有别于 230 检索点字段的另一种语言和（或）文字形式的题名规范检索点。

## 出现方式

可选用。可重复。

## 指示符

指示符 1　空（未定义）
指示符 2　空（未定义）

## 子字段

数据子字段

| | | |
|---|---|---|
| $a | 款目要素 | 不可重复 |
| $b | 一般资料标识 | 可重复 |
| $h | 分辑或部分号 | 可重复 |
| $i | 分辑或部分名 | 可重复 |
| $k | 出版日期 | 不可重复 |
| $l | 形式副标目 | 不可重复 |
| $m | 语种 | 不可重复 |
| $n | 其他信息 | 可重复 |
| $q | 版本（或版本日期） | 不可重复 |
| $r | 表演介质（音乐） | 可重复 |
| $s | 数字标识（音乐） | 可重复 |
| $u | 调（音乐） | 不可重复 |
| $w | 改编说明（音乐） | 不可重复 |
| | | |
| $j | 形式复分 | 可重复 |
| $x | 论题复分 | 可重复 |
| $y | 地理复分 | 可重复 |
| $z | 时代复分 | 可重复 |

控制子字段

| | | |
|---|---|---|
| $2 | 系统代码 | 不可重复 |
| $3 | 规范记录标识号 | 不可重复 |
| $7 | 编目文字和基本检索点文字 | 不可重复 |
| $8 | 编目语种和基本检索点语种 | 不可重复 |

## 字段内容注释

本字段包含一个作品或作品 / 内容表达的题名，它依照创建记录的编目机构所依据的著录规则或主题体系，并连接到 230 字段所采用的形式。

**相关字段**

230　规范检索点——题名

**例**

100 ##$a19790723aspay0103####ba0
230 ##$aCrónica de los Reyes de Castilla
730 ##$386123$8engeng$aChronicle of the Kings of Castille
参见 745 字段。

# 731　其他语言和（或）文字的规范检索点——题名（作品）

## 字段定义

本字段包含有别于 231 检索点字段的另一种语言和（或）文字形式的题名规范检索点。
本字段用于与 FRBR 模型兼容的目录，并出现在描述作品的记录中。

## 出现方式

可选用。可重复。

## 指示符

指示符 1　空（未定义）
指示符 2　空（未定义）

## 子字段

子字段的完整描述详见 231 字段。

数据子字段

| | | |
|---|---|---|
| $a | 题名 | 必备 |
| $h | 分辑或部分号 | 对于细分部分可重复 |
| $i | 分辑或部分名 | 对于细分部分可重复 |
| $c | 作品的形式 | 不可重复 |
| $d | 作品的日期 | 不可重复 |
| $e | 作品的来源地 | 不可重复 |
| $f | 作品的原始语种 | 不可重复 |
| $k | 作品的其他区别特征 | 可重复 |
| $r | 表演介质（音乐） | 可重复 |
| $s | 数字标识（音乐） | 可重复 |
| $u | 调（音乐） | 不可重复 |
| $j | 形式复分 | 可重复 |
| $x | 论题复分 | 可重复 |
| $y | 地理复分 | 可重复 |
| $z | 时代复分 | 可重复 |

控制子字段

| | | |
|---|---|---|
| $7 | 编目文字和基本检索点文字 | 不可重复 |
| $8 | 编目语种和基本检索点语种 | 不可重复 |

## 相关字段

231　规范检索点——题名（作品）
431　变异检索点——题名（作品）
531　相关检索点——题名（作品）

**例**

例 1A

231 ##$7ba0yba0a$8fresan$aMahābhārata$iVanaparva$iNalopākhyāna

731 ##$7ba0yja0y$8fresan$aमहाभारत$iवनपर्व$iनलोपाख्यान

731 字段用于记录梵文天城体的题名。另一种交替方式是重复 231 字段。

例 1B

231 ##$6a01$7ba0yba0a$8fresan$aMahābhārata$iVanaparva$iNalopākhyāna

231 ##$6a01$7ba0yja0y$8fresan$aमहाभारत$iवनपर्व$iनलोपाख्यान

在本例中，两个字段都应有 $6 子字段。

# 732　其他语言和（或）文字的规范检索点——题名（内容表达）

## 字段定义

本字段包含有别于 232 检索点字段的另一种语言和（或）文字形式的题名规范检索点。
本字段用于与 FRBR 模型兼容的目录，并出现在描述内容表达的记录中。

## 出现方式

可选用。可重复。

## 指示符

指示符 1　空（未定义）
指示符 2　空（未定义）

## 子字段

子字段的完整描述参见 232 字段下的说明。

数据子字段

| | | |
|---|---|---|
| $a | 题名 [ 作品 ] | 必备 |
| $h | 分辑或部分号 [ 作品 ] | 对于细分部分可重复 |
| $i | 分辑或部分名 [ 作品 ] | 对于细分部分可重复 |
| $c | 作品的形式 [ 作品 ] | 不可重复 |
| $d | 作品的日期 [ 作品 ] | 不可重复 |
| $e | 作品的来源地 [ 作品 ] | 不可重复 |
| $f | 作品的原始语种 [ 作品 ] | 不可重复 |
| $k | 作品的其他区别特征 [ 作品 ] | 可重复 |
| $r | 表演介质（音乐）[ 作品 ] | 可重复 |
| $s | 数字标识（音乐）[ 作品 ] | 可重复 |
| $u | 调（音乐）[ 作品 ] | 不可重复 |
| $l | 内容表达的形式 [ 内容表达 ] | 不可重复 |
| $m | 内容表达的语种 [ 内容表达 ] | 不可重复 |
| $n | 内容类型 [ 内容表达 ] | 不可重复 |
| $o | 内容表达的日期 [ 内容表达 ] | 不可重复 |
| $v | 表演介质（音乐）[ 内容表达 ] | 可重复 |
| $w | 内容表达的其他特征 [ 内容表达 ] | 可重复 |
| $4 | 关系代码 | 可重复 |
| $j | 形式复分 | 可重复 |
| $x | 论题复分 | 可重复 |
| $y | 地理复分 | 可重复 |
| $z | 时代复分 | 可重复 |

控制子字段

| | | |
|---|---|---|
| $7 | 编目文字和基本检索点文字 | 不可重复 |
| $8 | 编目语种和基本检索点语种 | 不可重复 |

**相关字段**

232 规范检索点——题名（内容表达）
532 变异检索点——题名（内容表达）
532 相关检索点——题名（内容表达）

# 740　其他语言和（或）文字的规范检索点——名称 / 题名

**字段定义**

本字段包含有别于 240 检索点字段的另一种语言和（或）文字形式的名称 / 题名规范检索点。数据根据 240 字段的描述方式记录在合适的子字段。

**出现方式**

可选用。可重复。

**指示符**

指示符 1　空（未定义）
指示符 2　空（未定义）

**A）子字段：嵌入字段技术**

数据子字段

| | | |
|---|---|---|
| $1 | 连接数据 | 可重复 |

控制子字段

| | | |
|---|---|---|
| $2 | 系统代码 | 不可重复 |
| $3 | 规范记录标识号 | 不可重复 |
| $7 | 编目文字和基本检索点文字 | 不可重复 |
| $8 | 编目语种和基本检索点语种 | 不可重复 |

**字段内容注释**

每一个单元依据该单元所适用的 2-- 字段编码：200（规范检索点——个人名称）、210（规范检索点——团体名称）、215（规范检索点——行政管辖区或地理名称）、220（规范检索点——家族名称），以及针对于题名的 230（规范检索点——题名）。240 字段用前置 $1 子字段嵌入字段标识符、字段指示符以及名称和题名数据子字段。

当需要采用控制子字段时，它们应在包含嵌入数据的第一个 $1 子字段之前。

**B）子字段：标准子字段技术**

数据子字段

| | | |
|---|---|---|
| $a | 名称 | 不可重复 |
| $t | 题名 | 不可重复 |
| | | |
| $j | 形式复分 | 可重复 |
| $x | 论题复分 | 可重复 |
| $y | 地理复分 | 可重复 |
| $z | 时代复分 | 可重复 |

控制子字段

| | | |
|---|---|---|
| $7 | 编目文字和基本检索点文字 | 不可重复 |
| $8 | 编目语种和基本检索点语种 | 不可重复 |

**相关字段**

240　规范检索点——名称 / 题名

**例**

100 ##$a19790723afrey0103####ba0
240 ##$121002$aUniversité Laval$1230##$aRépertoire des cours
740 ##$34936289$8engeng$121002$aUniversity Laval$1230##$aCourse catalogue

# 741　其他语言和（或）文字的规范检索点——名称 / 题名（作品）

## 字段定义

本字段包含有别于 241 检索点字段的另一种语言和（或）文字形式的名称 / 题名规范检索点。数据根据 241 字段的描述方式记录在合适的子字段。

本字段用于与 FRBR 模型兼容的目录，并出现在描述作品的记录中。

## 出现方式

可选用。可重复。

## 指示符

指示符 1　空（未定义）

指示符 2　结构指示符

　　#　不适用（嵌入字段技术）或没有可获得的信息（标准子字段技术）

　　0　非结构化题名（标准子字段技术）

　　1　结构化题名（标准子字段技术）

## A）子字段：嵌入字段技术

数据子字段

| | | |
|---|---|---|
| $1 | 连接数据 | 可重复 |

控制子字段

| | | |
|---|---|---|
| $0 | 说明语 | 不可重复 |
| $2 | 主题系统代码 | 不可重复 |
| $3 | 规范记录标识号 | 不可重复 |
| $5 | 关系控制 | 不可重复 |
| $6 | 字段连接数据 | 不可重复 |
| $7 | 编目文字和基本检索点文字 | 不可重复 |
| $8 | 编目语种和基本检索点语种 | 不可重复 |

## 字段内容注释

每一个单元依据该单元所适用的 2-- 字段编码：200（规范检索点——个人名称），210（规范检索点——团体名称），215（规范检索点——行政管辖区或地理名称）或针对于名称的 220（规范检索点——家族名称）以及针对于题名的 231[ 规范检索点——题名（作品）]。741 字段用 $1 子字段嵌入字段标识符、字段指示符以及名称和题名数据子字段。主题复分置于嵌入题名字段中。

当需要用控制子字段时，它们应在包含嵌入数据的第一个 $1 子字段之前。（为 200, 210, 215, 220, 230, 231 或 232 字段定义的控制子字段不嵌入在 $1 子字段中。）

关于嵌入字段的更详细的说明见《UNIMARC 手册：书目格式》，包含在 4-- 字段块中。

## B）子字段：标准子字段技术

关于子字段的完整说明可以见字段 241。

数据子字段

| | | |
|---|---|---|
| $a | 名称 | 可选用。不可重复 |
| $t | 题名 | 必备 |
| $h | 分辑或部分号 | 对于细分部分可重复 |
| $i | 分辑或部分名 | 对于细分部分可重复 |
| $c | 作品的形式 | 不可重复 |
| $d | 作品的日期 | 不可重复 |
| $e | 作品的来源地 | 不可重复 |
| $f | 作品的原始语种 | 不可重复 |
| $k | 作品的其他区别特征 | 可重复 |
| $r | 表演介质（音乐） | 可重复 |
| $s | 数字标识（音乐） | 可重复 |
| $u | 调（音乐） | 不可重复 |

控制子字段

| | | |
|---|---|---|
| $3 | 相关作品的规范记录标识号 | 不可重复 |
| $7 | 编目文字和基本检索点文字 | 不可重复 |
| $8 | 编目语种和基本检索点语种 | 不可重复 |

**相关字段**

241　规范检索点——名称 / 题名（作品）
441　变异检索点——名称 / 题名（作品）
541　相关检索点——名称 / 题名（作品）

# 742 其他语言和（或）文字的规范检索点——名称 / 题名（内容表达）

**字段定义**

该字段包含有别于 242 检索点字段的另一种语言和（或）文字形式的名称 / 题名规范检索点。数据根据 242 字段描述方式记录在合适的子字段。

本字段用于与 FRBR 模型兼容的目录，并且出现在描述内容表达的记录中。

**出现方式**

可选用。可重复

**指示符**

指示符 1　空（未定义）
指示符 2　结构指示符
　　#　不适用（嵌入字段技术）或没有可获得的信息（标准子字段技术）
　　0　非结构化题名（标准子字段技术）
　　1　结构化题名（标准子字段技术）

**A）子字段：嵌入字段技术**

数据子字段

| | | |
|---|---|---|
| $1 | 连接数据 | 可重复 |

控制子字段

| | | |
|---|---|---|
| $0 | 说明语 | 不可重复 |
| $2 | 主题系统代码 | 不可重复 |
| $3 | 规范记录标识号 | 不可重复 |
| $5 | 关系控制 | 不可重复 |
| $6 | 字段连接数据 | 不可重复 |
| $7 | 编目文字和基本检索点文字 | 不可重复 |
| $8 | 编目语种和基本检索点语种 | 不可重复 |

**字段内容注释**

每一个单元依据该单元所适用的 2-- 字段编码：200（规范检索点——个人名称），210（规范检索点——团体名称），215（规范检索点——行政管辖区或地理名称）或针对于名称的 220（规范检索点——家族名称）以及针对于题名的 232[ 规范检索点——题名（内容表达）]。742 字段用 $1 子字段嵌入字段标识符、字段指示符以及名称和题名数据子字段。主题复分置于嵌入题名字段中。

当需要用控制子字段时，它们应在包含嵌入数据的第一个 $1 子字段之前。（为 200, 210, 215, 220, 230, 231 或 232 字段定义的控制子字段不嵌入在 $1 子字段中。）

关于嵌入字段更详细的说明见《UNIMARC 手册：书目格式》4-- 字段块有关内容。

**B）子字段：标准子字段技术**

关于子字段的完整说明详见 242 字段。

数据子字段

| | | |
|---|---|---|
| $a | 名称 [ 作品 ] | 必备。不可重复 |
| $t | 题名 [ 作品 ] | 必备 |
| $h | 分辑或部分号 [ 作品 ] | 对于细分部分可重复 |
| $i | 分辑或部分名 [ 作品 ] | 对于细分部分可重复 |
| $c | 作品的形式 [ 作品 ] | 不可重复 |
| $d | 作品的日期 [ 作品 ] | 不可重复 |
| $e | 作品的来源地 [ 作品 ] | 不可重复 |
| $f | 作品的原始语种 [ 作品 ] | 不可重复 |
| $k | 作品的其他区别特征 [ 作品 ] | 可重复 |
| $r | 表演介质（音乐）[ 作品 ] | 可重复 |
| $s | 数字标识（音乐）[ 作品 ] | 可重复 |
| $u | 调（音乐）[ 作品 ] | 不可重复 |
| $l | 内容表达的形式 [ 内容表达 ] | 不可重复 |
| $m | 内容表达的语种 [ 内容表达 ] | 不可重复 |
| $n | 内容类型 [ 内容表达 ] | 不可重复 |
| $o | 内容表达的日期 [ 内容表达 ] | 不可重复 |
| $v | 表演介质（音乐）[ 内容表达 ] | 可重复 |
| $w | 内容表达的其他特征 [ 内容表达 ] | 可重复 |
| $4 | 关系代码 | 可重复 |
| $j | 形式复分 | 可重复 |
| $x | 论题复分 | 可重复 |
| $y | 地理复分 | 可重复 |
| $z | 时代复分 | 可重复 |

控制子字段

| | | |
|---|---|---|
| $3 | 相关作品的规范记录标识号 | 不可重复 |
| $7 | 编目文字和基本检索点文字 | 不可重复 |
| $8 | 编目语种和基本检索点语种 | 不可重复 |

**相关字段**

242 规范检索点——名称 / 题名（内容表达）

442 变异检索点——名称 / 题名（内容表达）

542 相关检索点——名称 / 题名（内容表达）

# 743　其他语言和（或）文字的规范检索点——法律和宗教文本惯用名称 / 题名

**字段定义**

本字段包含有别于 243 检索点字段的另一种语言和（或）文字形式的法律和宗教文本惯用名称 / 题名规范检索点。

**出现方式**

可选用。可重复。

**指示符**

指示符 1　空（未定义）
指示符 2　指明惯用名称 / 题名的形式
　　1　用国家或其他地理名称录入名称
　　　用于管辖区的地理名称
　　2　用其他形式录入名称
　　　用于教会名称

**子字段**

数据子字段

| | | |
|---|---|---|
| $a | 款目要素 | 不可重复 |
| $b | 从属部分 | 可重复 |
| $c | 名称附加或限定 | 可重复 |
| $e | 其他方名称 | 不可重复 |
| $f | 法律发布或版本的日期，或签署日期 | 可重复 |
| $i | 分辑或部分名 | 可重复 |
| $l | 形式副标目 | 可重复 |
| $n | 其他信息 | 可重复 |
| $t | 惯用题名 | 不可重复 |
| | | |
| $j | 形式复分 | 可重复 |
| $x | 论题复分 | 可重复 |
| $y | 地理复分 | 可重复 |
| $z | 时代复分 | 可重复 |

控制子字段

| | | |
|---|---|---|
| $2 | 系统代码 | 不可重复 |
| $3 | 规范记录标识号 | 不可重复 |
| $7 | 编目文字和基本检索点文字 | 不可重复 |
| $8 | 编目语种和基本检索点语种 | 不可重复 |

**字段内容注释**

本字段包含法律和宗教文本惯用名称 / 题名，它依照创建记录的编目机构所依据的著录规则或主题体系，并连接到 243 字段所采用的形式。

**相关字段**

243　规范检索点——法律和宗教文本惯用名称 / 题名

# 745 其他语言和（或）文字的规范检索点——名称 / 作品集题名

## 字段定义

本字段包含有别于 245 检索点字段的另一种语言和（或）文字形式的名称 / 作品集题名规范检索点。数据根据 245 字段的描述方式记录在合适的子字段。

## 出现方式

可选用。可重复。

## 指示符

指示符 1　空（未定义）
指示符 2　空（未定义）

## A）子字段：嵌入字段技术

数据子字段

| | | |
|---|---|---|
| $1 | 连接数据 | 可重复 |

控制子字段

| | | |
|---|---|---|
| $2 | 系统代码 | 不可重复 |
| $3 | 规范记录标识号 | 不可重复 |
| $7 | 编目文字和基本检索点文字 | 不可重复 |
| $8 | 编目语种和基本检索点语种 | 不可重复 |

## 字段内容注释

每一个单元依据该单元所适用的 2-- 字段编码：200（规范检索点——个人名称）、210（规范检索点——团体名称）、215（规范检索点——行政管辖区或地理名称）、220（规范检索点——家族名称），及针对作品集题名的 235（规范检索点——作品集题名）。245 字段用 $1 子字段嵌入字段标识符、字段指示符以及名称和题名数据子字段。

当需要用控制子字段时，它们应在包含嵌入数据的第一个 $1 子字段之前。

## 子字段：标准子字段技术

数据子字段

| | | |
|---|---|---|
| $a | 名称 | 不可重复 |
| $t | 作品集题名 | 不可重复 |
| | | |
| $j | 形式复分 | 可重复 |
| $x | 论题复分 | 可重复 |
| $y | 地理复分 | 可重复 |
| $z | 时代复分 | 可重复 |

控制子字段

| | | |
|---|---|---|
| $7 | 编目文字和基本检索点文字 | 不可重复 |
| $8 | 编目语种和基本检索点语种 | 不可重复 |

**相关字段**

245　规范检索点——名称 / 作品集题名

# 750 其他语言和（或）文字的规范检索点——论题主题

**字段定义**

本字段包含有别于 250 检索点字段的另一种语言和（或）文字形式的论题主题规范检索点，或规范主题范畴检索点。

**出现方式**

可选用。可重复。

**指示符**

指示符 1 空（未定义）
指示符 2 空（未定义）

**子字段**

数据子字段

| | | |
|---|---|---|
| $a | 论题主题 | 不可重复 |
| $n | 主题范畴代码 | 可重复 |
| $m | 主题范畴复分代码 | 可重复 |
| | | |
| $j | 形式复分 | 可重复 |
| $x | 论题复分 | 可重复 |
| $y | 地理复分 | 可重复 |
| $z | 时代复分 | 可重复 |

控制子字段

| | | |
|---|---|---|
| $2 | 系统代码 | 不可重复 |
| $3 | 规范记录标识号 | 不可重复 |
| $7 | 编目文字和基本检索点文字 | 不可重复 |
| $8 | 编目语种和基本检索点语种 | 不可重复 |

**字段内容注释**

本字段包含了论题主题或主题范畴，它依照创建记录的编目机构所使用的主题系统或主题范畴系统，并连接到 250 字段所采用的形式。

**相关字段**

250 规范检索点——论题主题

**例**

英语目录中的记录
100 ##$a19790723aengy0103####ba0

250 ##$aCivil laws$yQuebec (Province)$jHandbooks, manuals, etc.
750 ##$8frefre$aDroit civil$yQuébec (Province)$jGuides, manuels, etc.

法语目录中的记录
100 ##$a19790723afrey0103####ba0
250 ##$aDroit civil$yQuébec (Province)$jGuides, manuels, etc.
750 ##$8engeng$aCivil laws$yQuebec (Province)$jHandbooks, manuals, etc.

# 760 其他语言和（或）文字的规范检索点——出版、演出和出处等的地点和日期

## 字段定义

本字段包含有别于260检索点字段的另一种语言和（或）文字形式的出版地点和日期等规范检索点。

## 出现方式

可选用。可重复。

## 指示符

指示符1　空（未定义）
指示符2　空（未定义）

## 子字段

数据子字段

| | | |
|---|---|---|
| $a | 国家（民族国家） | 不可重复 |
| $b | 州或省等 | 不可重复 |
| $c | 中级行政管辖区 | 可重复 |
| $d | 城市等 | 不可重复 |
| $e | 场所 | 可重复 |
| $f | 日期 | 可重复 |
| $g | 季节 | 不可重复 |
| $h | 场合 | 不可重复 |
| $i | 最终日期 | 不可重复 |
| $k | 城市的区划等 | 可重复 |
| $m | 其他地理区域或特征 | 可重复 |
| $n | 地球外区域 | 可重复 |
| $o | 世界、半球、大陆等地理区域 | 可重复 |

控制子字段

| | | |
|---|---|---|
| $2 | 系统代码 | 不可重复 |
| $3 | 规范记录标识号 | 不可重复 |
| $7 | 编目文字和基本检索点文字 | 不可重复 |
| $8 | 编目语种和基本检索点语种 | 不可重复 |

## 字段内容注释

本字段包含了出版地点和日期等，它依照创建记录的编目机构所依据的规则，并连接到260字段所采用的形式。

## 相关字段

260　规范检索点——出版、演出和出处等的地点和日期

# 780 其他语言和（或）文字的规范检索点——形式、体裁或物理特征

**字段定义**

本字段包含有别于 280 检索点字段的另一种语言和（或）文字形式的形式、体裁或物理特征规范检索点。

**出现方式**

可选用。可重复。

**指示符**

指示符 1　空（未定义）
指示符 2　表示实体的类型
　　# 未定义
　　0 作品
　　2 载体表现
　　3 单件

**子字段**

数据子字段

| | | |
|---|---|---|
| $a | 款目要素 | 不可重复 |
| $j | 形式复分 | 可重复 |
| $x | 论题复分 | 可重复 |
| $y | 地理复分 | 可重复 |
| $z | 时代复分 | 可重复 |

控制子字段

| | | |
|---|---|---|
| $2 | 系统代码 | 不可重复 |
| $3 | 规范记录标识号 | 不可重复 |
| $7 | 编目文字和基本检索点文字 | 不可重复 |
| $8 | 编目语种和基本检索点语种 | 不可重复 |

**字段内容注释**

本字段包含了形式、体裁或物理特征，它依照创建记录的编目机构所依据的形式检索点体系，并连接到 280 字段所采用的形式。

**相关字段**

280　规范检索点——形式、体裁或物理特征

**例**

例 1

152 ##$brbpap

280 ##$aMarbled papers
480 ##$aMarble papers
580 ##$5g$a[Surface applications of paper]
580 ##$5h$aAntique marbled papers
580 ##$5h$aBritish marbled papers
580 ##$5h$aCocoa marbled papers
780 ##$8frefre$aPapiers marbrés
在《ACRL 纸张术语词表》(*ACRL Thesaurus of Paper Terms*) 中，“Marbled papers”是首选形式。在双语目录中，该术语被翻译成法语。

例 2

152 ##$bgsafd
280 ##$aAdventure stories
480 ##$aSuspense novels
480 ##$aSwashbucklers
580 ##$aThrillers
580 ##$5h$aDetective and mystery stories
580 ##$5h$aPicaresque literature
580 ##$5h$aRobinsonades
580 ##$5h$aRomantic suspense novels
780 ##$8frefre$aHistoires d'aventure

# 8-- 信息来源块

**字段定义及范围**

本功能块包含有关对记录负责的机构信息和该机构的编目员所作的各种注释。编目员注释主要是为编目员提供参考信息，通常不以适合公众阅读的形式书写。提供给公众阅读的注释在 3-- 附注块里。

本功能块定义了下列字段：
801 记录来源

810 参考数据源
815 未查到参考信息的数据源

820 用法与范围信息
825 示例附注

830 一般编目员附注
835 已删除检索点信息
836 被替换检索点信息

856 电子资源定位与检索

886 无法从源格式转换的数据

**出现方式**

801 字段是必备字段，其他所有 8-- 字段均可选用。建议将源记录中所有适合国际交换的注释都记入 UNIMARC 记录中。

**字段内容注释**

标识符号应依照源格式著录。

控制子字段
在 8-- 字段中可使用以下控制子字段：
$2 系统代码

# 801　记录来源

**字段定义**

本字段记载负责创建记录的机构以及录入日期。如还需记载转录机构、修改机构或发行机构等，可重复使用本字段。对于新记录，这是录入日期；对于修改记录，这是最后一次修改日期。

**出现方式**

在交换书目数据的情况下本字段为必备。为记载各职能机构，本字段可重复。

**指示符**

指示符 1　空（未定义）
指示符 2　指明机构的职能
　0　原始编目机构
　1　转录机构
　2　修改机构
　3　发行机构

**子字段**

$a　国家
以两位字符代码的形式，标识记录发行机构的国家。国家代码依据 ISO 3166，详细的国家代码参见《UNIMARC 手册：书目格式》附录 B。不可重复。

$b　机构
机构代码建议依照国际标准 ISO 15511:2003《图书馆和相关组织用国际标准标识符》（*International Standard Identifier for Libraries and Related Organizations*）（ISIL）。整串 ISIL，包括其第一部分（国家代码或其他前缀）都入本子字段。
此外，也可选择使用《MARC 机构代码目录》（*MARC Code List for Organizations*）的代码，或者使用机构全称或国家代码。建议在 OPACs 及联合目录中用明确的形式（全名，广为人知的缩写）显示数据，代码与显示名称间的匹配应当建立相应的参照关系。不可重复。

$c　最新处理日期
最新处理日期依照 ISO 8601，即 YYYYMMDD 形式。不可重复。

$2　系统代码
机读记录所采用格式的名称。参见《UNIMARC 手册：书目格式》附录 H。不可重复。

**字段内容注释**

在许多情况下，同一机构执行部分或全部的所表示功能，只有当处理日期、编目规则或格式发生变化时可重复本字段；如果没有变化，只应保留最早出现的本字段。

**相关字段**

记录头标，编目等级（17 字符位）
005　版本标识号
100　通用处理数据，入档日期（0—7 字符位）。100 字段的日期同样可作为转录日期，但应在 801 字段重复。

**例**

例 1

801 #0$aUS$bDLC$c19800516

例 2

801 #3$aGB$bbl$c19831121

例 3

801 #0$aFR$bBnF$c20061012
法国国家图书馆创建并发布的一条印刷商 / 出版商的规范记录。

例 4

801 #0$aFR$bFR-693836101$c20070215
法国里昂市立图书馆创建的规范记录。整个 ISIL 标识符的两部分都记录在 $b 子字段。$b 中的图书馆标识符“693836101”指 RCR 代码（RCR: 资源中心名录），法国国家标准见：http://ccfr.bnf.fr/rnbcd_visu/framevisu.jsp?accueil=1。

例 5

801 #0$aRU$bNLR$c19961109

# 810　参考数据源

**字段定义**

本字段包含与检索点有关的、已查找到参考数据源的出处。第一个 810 字段通常包含已建立检索点的书目作品出处。

**出现方式**

可选用。可重复。

**指示符**

指示符 1　空（未定义）
指示符 2　空（未定义）

**子字段**

$a　引证出处
包括已出版著作的出处，或任何来源说明的出处，或提供关于检索点信息的行动。所提供的信息足以确认作品及其所在位置。不可重复。

$b　查阅到的信息
从 $a 引证出处来源中查阅到信息的说明。不可重复。

**字段内容注释**

本字段并非必备，但建议在引证信息来源时尽可能使用。

**相关字段**

2--　规范检索点
4--　变异检索点
5--　相关检索点
7--　其他语言和（或）文字的规范检索点

**例**

例 1

200 #1$aAvery,$bHarold Eric
400 #1$aAvery,$bH.E.
810 ##$aHis Advanced physical chemistry calculations, 1971: t.p.$b(H. E. Avery, B. Sc., Ph.D., Dept. of Chem., Liverpool Polytechnic)

例 2

152 ##$aAACR2
215 ##$aCalanques, Massif des (France)

810 ##$aDict. géogr. de la France$b(Calanques (les), nom donné au littoral méditerranéen du département des Bouches-du-Rhône, entre Marseille et Cassis)

例 3

200 #1$aHailsham of Saint Marylebone,$bQuintin Hogg,$cBaron

810 ##$aWho's Who

例 4

152 ##$aRCR

210 12$aУральский горнопромышленный форум$f2006$eЕкатеринбург

810 ##$aГорное дело. Оборудование. Технологии : I межрегиональная специализированная выставка и научно-техническая конференция, Екатеринбург, 31 января – 3 февраля 2006: официальный каталог, тезисы конференции /Уральский горнопромышленный форум. – Екатеринбург, 2006

810 ##$ahttp:/kosk.ru/news/1611

# 815　未查到参考信息的数据源

**字段定义**

本字段包含已查阅过但未找到检索点信息的参考数据源。

**出现方式**

可选用。可重复。

**指示符**

指示符 1　空（未定义）
指示符 2　空（未定义）

**子字段**

$a　引证出处
　　记录未对检索点提供信息的已出版作品或任何来源说明。对于每个独立的引证来源，本子字段可重复。

**字段内容注释**

本字段并非必备，但建议在引证信息来源时尽可能使用。

**相关字段**

2--　规范检索点
4--　变异检索点
5--　相关检索点
7--　其他语言和（或）文字的规范检索点

**例**

例 1

200 #1$aJones,$bA. Wesley
815 ##$aDir. Amer. schol., 1974;$aNational faculty dir., 1979;$aAmer. men/women sci., soc. and beh. sci., 1978;$aWWA., 1978-79

例 2

240 ##$aCalanques (France)
815 ##$aWeb. geog. dict., 1972;$aE. Brit. micro.;$aCol. Lipp. gaz.;$aTimes atlas, 1955

例 3

200 #1$aАландский$bП. И.$gПавел Иванович$f1844-1883
810 ##$aКулаковский Ю.А. Поминки по П.И.А. – Киев, 1884$bАландский Павел Иванович 1844-1883 – историк
815 #1$aСИЭ$aБСЭ

# 820 用法与使用范围信息

### 字段定义

本字段包含对 2-- 规范检索点使用限制的信息，以及（或）区分相似个人或团体名称的信息。

### 出现方式

可选用。可重复。

### 指示符

指示符 1 空（未定义）
指示符 2 空（未定义）

### 子字段

$a 附注文字
记录附注的文字信息。可重复。

### 字段内容注释

本字段并非必备，但建议为避免相似检索点的混淆而做必要的附注。

### 相关字段

2-- 规范检索点
4-- 变异检索点
5-- 相关检索点
7-- 其他语言和（或）文字的规范检索点

### 例

例 1

200 #1$aSmithe,$bSam
820 ##$aNot to be confused with Smith, Sam

例 2

200 #1$aLafontaine,$bJacques,$f1944-
820 ##$aNe pas confondre avec l'auteur né en 1933.

例 3

250 ##$aHoly Year
820 ##$aHere are entered works on the holy or jubilee years proclaimed by the popes. For special holy years (regular or extraordinary) add date, e.g., Holy Year, 1925

例 4

152 ##$bnlr_sh

250 ##$aКомпьютерные игры

820 ##$aДанной ПР индексируются документы аналогичные: 2003-7/5654 Компьютерные игры от А до Я : Секреты, коды, пароли. – СПб., 2003.

# 825 示例附注

## 字段定义

在规范记录中，本字段用以说明 2-- 规范检索点已被用作示例，或者在另一记录的附注中已被引用。

## 出现方式

可选用。可重复。

## 指示符

指示符 1 空（未定义）
指示符 2 空（未定义）

## 子字段

$a 附注文字
记录的 2-- 规范检索点块中确定的主题或规范复分已被用作示例。不可重复。

## 相关字段

2-- 规范检索点

## 例

例 1

210 02$aLeague of Nations$xOfficials and employees
825 ##$aExample under reference from Officials and employees
825 ##$aNote under Public officers

例 2

250 ##$aJudges$xTravel regulations
825 ##$aExample under reference from Travel regulations.

例 3

记录 1

240 ##$1200#1$aГорький$bM.$gМаксим$f1868-1936$1230##$aДетство
305 1#$aСм. также под названиями других частей, например: $bГорький,Максим,1868-1936 – В людях

记录 2

240 ##$1200#1$aГорький$bM.$gМаксим$f1868-1936$1230##$aВ людях
825 ##$aИспользуется как пример в записи: Горький, Максим, 1868-1936. Детство

# 830 一般编目员附注

**字段定义**

本字段用于记录有关检索点的传记、历史或其他方面的信息。

**出现方式**

可选用。可重复。

**指示符**

指示符 1 空（未定义）
指示符 2 空（未定义）

**子字段**

$a 附注文字
附注的文字信息。可重复。

**字段内容注释**

本字段包括使用具体条例的参照、检索点形式选择理由的说明等内容。这些信息也可作为其他字段的一部分内容，例如 810“参考数据源”字段。

**例**

例 1

200 #1$aKorman,$bGerd
830 ##$ab. 1928;$aPhD

例 2

200 #1$aOtter$bA.A. den$g(Andy Albert den),$f1941-
830 ##$aAACR2 22.4A. Name established according to author's preference.

例 3

152 ##$aRCR
210 02$a≠NSB≠"≠NSE≠Путь≠NSB≠"≠NSE≠, религиозно-философская группа$cМосква, 1910-1919
830 ##$aВ это нео-славянофильское об-ние входили ведущие идеологи русского христианско-либерального национализма – Н.А.Бердяев, С.Н.Булгаков, М.О.Гершензон, В.И.Иванов, Е.Н.Трубецкой, П.А.Флоренский и др.

# 835　已删除检索点信息

**字段定义**

本字段用以记录 2-- 规范检索点从规范文档中被删除的原因。该字段出现在记录头标中记录状态（字符位 5）取值为 d（删除记录）的记录中。

**出现方式**

可选用。可重复。

**指示符**

指示符 1　空（未定义）
指示符 2　空（未定义）

**子字段**

$a　附注文字
附注的文字信息。可重复。

$b　替换的检索点
用以替换 2-- 被删除检索点的新检索点。可重复。

$d　处理日期
处理日期采用 YYYYMMDD 形式。必备。不可重复。

**相关字段**

记录头标中记录状态（字符位 5 = d“删除记录”）

**字段内容注释**

$d 子字段中的处理日期应采用 YYYYMMDD 8 位数字形式表示。

**例**

例 1

记录头标字符位 5 = d（删除记录）
250 ##$aOrphans and orphan-asylums
835 ##$aThis access point has been replaced by the access points$bOrphans and Orphanages$d20001017.

例 2

152 ##$aRCR
210 02$aАкадемия экон. безопасности$cМосква
835 ##$aЗаголовок заменен на:$bАкадемия экономической безопасности МВД России$d20070725

# 836 被替换检索点信息

## 字段定义

本字段用以记录 2-- 规范检索点在规范文档中被替换的原因。该字段出现在记录头标中记录状态（字符位 5）取值为 c（修改记录）或 n（新记录）的记录里。

## 出现方式

可选用。可重复。

## 指示符

指示符 1　空（未定义）
指示符 2　空（未定义）

## 子字段

$b　被替换的检索点
　　用以记录被替换的检索点。如果使用本字段，本子字段必备，不可重复。

$d　处理日期
　　处理日期采用 YYYYMMDD 形式。必备。不可重复。

## 相关字段

记录头标 / 记录状态（字符位 5 = c“修改记录”或 n“新记录”）

## 例

例 1

记录头标字符位 5 = c（更正的记录）
250 ##$aOrphelinats
836 ##$bOrphelins et orphelinats$d19930629

例 2

记录头标字符位 5 = n（新记录）
200 #1$aDe Clerck$bCharles
836 ##$bClerck, Charles de$d19871125

例 3

记录头标字符位 5 = c（更正的记录）
250 ##$aГород$xХудожественная литература
836 ##$bГород в художественной литературе$d20040701

# 856　电子资源定位与检索

## 字段定义

本字段包含记录所描述的电子文献的获取信息。该字段可在规范记录中用以提供有关已被创建记录的实体可用的电子补充信息。该信息标识包含该资源的电子地址或可获取资源的电子资源定位地址，也包含通过第 1 指示符的值所定义的访问方式检索资源的信息。本字段可用于生成与访问方式相关的电子资源附注。

## 出现方式

可选用。当地址数据元素（子字段 $a、$b、$d）有变化以及使用一种以上访问方法时，本字段可重复。当电子文件名称（子字段 $f）有变化，本字段也可重复，但是为了联机储存或检索的目的，将一个单部文献分成若干部分的情况除外。

## 指示符

指示符 1　访问方式指示符
- #　无信息提供
- 0　电子邮件
- 1　文件传输协议（FTP）
- 2　远程登录（Telnet）
- 3　拨号
- 4　超文本传输协议（HTTP）
- 7　在 $y 子字段说明检索方法

指示符 2　空（未定义）

## 子字段

$a　主机名称。可重复。

$b　访问号码
与主机相关的访问号码。如果是因特网（Internet）资源，该访问号码指的是因特网协议数字地址（IP 地址）；电话拨号上网时，则指的是电话号码。这一数据不是静态储存在某一地方，而是频繁变化且可以由系统自动生成。所有其他信息都适用于 856 字段时，则本子字段可以重复。电话号码的记录形式为：[ 国家代码 ]-[ 地区代码 ]-[ 电话号码 ]，例如：49-69-15251140（德国法兰克福电话号码）；1-202-7076237（美国华盛顿特区电话号码）。如果使用电话分机，在电话号码后加转接标志“x”，例如：1-703-3589800x515（电话分机号）。可重复。

$c　压缩信息。可重复。

$d　路径。可重复。

$e　查询与访问的日期和时间
记载电子资源最近一次被访问的时间，其形式为 YYYYMMDDHHMM。不可重复。

$f 电子文件名称
当主机名称被标识于 $a 子字段时，本子字段记录存于 $d 子字段所著录的目录 / 子目录下的电子文件名称。当一个单独的逻辑文件被分成了多个部分并以不同名称储存时，本子字段可以重复。在这种情况下，分开的部分应当组成一个单独的书目文献。其他情况，则通过重复 856 字段检索不同的文件名，它们在 $f 子字段中都有相应的电子文件名称。文件名称有时会包含通配符（如："*" 或 "?"），此时 $z 的注释会解释文件命名由来（注：某些系统对文件名的大小写是敏感的）。本子字段也可以包含电子出版物或会议的名称。可重复。

$h 请求处理者
包含用户名或请求处理者，通常指主机地址 "@" 之前的数据。不可重复。

$i 指令
向远程主机请求处理信息所需要的指令或命令。可重复。

$j 每秒位数
与主机连接时每秒传输的最小和最大的比特数（二进制）。记录每秒比特数（BPS）的句法结构为：[ 最小 BPS]-[ 最大 BPS]；如果只给出每秒传输的最小比特数，其句法结构为：[ 最小 BPS]- ；如果只给出每秒传输的最大比特数，其句法结构为：-[ 最大 BPS]。不可重复。

$k 口令
用于记载一般使用的口令，不应当包括那些要求安全保密的口令。不可重复。

$l 登录 / 注册
无安全密级的登录 / 注册用的字符串，即 "logon"、"login" 信息。不可重复。

$m 协助访问的联系信息。可重复。

$n 记录在 $a 子字段的主机地址名。不可重复。

$o 操作系统
记录在 $a 子字段指定的主机所用的操作系统。不可重复。

$p 端口
网络地址的一部分，用于标识主机所进行的处理或服务。不可重复。

$q 电子文件格式类型
包含电子文件格式类型的标识，以确定数据通过网络传输的方式。通常文本文件以字符型数据传输，一般限于 ASCII（美国信息交换用国家标准代码）字符集（即基本拉丁字符集、0-9 数字符号、少数专用字符和大多数标点符号）。包含有 ASCII 字符集以外的字符的文本文件或非文本数据（例如计算机程序、图像数据）必须用其他文件传输模式，通常为二进制模式。电子文件格式类型可以从因特网上注册的媒体类型（MIME）等列表中获取。不可重复。

$r 设置
用于传输数据的设定。包括：1）数据位数（每个字符包含的比特数）；2）结束位数（标志一个字节结束的比特数）；3）奇偶性（所使用的奇偶性校验技术）。这些元素的句法为：

[ 奇偶性 ]-[ 数据位数 ]-[ 结束位数 ]，如：E-7-1；如果只给出奇偶性，设定中的其他元素以及连字符可以省略，即：[ 奇偶性 ]；如果其他两个元素中有一个给出，那么缺少的那个元素的连字符“-”应记录在其相应的位置。即：[ 奇偶性 ]- -[ 结束位数 ]，或 [ 奇偶性 ]-[ 数据位数 ]-。奇偶性的值为：O（奇数），E（偶数），N（无），S（空），M（符号）。不可重复。

$s 文件大小

说明 $f 子字段中指定的电子文件的大小，通常用 8 位字节表示。如果 856 字段中重复了多个 $f 文件名，本子字段也可以多次重复并紧随相应的 $f 文件名之后。期刊不用本子字段，因为 856 字段与整个题名有关，而不是与某个卷期发生关系。可重复。

$t 终端仿真

可重复。

$u 统一资源标识符

统一资源标识符（URI），提供标准句法的电子访问数据。该数据可以用于通过 Internet 协议对电子文献自动访问。856 字段的结构化，可以通过结合 856 字段中其他子字段的相关数据建立统一资源定位符（URL）。可使用 $u 子字段替换这些单独的子字段或补充这些子字段不包含的信息。如果有多个 URL 需要记入，可重复 856 字段。不可重复。

$v 有效访问时间

指 856 字段所标识的电子资源可以被访问的时间。可重复。

$w 记录控制号

可重复。

$x 非公共附注

可重复。

$y 访问方法

当指示符 1 的值为“7”时，用子字段 $y 说明其访问方法。该子字段包括除指示符 1 表示的主要 TCP/IP 协议以外的其他访问方法。本子字段的数据与 URL 访问体系（RCF1738）一致，RCF1738 是 IETF 统一资源识别符工作组的产品。因特网分配号码授权机构（IANA）负责维护 URL 体系的登记以及定义句法和新体系的使用。不可重复。

$z 公共附注

可重复。

**字段内容注释**

本字段所提供的信息能满足文件的电子传输、电子期刊的订阅或电子资源登录。有时，本字段仅记录唯一的数据元素，该数据元素允许用户通过远程主机（包含访问文献所需要的其余信息）的资源地址表获得访问该文献所需要的信息。

**例**

例 1

200 #1$aRussell,$bBertrand,$f1872-1970

856 4#$uhttp://plato.stanford.edu/entries/russell/russell.jpeg

该个人名称的电子资源可通过 http 获取。

例 2

240 ##$1200#0$aLeonardo,$cda Vinci,$f1452-1519$1230##$aMona Lisa

856 4#$uhttp://sunsite.unc.edu/wm/paint/auth/vinci/joconde/

856 4#$uhttp://sunsite.unc.edu/wm/paint/auth/vinci/joconde/jpg

有两种电子资源。第一种是描述，第二种是图像。

例 3

210 02$aLibrary of Congress.$bCopyright Office

856 4#$uhttp://lcweb.loc.gov/copyright

例 4

210 12$aInternational Conference on the Principles and Future Development of AACR2

856 4#$uhttp://www.nlc-bnc.ca/jsc/

例 5

250 ##$aPresidents' spouses$zUnited States

856 4#$ahttp://www.firstladies.com

# 886　无法从源格式转换的数据

**字段定义**

本字段包含 UNIMARC 没有提供明确定义字段的数据元素。某一机构在从另一种格式转换记录的过程中，对于一些需要保留而没有相应的字段可用的数据元素，可记录在本字段。

**出现方式**

可选用。可重复。

**指示符**

指示符 1　字段类型
　　0　记录头标
　　1　可变长控制字段（0-- 字段：无指示符或子字段）
　　2　可变长数据字段（010—999 字段）
指示符 2　空（未定义）

**子字段**

$a　源格式字段标识符
指示符 1 取值“0”时，不采用本子字段。只有在源格式有字段标识符时才会使用一次本子字段。不可重复。本字段所有其他的 $a 子字段均为源格式字段分配的值。

$b　源格式字段指示符和子字段
本子字段包含按照源格式中按照原有顺序保留的该字段的指示符、子字段标识符和子字段。不可重复。只有在源格式字段中有指示符的值和子字段时才会使用一次本子字段。本字段所有其他的 $b 子字段均为源格式字段分配的值。

$2　系统代码
记录源格式记录采用的格式名称代码。参见《UNIMARC 手册：书目格式》附录 H。不可重复。

**例**

886 2#$2usmarc$a042$b##$alc
USMARC 中的认证代码在 UNIMARC 中没有对应的内容。本字段只有三个子字段标识符——$2、第一个 $a 和 $b。

# 9--　本国使用块

## 字段的定义及范围

当本国格式基于 UNIMARC 时，本功能块供编目机构为本国使用而保留。建议在国际交换数据时排除本功能块中的字段。若有困难，特殊类型的数据是否应记录在本地字段是需要通过国际协议来解决的问题。

使用本功能块的机构可以选择通过达成共识以共同使用这些字段。

## 字段内容注释

本字段块可以包含任何本地关注的重要信息，并非国际关注的信息。

## 相关字段、指示符和子字段

本格式中所有 -9- 和 --9 字段都是为本国及本地使用而准备的；UNIMARC 常设委员会未设定这些字段的定义、指示符和子字段的值。这亦适用于指示符“9”的值和子字段 $9。

# 附录 L：完整样例

## 个人名称

### 例 1

记录 1：
记录状态 - n
记录类型 - x
实体类型 - a
编目等级 - #

001 A369875
005 19810715164759.9
100 ##$a19810715aengy0103####ba0
101 ##$aeng
102 ##$aUK
120 ##$aba
152 ##$aAACR2
200 #1$aStewart,$bJ.I.M.
500 #1$0For works written under his real name see$aInnes,$bMichael$3B329638
801 #0$aUK$bBL$c19810629
810 ##$aWho's Who

记录 2：
记录状态 - n
记录类型 - x
实体类型 - a
编目等级 - #
001 B329638
005 19810715164759.1
100 ##$a19810716aengy0103####ba0
101 ##$aeng
102 ##$aUK
120 ##$aba
152 ##$aAACR2
200 #1$aInnes,$bMichael
500 #1$0For works written under his pseudonym see$aStewart,$bJ.I.M.$3A369875
801 #0$aUK$BL$c19810629
810 ##$aWho's Who

**例 2**

头标　?????nx##a22???? ###45##
001 frBN009103197
005 19930727230134.6
100 ##$a19930723afrey0103####ba0
101 ##$aund
102 ##$aIT
106 ##$a1
120 ##$aba
152 ##$aAFNOR Z 44-061
200 #1$8freita$aNicolini da Sabbio$bDomenico$f15..-160.?$cimprimeur-libraire
300 0#$aA publié également sous la raison : "Ad signum Seminantis" ("al segno del Seminante") entre 1572 et 1575
300 0#$aEn 1559-1560, travaille en association avec son frère Cornelio Nicolini da Sabbio
340 ##$aVenezia, 1557-1605?. lIn contrada San Giulian. Al segno del Seminante
340 ##$aDominus illuminatio mea et salus mea, quem timebo ? Prudentia negocium non Fortuna ducat. Nisi qui legitime certaverit
400 #1$8freita$aNicolini$bDomenico$f15..-160.?$cimprimeur-libraire
400 #1$8frelat$aNicolinis$bDominicus de$f15..-160.?$cimprimeur-libraire
400 #1$8freita$aNicolino$bDomenico$f15..-160.?$cimprimeur-libraire
801 #0$aFR$bBN$c19990706
810 ##$aPastorello
810 ##$aCosenza$bdates d'activité 1550-1625
810 ##$aBorsa
810 ##$aSTC Italian books, 1601-1700
810 ##$aAscarelli, Menato

**例 3**

头标　?????cx##a22???? ###45##
001 frBN001502792
005 19910909141200.3
100 ##$a19850419afrey0103####ba0
101 ##$agrc
102 ##$aXX
106 ##$a1
120 ##$aba
152 ##$aAFNOR Z 44-061
200 #0$8frefre$aÉtienne d'Athènes
330 0#$aNe pas confondre avec Stephanus Alexandrinus, du Ier siècle, commentateur d'Aristote
340 0#$aMédecin et philosophe né à Athènes (?), ayant enseigné à Alexandrie et auteur de commentaires sur les oeuvres d'Hippocrate et de Galien
400 #0$8frelat$aStephanus medicus
400 #0$8freeng$aStephanus of Athens

400 #0$8freger$aStephanos von Athen
400 #0$8frefre$aStephanus d'Athènes
400 #0$8frelat$aStephanus Alexandrinus$f0550?-0650?
400 #0$8frelat$aÉtienne d'Alexandrie$f0550?-0650?
700 #0$8latlat$aStephanus Atheniensis
801 #0$aFR$bBN$c19990224
810 ##$aCommentary on Hippocrates' Aphorisms, sections I-II / Stephanus of Athens ; text and translation by Leendert G. Westerink = Stephani Atheniensis In Hippocratis aphorismos commentaria I-II / ed. et in linguam Anglicam vertit Leendert G. Westerink, 1985
810 ##$aBibliotheca scriptorum classicorum, 1880-1882$bStephanus Alexandrinus
810 ##$aCatalogus translationum et commentariorum / ed. P. O. Kristeller, 1960-$bStephanus Alexandrinus
810 ##$aBN Cat. gén. : Stephanus d'Athènes

**例 4**

头标 00000nx##a2200000###45##
001 930721063
100 ##$a19930721ahrvy0103####ba0
152 ##$aPPIAK
200 #0$aTypographus operis "Martialis 1480"
300 0#$aNije moguće utvrditi pravo ime tiskara
340 0#$aTiskar, djelovao u Veneciji oko 1480.
400 #0$aTypographus operis Martial
400 #1$aTip. de Martialis
801 #0$aHR$bNSK
810 ##$aBorsa. Clavis, sv. 1, str. 329
810 ##$aHain 10814

**例 5**

记录 1：笔名
头标 00301cx##a2200109###45##
001 1118414
100 ##$a20030723apory0103####ba0
101 ##$apor
102 ##$aPT
106 ##$a0
152 ##$aRPC
200 #1$aGedeão,$bAntónio,$cpseud.
305 0#$aPara a obra científica, ver também$bCarvalho, Rómulo de, 1906-1997
340 ##$aPoeta. Romancista
400 #1$aCarvalho,$bRómulo Vasco da Gama de
500 #1$5f0$aCarvalho,$bRómulo de,$f1906-1997
550 ##$5g$aPoetas portugueses$zSéc. 20
675 ##$a821.134.3-1Gedeão, António.09$vBN$zpor

675 ##$a929Gedeão, António$vBN$zpor
801 #0$aPT$bBN$c20060105
810 ##$aLexicoteca

记录 2：本名
头标 00511cx##a2200169###45##
001 32195
100 ##$a19911003apory0103####ba0
101 ##$apor
102 ##$aPT
120 ##$aba
152 ##$aRPC
200 #1$aCarvalho,$bRómulo de,$f1906-1997
305 0#$aPara a obra literária, ver também$bGedeão, António, pseud.
340 ##$aHistoriador. Lic. Ciências Físico-Químicas. Professor
400 #1$aCarvalho,$bRómulo de
400 #1$aCarvalho,$bRómulo Vasco da Gama de
500 #1$5e0$aGedeão,$bAntónio,$cpseud.
801 #0$aPT$bBN$c19980923
810 ##$aLexicoteca

**例 6**

记录状态 - n
记录类型 - x
实体类型 - a
编目级别 - #

001 RU\NLR\AUTH\7723538
005 20050221133443.0
100 ##$a20050221arusy50######ca0
101 ##$arus
102 ##$aRU$aFR
106 ##$a0$b1$c0
120 ##$aaa
152 ##$aRCR
200 #0$aМаревна$f1892-1984
300 0#$aМаревна – придуманный М.Горьким псевдоним, под которым она известна во всем мире. Настоящее имя – Мария Брониславовна Воробьева-Стебельская.
340 ##$bРусская художница XX в. (живописец, график, скульптор), автор мемуаров$aЭмигрировала во Францию
400 #0$5z$aМарья Маревна$fпсевд.$f1892-1984
400 #1$5f$aВоробьева-Стебельская$bМ.Б.$f1892-1984$gМария Брониславовна
400 #1$5f$aВоробьева$bМ.Б.$f1892-1984$gМария Брониславовна
400 #1$5f$aСтебельская$bМ.Б.$f1892-1984$gМария Брониславовна

801 #0$aRU$NLR$c20050221
810 ##$aМоя жизнь с художниками «Улья» / Маревна (Мария Воробьева-Стебельская). – М., 2004.$bМаревна (М.Воробьева-Стебельская), свед. о псевд., год рожд., биогр. данные
810 ##$aBritish Library$bMarevna
810 ##$aФНБ$bMarevna
810 ##$ahttp://www.artnet.com$bMarevna (Maria Vorobieva)
810 ##$ahttp://www.renoirinc.com$bMarevna (Maria Vorobieva)
815 ##$aРНБ ГАКрус$aБольшая советская энциклопедия-2$aВсемирный биографический словарь$aБиблиография русской зарубежной литературы / Л.А.Фостер. – Бостон, 1970$aРусское зарубежье : каталог...- СПб., 1997

**例 7**（个人名称用作主题）

记录状态 - n
记录类型 - x
实体类型 - a
编目等级 - #

001 RU\NLR\AUTH\661385484
005 20050624100209.0
100 ##$a20050624arusy50######ca0
102 ##$aRU$aGB$aFR
106 ##$a2$b1$c0
120 ##$aaa
152 ##$bnlr_sh
200 #0$aВиктория Федоровна$cвеликая княгиня$f1876-1936
400 #0$5z$aВиктория Мелита$f1876-1936
500 #0$3RU\NLR\AUTH\661269264$5z$aКирилл Владимирович$cвеликий князь$f1876-1938
520 ##$3RU\NLR\AUTH\661238026$5g$aРомановы$cсемья
520 ##$3RU\NLR\AUTH\66193735$5g$aГанноверская$cдинастия английских королей$f1714-1901
686 ##$2rubbk$aТ3(2)52-8$vLBC/SL
810 ##Princess Victoria Melita : Grand Duchess Cyril of Russia, 1876-1936. – Stroud (Gloucs.) ; Dover : Sutton, 1994.
810 ##$aДумин С.В. Романовы : императорский дом в изгнании : семейная хроника. – М., 1998.

**例 8**（个人名称用作主题）

记录状态 - n
记录类型 - x
实体类型 - a
编目等级 - #

001 RU\NLR\AUTH\661397409
005 20040720122345.0
100 ##$a20040720arusy50######ca0

101 ##$arus
102 ##$aRU$aDE
106 ##$a2$b1$c0
120 ##$aba
152 ##$bnlr_sh
200 #1$aЯблоков$bИ.Ф.$gИван Федорович$f1779-1843
515 ##$3RU\NLR\AUTH\661397414$5z$aАлександровка, русская колония (Потсдам, город; Германия)$xИстория
520 ##$3RU\NLR\AUTH\661397436$5g$aЯблоковы$cрод
550 ##$3RU\NLR\AUTH\661397411$5g$aСолдаты$yРоссия
550 ##$3RU\NLR\AUTH\661397412$5g$aРусские$yГермания
686 ##$2rubbk$aТ3(4Г9=Р)$vLBC/SL
686 ##$2rubbk$aЦ4,8(2)243.23$vLBC/SL
801 #0$aRU$bNLR$c20040720
810 ##$aФлейман Е.А. Из России в Германию : от костромского села Палкина до деревни Александровки в Потсдаме. – Кострома, 2003.
810 ##$ahttp://www.petergen.com/history/alex.shtm

**例 9**

记录 1：个人名称作为主题
记录状态 - n
记录类型 - x
实体类型 - a
编目等级 - #

001 RU\NLR\AUTH\6653431
005 20050526144922.0
100 ##$a20050526arusy50######ca0
101 ##$aeng
102 ##$aGB
106 ##$a2$b1
120 ##$aba
152 ##$bnlr_sh
200 #1$aСтивенсон$gРоберт Льюис$bР.Л.$f1850-1894
400 #1$aСтивенсон$gРоберт Луис$bР.Л.$f1850-1894
520 ##$3RU\NLR\AUTH\661421123$5g$aБэлфур$cдворянский род
550 ##$3RU\NLR\AUTH\6645$aАнглийская литература$z19 в.
686 ##$2rubbk$aШ5(4Вл)53-4Стивенсон$vLBC/SL
801 #0$aRU$bNLR$c20050526
810 ##$aКраткая литературная энциклопедия. Т. 7. – М., 1972. стр. 178
810 ##$aГиляревский Р.С., Старостин Б.А. Иностранные имена и названия в русском тексте : справочник. – М., 1978.
810 ##$aСайт: http://www.foxdesign.ru/aphorism/author/a_stevenson_b.html

记录 2：名称 / 作品集题名作为主题
记录状态 - n
记录类型 - x
实体类型 - i
编目等级 - #

001 RU\NLR\AUTH\661394324
005 20050526174232.0
100 ##$a20050526arusy50######ca0
152 ##$bnlr_sh
245 ##$1200#1$aСтивенсон$bР.Л.$gРоберт Льюис$f1850 – 1894$12351#$aПриключенческие романы$xТематика
686 ##$2rubbk$aШ5(4Вл)53-4Стивенсон54$vLBC/SL
801 #0$aRU$bNLR$c20050526
810 ##$aМигунов Р.Ш. Тайна капитана Флинта : о героях английского писателя Р.Л. Стивенсона. – Казань, 2004.

## 团体名称

### 例 1

头标 ?????nx##b22?????###45##
001 n##81123456b
005 19810409121344.1
100 ##$a19810409aengy0103####ba0
101 ##$aeng
102 ##$aUS
106 ##$a0
150 ##$aa
152 ##$aAACR2
210 02$aPittsburgh Research Center
410 01$aPittsburgh (Pa.).$bPittsburgh Research Center
410 01$aPittsburgh (Pa.).$bResearch Center
410 01$aUnited States.$bBureau of Mines.$bPittsburgh Research Center
510 02$5a$aPittsburgh Mining and Safety Research Center
801 #0$aUS$bLC$c19810409
810 ##$aIts Practical ignition problems related to intrinsic safety, 1980: t.p. $bPittsburgh Research Center, Pittsburgh, Pa.) caption t.p. (U.S. Department of Interior, Bureau of Mines, Pittsburgh Research Center, Pittsburgh, PA.)
830 ##$aPhone call to Bureau of Mines publications office, 1/23/80 (the name of the Pittsburgh Mining and Safety Research Center was changed to Pittsburgh Research Center in 1977)

### 例 2

头标 ?????cx##b22?????###45##
001 frBN000000089
005 19970616093559.1
100 ##$a19831125afrcy0103####ba0
101 ##$aara$afre
102 ##$aZZ
106 ##$a1
150 ##$af
152 ##$aAFNOR
210 02$7ba0aba0y$8frefre$aInstitut du monde arabe
300 0#$aCréé en commun avec les Etats arabes et la République française. Acte de fondation signé le 28-2-1980. Décret portant reconnaissance d'utilité publique du 14-10-1980
340 ##$a23 quai Saint-Bernard, 75005Paris. Tél. 46.34.25.25 (Standard) et 40.51.38.38 (Informations)
410 02$7ba0aba0a$8freara$aMa´had al-´ālam al-arabī
410 02$7ba0yba0y$8frefre$aIMA
710 02$7fa1yfa1y$8araara$a<Name in arabic script>
801 #0$aFR$bBN$c19990224
810 ##$aApprendre l'arabe / Institut du monde arabe, 1982

810 ##$aJournal Officiel, 1980-10-15

**例 3**

头标 ?????cx##c22?????###45##
001 frBN000030292
100 ##$a19831117afrey0103####ba0
101 ##$amul
102 ##$aZZ
106 ##$a0
150 ##$af
152 ##$aAFNOR Z 44-060
210 02$aNations Unies
300 0#$aCharte des Nations Unies signée à San Francisco le 26-6-1945, ratifiée le 24-10-1945
340 ##$aNew York, NY. 10017 USA
410 02$aONU
410 02$aUN
410 02$aForenta Nationerna
410 02$aOrganisation des Nations Unies
510 02$0Après 1945, voir$3frBN005626047$5a$aSociété des Nations
710 02$7ba0yba0y$8freeng$aUnited Nations
710 02$7ba0yba0y$8frespa$aNaciones Unidas
801 #0$aFR$bBN$c19990224

**例 4**

记录状态 - n
记录类型 - x
实体类型 - b
编目等级 - #

001 RU\NLR\AUTH\8810066664
005 20050624172320.0
100 ##$a20050624arusy50######ca0
101 ##$arus
102 ##$aRU
106 ##$a0$b1$c0
150 ##$ay$b0
152 ##$aRCR
210 02$aМемориальная квартира Святослава Рихтера$cМосква
305 0#$aС 1998 г. является частью музея, издания которого см. в каталоге:$bГосударственный музей изобразительных искусств им. А.С. Пушкина (Москва)
410 02$aКвартира Святослава Рихтера$cМосква
510 02$RU\NLR\AUTH\8833002$5z0$aГосударственный музей изобразительных искусств им. А.С. Пушкина$cМосква

801 #0$aRU$bNLR$c20050624
810 ##$aМемориальная квартира Святослава Рихтера : путеводитель. – Москва, 2004.

**例 5**

记录状态 - n
记录类型 - x
实体类型 - b
编目等级 - #

001 RU\NLR\AUTH\8810060790
005 20050204133610.0
100 ##$a20050204arusy50######ca0
101 ##$arus
102 ##$aRU
106 ##$a0$b1$c0
150 ##$ay$b1
152 ##$aRCR
210 12$a≠NSB≠«≠NSE≠Системы безопасности≠NSB≠»≠NSE≠, научно-техническая конференция$d 13$f2004$eМосква
305 0#$aРаботала в рамках форума, издания которого см. в каталоге:$bМеждународный форум информатизации (2004 ; Москва)
410 12$5z$aТринадцатая научно-техническая конференция «Системы безопасности» – СБ-2004$eМосква
410 12$5z$a13 научно-техническая конференция «Системы безопасности» – СБ-2004$eМосква
410 12$5d$aСБ-2004
510 12$3RU\NLR\AUTH\8810059521$5z$aМеждународный форум информатизации$f2004$eМосква
801 #0$aRU$bNLR$c20050204
810 ##$aМатериалы 13-й научно-технической конференции «…» … – М., 2004.$bПроходила 28-29 октября. По составу участников – международная. Часть докладов на английском языке

**例 6**（印刷者）

头标　00000nx##b2200000###45##
001 200711154
100 ## $a20000711ahrvy0103####ba0
152 ## $aPPIAK
210 00 $aGhelen$gJohann Leopold von [nasljednici]$cWien
300 0# $aNasljednici tiskara Johanna Leopolda von Ghelena pod timimenom djeluju 1760.-1858.
410 00$aGhelen$gJohann Leopold von [nasljednici]$cBeč
410 02 $aGhelensche Erben$cWien
410 02 $aLiterae A. Ghelenianae$cVindobona
410 02 $aTypi nob. haered. de Ghelen$cVienna
410 02 $aTypi Gheleniani$cVienna
801 #0 $a HR$b NSK

810 ## $a 500 Jahre, sv. 1, str. 226

**例 7**（印刷者）

001 IT\EDIT16\CNCT000160
005 20041108000000.0
100 ##$a19970101aitaa50######ba0
102 ##$aIT
152 ##$aRICA
210 00$aSermartelli,$g Bartolomeo$c<1>
340 ##$aTipografo e libraio attivo a Firenze, figlio di Michelangelo de' Libri. Aggiunse al proprio nome il cognome del suo mecenate, che apparteneva alla famiglia Martelli. Cominciò a stampare nel 1553, ma fino al 1563 lavorò poco. Nel 1553 aveva casa e bottega presso il Castello, dal 1559 si spostò nelle vicinanze del Vescovado. M. l'11.4.1604. Dal 1591 gli successe nella direzione dell'Officina il figlio Michelangelo, che stampò fino al 1608.
341 ##$aFirenze$b1553-1591$c In la via nuova da San Giuliano presso al Castello$cpresso il Vescovado$dTestuggine
341 ##$aVenezia, 1574
410 00$aSermartellius$gBartholomaeus$c<1>$3IT\Edit16\CNCT005648
410 02$aBartolomeo di Michelagnuolo S. M.$3IT\Edit16\CNCT004089
517 ##$3IT\Edit16\CNCM001081$aTartaruga che tiene sul guscio una vela con giglio fiorentino. In cornice fgurata$cU132
517 ##$3IT\Edit16\CNCM000202$aTartaruga che tiene sul guscio una vela con giglio fiorentino. In cornice figurata$cV78$cZ1153
517 ##$3IT\Edit16\CNCM000083$aTartaruga che tiene sul guscio una vela con giglio fiorentino. In cornice figurata$cV78$cZ1153
517 ##$3IT\Edit16\CNCM000084$aTartaruga che tiene sul guscio una vela con giglio fiorentino. In cornice figurata$cZ1152
517 ##$3IT\Edit16\CNCM001267$aTartaruga che tiene sul guscio una vela. In cornice figurata$cU255
517 ##$3IT\Edit16\CNCM000082$aTartaruga che tiene una vela con giglio fiorentino$cZ1154
517 ##$3IT\Edit16\CNCM000614$aTartaruga che tiene una vela con giglio fiorentino. In cornice figurata$cA58$cZ1155
801 #3$aIT$bICCU$c2004108
810 ##$aIndex Aureliensis Catalogus Librorum sedecimo saeculo impressorum. Tertia pars. Tomus III. Clavis typographorum librariorumque saeculi sedecimi, 1992. – IACLA$bSermartelli, Bartolomeo
810 ##$aMaracchi Biagiarelli, Berta. I Sermartelli, discendenti di Bartolomeo de' Libri. In: La Bibliofilia, 63 (1961), 3, p. 281-288. – MBSDB$bSermartelli, Bartolomeo
810 ##$aBorsa, Gedeon Clavis typographorum librariorumque italiae, 1465-1600., 1980. – BORSA $bSermartelli, Bartolomeo
810 ##$aShort-title Catalogue of Books printed in Italy and of Italian Books printed in other countries from 1465 to 1600 now in the British Library, 1986. – BMSTC$bSermartelli, Bartolomeo
810 ##$aCatalogue of Books printed on the Continent of Europe, 1501-1600 in Cambridge Libraries. Compiled by H. M. Adams, 1967 – ADCAM$bSermartelli, Bartolomeo
810 ##$aAscarelli, Fernanda – Menato, Marco. La tipografia del '500 in Italia, 1989 – AMTCI$bSermartelli Bartolomeo sen.

810 ##$aEDIT16$uhttp://edit16.iccu.sbn.it$bSermartelli, Bartolomeo$c<1>
856 4# $uhttp://edit16.iccu.sbn.it/scripts/iccu_ext.dll?fn=13&i=160

**例 8**（团体名称作为主题）

记录状态 - n
记录类型 - x
实体类型 - b
编目等级 - #

001 RU\NLR\AUTH\66609024
005 20040512164531.0
100 ##$a20040512arusy50######ca0
101 ##$arus
102 ##$aRU
106 ##$a2
150 ##$ay
152 ##$bnlr_sh
210 02$aОбъединенный институт ядерных исследований$cДубна, город$bЛаборатория нейтронной физики им. И.М. Франка$xНаучно-исследовательская работа
686 ##$2rubbk$aB386.21e(2)л0-15$vLBC/SL
801 #0$aRU$bNLR$c20040512
810 ##$aГодовой отчет Лаборатории нейтронной физики им. И.М. Франка. – Дубна, 2003.

**例 9**（团体名称作为主题）

记录状态 - n
记录类型 - x
实体类型 - b
编目等级 - #

001 RU\NLR\AUTH\661396065
005 20050727184911.0
100 ##$a20050727arusy50######ca0
101 ##$arus
102 ##$aRU
106 ##$a2$b1
152 ##$bnlr_sh
210 12$a≠NSB≠«≠NSE≠Песня в солдатской шинели≠NSB≠»≠NSE≠, общественный фестиваль$f2003$eМосква, город
410 12$5z$a≠NSB≠«≠NSE≠Песня в солдатской шинели≠NSB≠»≠NSE≠, фестиваль фронтовой песни$f2003$eМосква, город
410 12$5z$aФестиваль фронтовой песни$f2003$eМосква, город
550 ##$3RU\NLR\AUTH\661397201$5g$aВоенные песни$xПопуляризация$yРоссийская Федерация

550 ##$3RU\NLR\AUTH\661396064$5g$aМузыкальная самодеятельность$xФестивали$yМосква, город

686 ##$2rubbk$aЩ313(2)7-9м$vLBC/SL

801 #0$aRU$bNLR$c20050727

810 ##$aФронтовая песня в строю поколений : фотоальбом... М., 2003.$bТакже называется Фестивалем фронтовой песни

## 地理名称

**例**（地理名称作为主题）

记录状态 - n
记录类型 - x
实体类型 - c
编目等级 - #

001 RU\NLR\AUTH\661421160
005 20050705132343.0
100 ##$a20050705arusy50######ca0
152 ##$bnlr_sh
215 ##$aАмериканка, деревня (Приморский край)$xИстория
686 ##$2rubbk$aТ3(2Р-4Пр-2Н)$vLBC/SL
801 #0$aRU$bNLR$c20050705
810 ##$aЗабытая Американка : (хроника первой половины XX века). – Владивосток, 2004.

**商标**

**例**

头标 ?????cx##d22?????###45##
001 [Record identifier]
100 ##$a19990207afrey0103####ba0
102 ##$aUS
106 ##$a2
152 ##$aBnF Marques
216 ##$aColumbia$cmarque américaine
340 ##$aDates d'existence : 1890-
340 ##$aInitialement créée aux Etats-Unis, elle s'implante en Angleterre en 1928. En 1928, cette filiale connue sous le nom de British Columbia, se sépare de la maison mère américaine pour fonder EMI (Electrical Music Industries） en 1930 en association avec Gramophone. EMI déclare le label Columbia à la Chambre de commerce de Londres en privant la maison mère américaine du droit d'utiliser ce label. En 1945, la maison mère américaine Columbia crée le label CBS pour les exportations vers l'Europe et continue parallèlement à publier sous le label Columbia aux Etats-Unis. En 1991, Sony a acheté ce label pour Columbia
416 ##$aSony-Columbia
510 ##$0Propriété de$3<authority record identifier>$aSony Music Entertainment International
510 ##$0Avant 1991, est édité par$3<authority record identifier>$aCBS
510 ##$0A partir de 1991, est édité par$3<authority record identifier>$aSony Music Entertainment International
510 ##$0A partir de 1991, est édité par$3<authority record identifier>$aSony Music France
510 ##$0A partir de 1991, est édité par$3<authority record identifier>$aSony Music Entertainment Inc.
510 ##$0Est distribué par$3<authority record identifier>$aSony Music France
516 ##$3<authority record identifier>$5h$aColumbia Masterworks
801 #0$aFR$bBN$c20000107
810 ##$aThe American Record Label Book / Brian Rust, 1984

*为非法语读者所做的附注的翻译：*

340 ##$aCreated in USA, Columbia was established in 1928 in England. In 1928, this trademark known under the name British Columbia was detached from the American mother company to create EMI (Electrical Music Industries） in 1930, in partnership with Gramophone. EMI registered the label Columbia at the Chamber of Commerce of London, depriving the American parent company of the right to use this label. In 1945, Columbia, the American parent company created the label CBS for export to Europe and in parallel, continued to use the label Columbia in the USA. In 1991, Sony bought this label from Columbia

**家族名称**

**例**（家族名称用作主题）

记录状态 - n
记录类型 - x
实体类型 - e
编目等级 - #

001 RU\NLR\AUTH\66963051
005 20050722151842.0
100 ##$a19990526arusy50######ca0
102 ##$aRU
106 ##$a2$b1
152 ##$bnlr_sh
220 ##$aРомановы$cдинастия$f1613-1917
330 1#$aПод данной рубрикой собираются документы, повествующие о жизни и деятельности принадлежавших к династии Романовых царей и цариц, императоров и императриц, наследников престола
500 #0$3RU\NLR\AUTH\6620141$5h$aАлександр$dI$cимператор российский$f1777-1825
500 #0$3RU\NLR\AUTH\6620168$5h$aАлександр$dII$cимператор российский$f1818-1881
500 #0$3RU\NLR\AUTH\6620203$5h$aАлександр$dIII$cимператор российский$f1845-1894
500 #0$3RU\NLR\AUTH\6631815$5h$aАлексей Михайлович$cцарь русский$f1629-1676
500 #0$3RU\NLR\AUTH\661232258$5h$aАлександра Федоровна$cимператрица российская$f1872 -1918
500 #0$3RU\NLR\AUTH\661268197$5h$aАлексей$cцесаревич$f1904-1918
500 #0$3RU\NLR\AUTH\6631838$5h$aАлексей Петрович$cцаревич$f1690-1718
500 #0$3RU\NLR\AUTH\6651998$5h$aАнна Иоанновна$cимператрица российская$f1693-1740
500 #0$3RU\NLR\AUTH\661249830$5h$aЕкатерина$dI$cимператрица российская$f1684 1727
500 #0$3RU\NLR\AUTH\66407813$5h$aЕкатерина$dII$cимператрица российская$f1729-1796
500 #0$3RU\NLR\AUTH\66409709$5h$aЕлизавета Алексеевна$cимператрица российская$f1779-1826
500 #0$3RU\NLR\AUTH\66409746$5h$aЕлизавета Петровна$cимператрица российская$f1709-1761
500 #0$3RU\NLR\AUTH\661048709$5h$aИван$dVI$cимператор российский$f1740-1764
500 #0$3RU\NLR\AUTH\661248014$5h$aМария Федоровна$cимператрица российская$f1759-1828
500 #0$3RU\NLR\AUTH\661348018$5h$aМария Федоровна$cимператрица российская$f1847-1928
500 #0$3RU\NLR\AUTH\66710006$5h$aМихаил Федорович$cцарь русский$f1596-1645
500 #0$3RU\NLR\AUTH\66761470$5h$aНиколай$dI$cимператор российский$f1796-1855
500 #0$3RU\NLR\AUTH\66761509$5h$aНиколай$dII$cимператор российский$f1868-1918
500 #0$3RU\NLR\AUTH\66181028$5h$aПавел$dI$cимператор российский$f1754-1801
500 #0$3RU\NLR\AUTH\66180638$5h$aПетр$dI$cимператор российский$f1672-1725
500 #0$3RU\NLR\AUTH\66865395$5h$aПетр$dII$cимператор российский$f1715-1730
500 #0$3RU\NLR\AUTH\661333900$5h$aПетр$dIII$cимператор российский$f1728-1762
500 #0$3RU\NLR\AUTH\661236494$5h$aСофья Алексеевна$cцаревна русская$f1657-1704
500 #0$3RU\NLR\AUTH\661302958$5h$aФедор Алексеевич$cцарь русский$f1661-1682

515 ##$3RU\NLR\AUTH\66979780$5g$aРоссия$xИстория
550 ##$3RU\NLR\AUTH\661286445$5g$aМонархи$yРоссия
686 ##$2rubbk$aT214(2)0-1$vLBC/SL
801 #0$aRU$bNLR$c19990526
801 #2$aRU$bNLR$c20050722

**形式、体裁或物理特性**

**例**

头标 NNNNNnx##l22NNNNN###45##
001 Y0 89001283
100 ##$a19961024aengy01######ba0
152 ##$bgsafd
280 ##$aFolklore
330 1#$aUse for tales belonging to an oral tradition and handed down through the generations. Examples of folklore may belong to a more specific genre, e.g.,Fables, Fairy tales, Legends. Where necessary, prefer the access point for that genre.
480 ##$aFolk lore
480 ##$aFolk tales
480 ##$aTales
550 ##$2lc$5n$aFolk lore
550 ##$2lc$5n$aTales
801 #0$aGB$bUk$c19961025
801 #1$aGB$bUk$c19961025
810 ##$aOlderr

**题名**

**例 1**

头标 ?????cx##f22?????###45##
001 frBN002495742
100 ##$a19800508afrey0103####ba0
101 ##$amul
102 ##$aZZ
106 ##$a1
152 ##$aAFNOR Z 44-061
230 ##$8freger$aTill Eulenspiegel
300 0#$aAttribué à Thomas Murner par certains, à Johannes Pauli par d'autres, à Hermann Bote par P. Honegger depuis la découverte et la publ. de nouveaux fragments en 1973. Pour ces auteurs, consulter le Fichier d'autorité des auteurs personnes physiques sous les vedettes : Murner, Thomas ; Pauli, Johannes ; Bote, Hermann
300 0#$aOeuvre populaire d'origine germanique écrite, selon certains, en haut-allemand vers 1500, selon d'autres, version antérieure en bas-allemand vers 1450. – 1re éd. connue : Strasbourg ca 1510 ("fragment Honegger" ou "petit fragment" et "fragment Hucker" ou "grand fragment")
300 0#$aA connu dès le XVIe s. un succès international à travers des trad. en flamand (Anvers ca 1525), français (Paris, 1530 ; 13 éd. connues du XVIe s.), anglais et polonais. – Adaptation libre en langue française en 1867 par le belge Charles De Coster
330 0#$aPour les éd. de De Coster, entrée principale sous le titre uniforme, entrée secondaire à l'auteur
430 ##$8fredut$aAardige leven van Thijl Uilenspiegel
430 ##$8fredut$aAlte und neue Geschichten von Till Eulenspiegel
430 ##$aDyll Eulenspiegel
430 ##$aDyl Ulenspiegel
430 ##$aEulenspiegel
430 ##$8freger$a≠NSB≠Der ≠NSE≠ Ganz neue, wieder erstandene Eulenspiegel
430 ##$8freger$a≠NSB≠Ein ≠NSE≠ Kurtzweilig lesen von Dil Ulenspiegel
430 ##$8freger$a≠NSB≠Ein ≠NSE≠ Kurtzweilig lesen vom Till Ulenspiegel
430 ##$8freger$a≠NSB≠Ein ≠NSE≠ Kurzweilig Buch von Till Eulenspiegel
430 ##$8freger$aLeben und Meinungen des Till Eulenspiegel
430 ##$8freger$aLeben und sonderbare Thaten Till Eulenspiegels
430 ##$aLeven van Thyl Uilenspiegel
430 ##$aLustige Historien, Oder MerkwÉurdiges Leben, Thaten und Reisen des Welbekandten Tyll Eulenspiegels
430 ##$8frelat$aNoctuae speculum
430 ##$a≠NSB≠Die ≠NSE≠ SchÉonsten Historien von Till Eulenspiegel
430 ##$aSeltsame Possen des Till Eulenspiegel
430 ##$aTill Ulenspiegel
430 ##$aTilu BuhoglindÆa
430 ##$aToatÆa viaÒta isteÒtiiÒle Òsi faptele minunatuluiu Tilu BuhoglindÆa
430 ##$aTyel Ulenspiegel
Etc.

530 ##$3frBN004610727$8frepol$aFraszki nowe Sowizrzaøowe
530 ##$3frBN004609358$8frepol$aFraszki Sowizrzaøa nowego
530 ##$3frBN004610830$8frepol$aSowizrzaø nowy
730 ##$8frepol$aSowizrzaø
730 ##$8fredan$aUglspil
801 #0$aFR$bBN$c20000224
810 ##$aIFLA, Anonymous classics, 1978
810 ##$aUlenspiegel, de sa vie, de ses oeuvres : éd. critique du plus ancien Ulespiègle français du XVIe s. / Jelle Koopmans et Paul Verhuyck, 1988
810 ##$aDLL ; Laffont Bompiani, Oeuvres
810 ##$aBN Cat. gén. 1960-1969

**例 2**

记录状态 - n
记录类型 - x
实体类型 - f
编目等级 - #

001 RU\NLR\AUTH\559005
005 20050415154813.0
100 ##$a19961122arusy50######ca0
101 ##$achu
152 ##$aRCR
230 ##$aСлово о полку Игореве
300 0#$aПамятник древнерусской литературы конца 12 в.
430 ##$aСлово о походе Игоря Святославовича
430 ##$aСлово о полку Игоревом, Игоря Святославовича внука Олегова
430 ##$aИроическая песнь о походе на половцев удельного князя Новагорода-Северскаго Игоря Святославича, писанная старинным русским языком в исходе XII столетия с переложением на употребимое ныне наречие
430 ##$8rusukr$aСлово о полку Iгоревiм
430 ##$aПеснь о полку Игореве
730 ##$3RU\NLR\AUTH\559468$7ca0yba0a$aSlovo o polku Igoreve
801 #0$aRU$bNLR$c19961122
801 #2$aRU$bNLR$c20050415
810 ##$aИроическая песнь о походе половцов удельного князя Новагорода-Северскаго Игоря Святославича, писанная старинным русским языком в исходе XII столетия с переложением на употребимое ныне наречие. – М., 1800.
810 ##$a«Слово о полку Игореве» : историко-литературный очерк / Лихачев Д.С. – М., 1976.
810 ##$aСлово о полку Игореве : пер. на англ. и коммент. В.В.Набокова. – СПб., 2004.$bвариантная форма «Песнь о полку Игореве»

**例 3**（题名用作主题）

记录状态 - n
记录类型 - x
实体类型 - f
编目等级 - #

001 RU\NLR\AUTH\661380498
005 20050705093151.0
100 ##$a20050705arusy50######ca0
101 ##$abua
152 ##$bnlr_sh
230 ##$a≠NSB≠«≠NSE≠Гэсэриада≠NSB≠»≠NSE≠$lэпический цикл сказаний о Гэсэр-хане$qБурятская версия
550 ##$3RU\NLR\AUTH\66168961$5g$aЭпос бурятский
686 ##$2rubbk$aШ3(251.7=Бу)-611$vLBC/SL
801 #0$aRU$bNLR$c20050705
810 ##$aХундаева, Елизавета Очировна. Бурятский эпос о Гэсэре : связи и поэтика. – Улан-Удэ, 1999.

**例 4**（名称 / 题名用作主题）

记录状态 - n
记录类型 - x
实体类型 - h
编目等级 - #

001 RU\NLR\AUTH\661198905
005 20050802100656.0
100 ##$a20050802arusy50######ca0
152 ##$bnlr_sh
240 ##$1200#1$aЧайковский$gПетр Ильич$bП.И.$f1840-1893$1230##$aСимфония$h6
686 ##$2rubbk$aЩ313(2Р=Рус)51-81Чайковский445$vLBC/SL
801 #0$aRU$bNLR$c20050802
810 ##$aП. Чайковский : VI-я симфония : (H-moll) : (Symphonie pathétique, op. 74). – M., 1912.

## 论题主题

### 例 1

头标 ?????cx##j22?????###45##
001 frBN009045267
005 19980722222222.2
100 ##$a19930701afrey0103####ba0
152 ##$bRAMEAU
250 ##$aMariage mixte
330 1#$aSous cette vedette, on trouve les ouvrages généraux sur les mariages ou autres types d'unions entre personnes de religions, confessions religieuses, races et groupes ethniques différents. Les ouvrages sur les mariages entre personnes de religions ou de confessions religieuses différentes se trouvent sous la vedette Mariage interreligieux. Les ouvrages sur les mariages entre personnes de races ou ethnies différentes se trouvent sous la vedette Mariage interethnique
450 ##$aCouple mixte
450 ##$aCouples mixtes
450 ##$aIntermariage
450 ##$aMariages mixtes
450 ##$aMixité conjugale
450 ##$aUnions mixtes
550 ##$3frBN00171107X$5h$aMariage interethnique
550 ##$3frBN009059651$5h$aMariage international
550 ##$3frBN001711062$5h$aMariage interreligieux
550 ##$3frBN001533179$5g$aMariage
801 #0$aFR$bBN$c19990226
825 ##$8engeng$aIntermarriage (May Subd Geog)$vLCSH, 1996-12
825 ##$aNote sous Mariage interreligieux
825 ##$aNote sous Mariage interethnique

### 例 2

记录状态 - n
记录类型 - x
实体类型 - j
编目等级 - #

001 RU\NLR\AUTH\66631031
005 20050728150504.0
100 ##$a19980924arusy50######ca0
152 ##$bnlr_sh
250 ##$aЛитературное мастерство
450 ##$5z$aПисательское мастерство
550 ##$3RU\NLR\AUTH\66631032$5h$aЛитературная технология
550 ##$3RU\NLR\AUTH\6669746$5g$aЛитературное творчество

550 ##$3RU\NLR\AUTH\6622999$5g$aЛитература$xТеория

686 ##$2rubbk$aШ402.3$vLBC/SL

801 #0$aRU$bNLR$c19980924

810 ##$aХристианский детский писатель : материалы литературного семинара. – М., 2004.$bвыявлена вариантная форма – писательское мастерство

## 出版、表演、出处等的地点和日期

### 例 1

头标 ?????nx##k22?????###45##
001 210717144
100 ##$a20001206ahrvy0103####ba0
102 ##$aIT
123 ##$de0122000$ee0122000$fn0452600$gn0452600
152 ##$aPPIAK
160 ##$ae-it
260 ##$8hrvita$aItalija$dVenezia
460 ##$8hrvscr$aItalija$dBenetki
460 ##$8hrvlat$aItalija$dVinegia
460 ##$8hrvlat $aItalija$bVenetia
460 ##$8hrvlat$aItalija$bUrbs Veneta
460 ##$aItalija$bMneti
460 ##$aItalija$bBneci
460 ##$aItalija$bMleti
460 ##$aItalija$bMleczi
460 ##$aItalija$bMletci
801 #0$aHR$bNSK
810 ##$aOrbis Latinus, sv. 3, str. 587

### 例 2

头标 ?????nx##k22?????###45##
001 210704046
100 ##$a20001206ahrvy0103####ba0
102 ##$aHR
123 ##$de0184200$ee0184200$fn0453300$gn0453300
152 ##$aPPIAK
160 ##$ae-ci
260 ##$8hrvscr$aHrvatska$dOsijek
460 ##$8hrvlat$aHrvatska$dMursa
460 ##$8hrvlat$aHrvatska$dEssekinum
460 ##$8hrvhun$aHrvatska$dEssek
460 ##$aHrvatska$dEszekinum
460 ##$aHrvatska$dEssechium
460 ##$aHrvatska$dMetropolis Slavoniae
460 ##$aHrvatska$dOsik
460 ##$aHrvatska$dOssik
460 ##$aHrvatska$dEsekinum
801 #0$aHR
810 ##$aOrbis Latinus

**印刷者 / 出版者标志**

**例**

001 IT\ICCU\CNCM\CNCM000084

005 20010130000000.0

100 ##$a19990312citaa50######ba0

152 ##$aGuida SBN. Libro antico

217 ##$aTartaruga che tiene sul guscio una vela con giglio fiorentino. In cornice figurata$bFestina lente$cZ1152$d4 x 4,8 cm$f1574-1599$gTartaruga$gVela$gGiglio

510 ##$3IT\ICCU\CNCT\CNCT000160$aSermartelli, Bartolomeo$c<1>

510 ##$3IT\ICCU\CNCT\CNCT000045$aSermartelli, Michelangelo

801 #3$aIT$bICCU$c20070102

810 ##$aZappella, Giuseppina, Le marche dei tipografi e degli editori italiani del cinquecento

810 ##$aEDIT16$uhttp://edit16.iccu.sbn.it

856 4#$uhttp://edit16.iccu.sbn.it/scripts/iccu_ext.dll?fn=63&i=84

# 附录 O：格式变化

本附录归纳了格式的变化。本节的新增书页将随着格式的更新而发布。

**第二版修订和扩大版（2001 年）**

本列表包括自 1991 年《UNIMARC 规范格式》出版以来的变化。这些变化是 1997 年至 1999 年之间 UNIMARC 永久委员会会议讨论的结果。修订部分包括如下类别：

1. 与《UNIMARC 手册：书目格式》一致的更清晰的数据呈现；
2. 与国际图联世界书目控制和国际 MARC 项目（UBCIM）的最小级别规范记录和 ISADN 工作组的建议（出版于 *Mandatory elements for Internationally Shared Resource Authority Records*. IFLA/UBCIM, 1998）一致；
3. 扩展格式以便于电子资料的连接，并促进规范数据的国际交换。

**删除段落**

交替字符数据：美国的例子被替换成新的例子。

说明性注释：注释（5）被删除，后续注释重新编号。

**新段落**

第二版前言

**新字段**

035　其他来源记录的控制号
101　实体的语种
102　实体国籍
106　编码数据字段：个人 / 团体 / 家族名称 / 商标 / 印刷者 / 出版者标志用作主题检索点
120　编目数据字段：个人名称
123　编码数据字段：地理名称
216　标目——商标
260　标目——地名检索点
280　标目——形式、体裁或物理特征
340　传记和活动附注
356　地理附注
416　单纯参照根查——商标
460　单纯参照根查——地名检索点
480　单纯参照根查——形式、体裁或物理特征
516　相关参照根查——商标
560　相关参照根查——地名检索点
580　相关参照根查——形式、体裁或物理特征
716　连接标目——商标
760　连接标目——地名检索点
780　连接标目——形式、体裁或物理特征

836　被替代标目信息
856　电子资源定位与检索
886　无法从源格式转换的数据

***字段名称和功能的变化***
150　团体名称编码数据字段

**新子字段 / 值**
头标：字符位 9 定义：实体类型
100 $a 字符位 12 音译表附加代码定义：d,e,f
100 $a 字符位 13-16 字符集：附加代码定义，08-10
100 $a 字符位 13-16 字符集：预留附加代码 , 11
100 $a 字符位 21-22 编目语种：附加代码定义，ma, mb
100 $a 字符位 23 定义：编目文字方向
控制子字段 $7：名称变为“编目文字和基本检索点文字”，字符位 4-7 定义为基本检索点文字
控制子字段 $8：名称变为“编目语种和基本检索点语种”，字符位 3-5 定义为基本检索点语种
2-- $j 形式复分
4-- $j 形式复分
5-- $j 形式复分
7-- $j 形式复分

**变化状态**
控制子字段 $3 允许在 3-- 功能块中使用
控制子字段 $8 允许在 2-- 功能块中使用

**第三版（2009）**

本列表包括《UNIMARC 手册：规范格式》2001 年第二修订版出版以来的格式变化。这些变化是 UNIMARC 永久委员会 2006—2009 年之间会议讨论的结果，还有勘误，可以从网上获取：http://archive.ifla.org/VI/8/projects/UNIMARC-AuthoritiesFormat.pdf

修订部分包括如下类别：

1. 与《UNIMARC 手册：书目格式》第三版一致；
2. 与《规范和参照记录指南》（GARR）第二版一致；
3. 与国际图联规范记录的功能需求和编号（FRANAR）工作组（1999—2009）的建议以及《规范数据的功能需求：概念模型》（2009）一致；
4. 与通过国际图联国际编目规则专家系列会议（IME ICC）（2003—2007）被采纳的《国际编目原则声明》（2009）中发表的实体的定义一致；
5. 扩充格式，以便于记录标识号、音乐导句、古籍资源的规范数据，并有利于规范数据的国际交换。

**术语的变化：记录类型、功能块、字段和代码值**

检索点：整部手册中对“标目”的修改

定义，记录类型

定义，检索点类型

记录头标，9/ 实体类型

f = 题名

g = 作品集题名

h = 名称 / 题名

i = 名称 / 作品集题名

编码数据字段：个人 / 团体 / 家族名称 / 商标 / 印刷者 / 出版者标志用作主题检索点

154 编码数据字段：题名

控制子字段：

$7 编目文字和基本检索点的文字

$8 编目语种和基本检索点的语种

2-- 规范检索点功能块

230 规范检索点——题名

235 规范检索点——作品集题名

245 规范检索点——名称 / 作品集题名

4-- 变异检索点功能块

430 变异检索点——题名

445 变异检索点——名称 / 作品集题名

5-- 相关检索点功能块

530 相关检索点——题名

545 相关检索点——名称 / 作品集题名

7-- 其他语言和（或）文字的规范检索点功能块

730 其他语言和（或）文字的规范检索点——题名

745 其他语言和（或）文字的规范检索点——名称 / 作品集题名

835 被删除检索点信息

836 被替换检索点信息

**删除段落**

说明性注释，(5)

005 版本标识号符，字段定义，第一句以后的句子

**更新的段落**

引言，目的和范围

引言，标准

引言，其他相关文献

定义，引导段落

152，字段内容注释

675，字段内容注释

**新段落**

第三版前言

在第一版前言中两个段落（第五和第六）(在第二版中已省略）

定义，受控检索点

使用指南，不同规则数据

2-- 字段，字段内容注释，形成基本检索点的子字段

340 传记和活动附注，历史

4-- 字段内容注释：文字重新措辞

**停用字段**

015　国际标准规范数据号

**新字段**

003　永久记录标识号

035　音乐导句

050　国际标准文本代码（ISTC）

051　国际标准音乐作品代码（ISWC）

052　国际标准视听号（ISAN）

061　国际标准录音作品编码（ISRC）

217　规范检索点——印刷者 / 出版者标志

243　规范检索点——法律和宗教文本的惯用名称 / 题名

341　与印刷者 / 出版者相关的活动附注

417　变异检索点——印刷者 / 出版者标志

443　变异检索点——法律和宗教文本的惯用名称 / 题名

517　相关检索点——印刷者 / 出版者标志

543　相关检索点——法律和宗教文本的惯用名称 / 题名

640　与实体有关的地点和日期

717　其他语言和（或）文字的规范检索点——印刷者 / 出版者标志

743　其他语言和（或）文字的规范检索点——法律和宗教文本的惯用名称 / 题名

**功能块 / 字段 / 子字段名称和功能的变化**

101 $a 实体的语种或实体使用的语种

106　代码数据字段：个人 / 团体 / 家族名称 / 商标 / 印刷者 / 出版者标志用作主题检索点

控制子字段：

$2　系统代码

$3　规范记录标识号

$5　关系控制

-40, B ）子字段：标准子字段技术，$a 名称

-45, B ）子字段：标准子字段技术，$a 名称

-50 $a 论题主题或主题范畴

-50 $x 论题复分或者主题范畴复分

260　首选检索点——出版、表演、出处等的地点和日期

-60 $c 中级行政管辖区

460　变异检索点——出版、表演、出处等的地点和日期

560　相关检索点——出版、表演、出处等的地点和日期

6--　分类和实体历史块

760　规范检索点——出版、表演、出处等的地点和日期

**更新的定义 / 范围**

102　实体的国籍

102 $a 国籍

152 $a 编目系统

152 $b 主题系统

-10, 指示符 1

250　规范检索点——论题主题

340　传记和活动附注

450　变异检索点——论题主题

675　国际十进分类法（UDC）

676　杜威十进分类法（DDC）

680　国会图书馆分类法（LCC）

801 $b 机构

856　电子资源定位与检索

886 $a 源格式字段标识符

886 $b 源格式字段指示符和子字段

**新指示符和子字段 / 值**

101 $c 内容表达的语种

106 $b 编码数据——在作为基本检索点或作为复分的主题标目中的使用

106 $c 编目数据——在带有地理复分的论题主题检索点中的使用

150 $b 会议代码

154 $a/1 实体类型代码

控制子字段：

$1 连接数据

$5 关系控制，字符位 0，关系代码：附加代码定义

$5 关系控制，字符位 1，参照禁止代码：附加代码定义

$5 关系控制，字符位 2，作品关系代码

-20 $c 家族类型
-20 $d 与家族有关的地点
-50 $n 主题范畴代码
-50 $m 主题范畴复分代码
-60 指示符 1 和指示符 2
-60 子字段 $e - $o
-80 指符 2
340 $b 活动附注
340 $p 机构 / 地址
801 $2 系统代码

**状态变化**

102 $a 国籍，代码 “XX”（不详）
235 嵌入 -45 字段
440, A ）子字段：嵌入字段技术，2-- 嵌入字段
445, A ）子字段：嵌入字段技术，2-- 嵌入字段
540, A ）子字段：嵌入字段技术，2-- 嵌入字段
545, A ）子字段：嵌入字段技术，2-- 嵌入字段
控制子字段 $1 允许用于 2--, 4--, 5-- 和 7-- 功能块字段（235，以及 -40 和 -45 字段）

**示例**

更正现有的例子并增加了新的例子。

# 第三版（2009）：勘误和新增（2012）

**新字段**

033 其他系统永久记录标识号
-31 规范检索点——题名（作品）
-32 规范检索点——题名（内容表达）
-41 规范检索点——名称 / 题名（作品）
-42 规范检索点——名称 / 题名（内容表达）
5-1 相关检索点（作品的责任）
5-2 相关检索点（内容表达的责任）
60-, 61-, 63-, 64- 主题检索点

**新字符位 / 值**

$5 关系控制，字符位 4
在 5-0 字段中必备

**字段中的附加子字段**

$4 关系代码
字段 500, 510, 520, 240 的附加子字段

**附加值**

$5 关系控制，字符位置
　　增加：x = 不适用

**更新的定义 / 范围**

$2 系统代码

**子字段定义**
该子字段标识 60- 和 61- 字段中的主题检索点来源的系统或词表、686 字段中所用的分类法，以及 801 和 886 所说明的机读记录中所使用的格式。代码见《UNIMARC 手册：书目格式》的附录 H。

$3 规范记录号

**子字段内容注释**
$3 子字段应该在任何用规范记录标识号表示实体的子字段的前面。

-30, -40 字段

**字段定义**
该字段设计用于不符合 FRBR 模型的记录。如果要考虑符合 FRBR 的结构和实体，应使用 -31

和 -41（FRBR 实体“作品”）或 -32 和 -42（FRBR 实体“内容表达”）。

500, 510, 520 相关检索点

**字段定义**

该字段包含个人 / 团体 / 家族名称的规范形式的检索点，它或者与 2-- 字段中的检索点相关，或者与记录所描述的作品关联。在后一情况下，子字段 $5，字符位 4 应包含值 “a”。

**出现方式**

可选用。可重复，除非该字段用于记录与作品相关的创建者的名称。任何后续创建者的名称应记录在 501, 511 或 521 字段，视该名称是个人、团体或家族名称而定。

**更新的段落**

**标准（第 15 页）**

ISO 15706–2—2007: 信息和文献—国际标准视听号（ISAN）—第二部分：版本标识号

**功能块名称和功能的变化**

6-- 主题分析和实体历史块